Barbara Beck

# Intrigenopfer

Barbara Beck

# Intrigenopfer

Vom Aufstieg und Fall
großer Männer

marixverlag

Bibliografische Information der Deutschen Nationalbibliothek
Die Deutsche Nationalbibliothek verzeichnet diese
Publikation in der Deutschen Nationalbibliografie; detaillierte
bibliografische Daten sind im Internet über
http://dnb.d-nb.de abrufbar.


Covergestaltung: Nicole Ehlers, marixverlag GmbH
Bildnachweis: mauritius images GmbH, Mittenwald/AGE
Lektorat: Dietmar Urmes, Bottrop
Satz und Bearbeitung: Medienservice Feiß, Burgwitz
Der Titel wurde in der Adobe Caslon gesetzt.
Gesamtherstellung: Bercker Graphischer Betrieb GmbH & Co.KG, Kevelaer
Printed in Germany

ISBN: 978-3-86539-257-2

www.marixverlag.de

# Inhalt

# Vorwort

Dieses Buch, das selbstverständlich als eigenständiges Werk zu lesen ist, bildet das Pendant und die Ergänzung zu dem vor einem Jahr erschienenen Band »Vom Königsbett zum Schafott«, das die Lebensbilder von weiblichen Intrigenopfern aus der Historie nachzeichnet. Das vorliegende Buch stellt die Schicksale von mehr oder weniger bekannten Männern aus der europäischen Geschichte, deren Leben durch Intrigen oder Komplotte eine dramatische Wende nahm, in den Mittelpunkt. Dank der herausgehobenen Position der Betroffenen hatte das »Intrigenspiel« meist nicht nur Auswirkungen auf die unmittelbare Umgebung der Opfer, sondern generell auf den weiteren Verlauf der Geschichte. Wie schon bei dem Band über die weiblichen Intrigenopfer umspannt auch dieses Buch wieder einen Zeitraum von fünf Jahrhunderten und präsentiert Biografien aus dem 15. bis 20. Jahrhundert. Eine für die Leserschaft interessante Auswahl solcher Lebensläufe zu treffen, fiel dabei nicht leicht. Letztendlich bestimmte der Wunsch, eine möglichst abwechslungsreiche Mischung von Protagonisten zu versammeln, die Zusammenstellung.

Da Männer über Jahrhunderte hinweg zumeist über wesentlich mehr Möglichkeiten als Frauen verfügten, Macht und Einfluss zu erringen und herausragende politische Schlüsselpositionen zu besetzen, waren sie dementsprechend auch mehr als diese Anfeindungen und Ränken ausgesetzt und befanden sich in größerer Gefahr, durch Komplotte gestürzt oder gar ums Leben gebracht zu werden.

Bis heute gehört die Intrige zu den beliebten Mitteln zur Durchsetzung eigener Ziele in den politischen Schaltzentralen der Welt.

Die Methoden, mit denen Persönlichkeiten des öffentlichen Lebens mittels Intrigen und Komplotten beseitigt werden, unterscheiden sich bei beiden Geschlechtern kaum. Meist besteht die Intrige gegen das ins Visier genommene Opfer nicht nur aus einer isoliert dastehenden Aktion, sondern aus einer ganzen Kette von Einzelintrigen. Die geradezu »klassisch« zu nennenden Bestandteile der Intrige sind arglistige Täuschung, Fälschung, Verleumdung, Lüge und Rufmord. Den hinterhältigen Charakter dieser im Verborgenen gesponnenen Umtriebe charakterisieren sehr treffend die Worte des Intriganten Jago in Shakespeares berühmter Tragödie »Othello«: »Die Bosheit wird durch Tat erst ganz gestaltet«. Die Konspirateure dürften dies selbstverständlich meist anders gesehen haben, weshalb sie oft ihrem Tun ein »moralisches« Mäntelchen umhängten. Während viele Intriganten nicht als die entscheidenden »Strippenzieher« im Hintergrund enttarnt werden wollten, gibt es durchaus Fälle, in denen die erfolgreichen Verschwörer stolz auf ihre Tat waren und dies auch kundgaben. Im Fall des langjährigen leitenden Ministers Graf Montgelas heftete sich der spätere König Ludwig I. von Bayern dessen Entmachtung noch Jahre später stolz an die Brust.

Da Geheimhaltung ein sehr wichtiger Bestandteil von Intrigen und Komplotten ist, um so aus der sicheren Deckung heraus das ins Auge gefasste Opfer zu Fall bringen zu können, ist es für die Geschichtsforschung nicht immer möglich, diese in allen Einzelheiten zu erfassen und den Wahrheitsgehalt der gegen die Zielperson erhobenen

Vorwürfe überprüfen zu können. Nicht selten sorgten die »Sieger« dafür, dass eventuell sie belastendes Material »verschwand«. So bietet etwa das Schicksal von Albrecht von Wallenstein bis in die Gegenwart hinein Stoff zu Spekulationen aller Art.

Selbstverständlich handelt es sich bei den Opfern von politischen Intrigen nicht immer um zu Unrecht verfolgte Personen, die Anspruch auf Mitgefühl erheben können. Häufig intrigierten sie selbst rücksichtslos, um politische Kontrahenten und Rivalen auszuschalten. Ein typischer Vertreter dieser Gattung ist beispielsweise der einst sehr gefürchtete französische Polizeiminister Joseph Fouché, den man geradezu als die zu Fleisch gewordene Intrige bezeichnen kann.

Anders als bei Frauen schadete Männern im Allgemeinen ein frivoler Lebenswandel nicht. Am gefährlichsten wurde für Männer jedoch im so genannten Bürgerlichen Zeitalter der Verdacht, homosexuelle Neigungen auszuleben. Die hohe gesellschaftliche Stellung des Fürsten zu Eulenburg und Hertefeld am Berliner Hof wurde durch seine Verwicklung in einen solchen großen Skandalprozess zunichtegemacht.

Gerade bei Aufsteigern, die die Grenzen ihres Standes überwinden wollten, konnte ihre Herkunft zur Waffe in den Händen ihrer Gegner werden, die sie geschickt für ihre Intrigen zu nutzen wussten. Besonders gefährdet waren hier Juden. Die Biografien von Joseph Süß Oppenheimer und Alfred Dreyfus belegen dies eindrucksvoll.

Auf den folgenden Seiten soll von dem immer wieder faszinierenden Kampf um Herrschaft und Ansehen erzählt werden und welcher moralisch meist eher fragwürdiger Mittel man sich dabei bediente. Oberflächlich betrachtet mag das Leben einflussreicher Persönlichkeiten im Dunstkreis der Macht glanzvoll und verlockend erscheinen, ein Blick hinter die Fassaden korrigiert rasch diesen Eindruck.

## Zum Märtyrer der Pazzi-Verschwörung stilisiert

# Giuliano de' Medici

Die Pazzi-Verschwörung von 1478, die sich gegen die in Florenz herrschende Familie Medici richtete, gehört zu den berühmtesten Mordkomplotten der italienischen Renaissance. Das bedeutende europäische Handels- und Finanzzentrum Florenz war zur Zeit der Verschwörung eine im Niedergang befindliche Republik. Die Geschicke der Arnostadt wurden von einer kleinen Interessengruppe bestimmt, an deren Spitze die Bankiersfamilie Medici stand. Dank erfolgreichem Taktieren und geschickter Wahlmanipulationen hatten die Medici innerhalb weniger Jahrzehnte die Vorherrschaft in Florenz errungen und bestimmten trotz der republikanischen Struktur der Stadt weitgehend die Richtlinien der Politik. Ihr wachsender Machtanspruch stieß in den 1470er Jahren auf Widerstand, löste zunehmend Unzufriedenheit unter den dadurch Benachteiligten aus und kulminierte schließlich in der Verschwörung, die durch ihr Fehlschlagen die aufkeimende Fürstenherrschaft der Medici begünstigte.

Als Giuliano de' Medici am 25. Oktober 1453 in Florenz geboren wurde, waren die Medici dank weitreichender Handelsbeziehungen und Geldgeschäfte die reichste Familie der Stadt. Ihr Bankhaus mit seinen zahlreichen Filialen gehörte zu den führenden Geldinstituten Europas. Giuliano war der zweite Sohn von Piero de' Medici, den man wegen seines angegriffenen Gesundheitszustands auch »il Gottso« (= den

Gichtigen) nannte, und dessen kultivierter Ehefrau Lucrezia Tornabuoni. Giuliano erhielt wie sein vier Jahre älterer Bruder Lorenzo eine humanistisch geprägte Ausbildung. Nachdem sein Vater am 2. Dezember 1469 verstorben war, wurde Giuliano de' Medici quasi zum Mitregenten seines älteren Bruders Lorenzo, dem seine Zeitgenossen den Beinamen »il Magnifico« (= der Prächtige) verleihen sollten. Lorenzo besaß zwar von Rechts wegen keine Amtsgewalt, fungierte aber trotzdem als inoffizielles Staatsoberhaupt von Florenz. Während seines kurzen, nur vierundzwanzig Jahre währenden Lebens stand der Jüngere der Medici-Brüder politisch im Schatten des Älteren, worüber er offensichtlich unzufrieden war. Die wichtigen Entscheidungen pflegte Lorenzo allein zu treffen. Obwohl ihm seine Position an zweiter Stelle nicht behagte, war Giuliano seinem Bruder treu ergeben.

Der im Gegensatz zu seinem äußerlich wenig einnehmenden Bruder als ausgesprochen gutaussehend geltende Giuliano war bei den Florentinern wegen seines liebenswürdigen Wesens allseits beliebt. Es hieß, er sei *»winters ein wärmendes Feuer und sommers eine frische Brise«*[1] gewesen. Berühmtheit erlangte Giulianos Verehrung für Simonetta Vespucci, die mit einem Florentiner Patrizier verheiratet war. Bei einem prächtigen Turnier, das die Medici im Januar 1475 veranstalteten, hatte er die schöne junge Frau im Sinne der höfischen Minne zur »Regina della Bellezza« (= Königin der Schönheit) erkoren. In dem Gedicht von Angelo Poliziano »La Giostra di Giuliano de' Medici« (= Das Turnier des Giuliano de' Medici) wurde diese platonische Liebe verherrlicht. Eine echte Liebesbeziehung unterhielt Giuliano de' Medici dagegen zu Fioretta Gorini. Aus dieser Verbindung ging ein unehelicher Sohn hervor. Der am 26. Mai 1478 geborene Giulio bestieg später als Clemens VII. den Päpstlichen Stuhl. Sein Vetter Papst Leo X. hatte ihm diese Karriere ermöglicht, indem er ihm Dispens wegen seiner unehelichen Geburt erteilte und entschied, dass Giulio de' Medici das Kind einer »heimlichen Ehe« sei.

Giuliano de' Medici, der nicht ohne eigenen Ehrgeiz war, erstrebte für sich eine politisch vielversprechende, möglichst fürstliche Eheverbindung. Sein Bruder Lorenzo dagegen verfolgte für ihn eine Ernennung zum Kardinal. Ein Kardinal aus Florenz konnte nicht nur wirkungsvoll die Interessen der Stadt am Heiligen Stuhl vertreten, sondern hätte vor allem auch in nicht unerheblichem Maße zur Stärkung der Position seines Bruders und der Familie Medici beigetragen. Giuliano zeigte sich allerdings wenig begeistert über diese brüderlichen Pläne. Die seit dem Spätherbst 1472 mit Papst Sixtus IV. geführten Verhandlungen wegen eines Kardinalats für Giuliano de' Medici zerschlugen sich jedoch im Mai 1473, als es wegen des Erwerbs der Stadt Imola für den Papstneffen Graf Girolamo Riario zum Konflikt zwischen dem Papst und seinem Bankier Lorenzo de' Medici kam. Unter dem seit 1471 regierenden Sixtus IV. nahm der Nepotismus, die Vetternwirtschaft, ein bisher nicht gekanntes Ausmaß an. Da diese territoriale Transaktion zugunsten des päpstlichen Nepoten den florentinischen Interessen zuwiderlief, gewährte Lorenzo de' Medici den gewünschten Kredit nicht. Daraufhin sprangen die Pazzi, die größten Konkurrenten der Medici in Florenz, ein und stellten dem Papst zusammen mit anderen Geldgebern die notwendigen Mittel zur Verfügung. Graf Riario sah von da an vor allem in Lorenzo de' Medici das Haupthindernis zur Ausweitung seiner territorialen Herrschaftsansprüche. Im Sommer 1474 entzündete sich um die kleine Stadt Città di Castello erneut ein Konflikt zwischen Florenz und Papst Sixtus IV. Am 16. Juli 1474 verloren die beiden Brüder Medici deshalb das Amt des päpstlichen Depositars.

Die Pazzi zählten zu den angesehensten Geschlechtern in Florenz. An Reichtum waren ihnen nur die Medici überlegen. Schon seit einiger Zeit fühlten sich die Pazzi durch die von Lorenzo de' Medici betriebenen Reformen politisch und rechtlich benachteiligt. 1477 sorgte Lorenzo dafür, dass ihnen eine reiche Erbschaft entging. Zu einem natürlichen Verbündeten der Pazzi wurde die mit ihnen verwandte Florentiner Familie Salviati, deren alte Abneigung gegen die Medici neuen, starken Auftrieb durch die von Lorenzo de' Medici betriebene Blockade der kirchlichen Karriere von Francesco Salviati erhielt, der längere Zeit nicht das ihm im Oktober 1474 vom Papst übertragene Erzbistum Pisa in Besitz nehmen konnte.

Hass, der sich aus politischer und wirtschaftlicher Konkurrenz speiste, bildete daher die Grundlage für eine Verschwörung, deren erklärtes Ziel es war, die führenden Vertreter des Hauses Medici zu vernichten und so einen Regierungsumsturz in Florenz herbeizuführen. Die Hauptakteure der Konspiration waren Francesco de' Pazzi, Francesco Salviati und Girolamo Riario, die den Komplottplan entwickelten. Die eigentliche Planung des Attentats lag bei dem Erzbischof Salviati. Mit der unmittelbaren militärischen Ausführung des Plans wurde Giovan Battista da Montesecco, ein in päpstlichen Diensten stehender Condottiere (= Söldnerführer), beauftragt. Da Montesecco im Vorfeld der Vorbereitung eigens auf der Zustimmung des Papstes bestanden hatte, kam es im Herbst 1477 zu einer

Privataudienz bei Sixtus IV. in Rom. Der Heilige Vater hatte tatsächlich Kenntnis über das Komplott. Ihm war sehr am Sturz der Medici gelegen, allerdings wünschte er, dass dies ohne Blutvergießen vor sich zu gehen habe. Er erklärte daher den Verschwörern Erzbischof Salviati, Graf Riario und Montesecco: *»Ich wünsche auf keinen Fall irgend jemandes Tod, denn es ist nicht unseres Amtes, dem Tod irgendeiner Person zuzustimmen. Lorenzo war unhöflich zu uns und behandelt uns schlecht. Trotzdem wünsche ich auf keinen Fall seinen Tod, sondern nur einen Regierungswechsel in Florenz«*[2]. Dass ein solcher Staatsstreich kaum unblutig zu bewerkstelligen sein konnte, musste dem Papst eigentlich klar sein. Sixtus wiederholte trotzdem insgesamt dreimal während der Audienz, dass er einen Regierungsumsturz in Florenz, aber nicht die Ermordung der beiden Medici-Brüder wünsche. Die Verschwörer wussten aber, dass dies ohne den Tod der zwei Brüder nicht machbar sein würde. Zum weiteren Kreis der Verschwörer gehörten außerdem noch der berühmte Condottiere und Kriegsunternehmer Federico da Montefeltro, Herzog von Urbino, und König Ferdinand I. von Neapel.

Als passende Gelegenheit für den Doppelmord an Lorenzo und Giuliano de' Medici bot sich schließlich der Besuch eines Verwandten des Papstes in Florenz an, des zum Legaten für Umbrien ernannten jungen Kardinals Raffaele Sansoni Riario, der offensichtlich über das Komplott nicht informiert war. Da der Großneffe des Papstes mit großem Gefolge reiste, erleichterte dies es den Konspirateuren, bewaffnete Männer unauffällig unter seine Begleiter zu schmuggeln. Die Komplotteure waren zunehmend nervös geworden, dass ihre Verschwörung auffliegen könnte, *»weil* *sie bereits in so vielen Mündern war«*[3]. Da es die beiden Medici-Brüder aus wohlverstandener Vorsicht meist vermieden, gemeinsam in der Öffentlichkeit aufzutreten, entschieden sich die Verschwörer zuletzt dafür, den Anschlag während der zu Ehren des Kardinals Sansoni Riario zelebrierten Messe im Dom Santa Maria del Fiore durchzuführen. Ironischerweise stieß diese blasphemische Ortswahl bei dem Militär Montesecco auf so viele Bedenken, dass sich schließlich zwei weniger empfindliche, dafür aber auch mit weniger Professionalität zum Töten ausgestattete Priester zur Mordtat bereit erklären mussten.

Beinahe wäre das geplante Attentat am 26. April 1478 dadurch gescheitert, dass Giuliano de' Medici wegen Unwohlseins an dem Gottesdienst nicht teilnehmen wollte. Während sein Bruder Lorenzo den jungen Kardinal zu Fuß in den Dom begleitete, sahen sich daher Francesco de' Pazzi und Bernardo Bandini Baroncelli genötigt, den unpässlichen Giuliano aufzusuchen und diesen zum Besuch der Messe zu überreden. Die beiden Medici-Brüder bezogen im Dom getrennt voneinander an den jeweils gegenüberliegenden Seiten des Chores Position. Auf ein verabredetes Zeichen hin schlugen die Verschwörer während des Hochamts zu. Giuliano de' Medici wurde von zwölf bis neunzehn Messerstichen niedergestreckt. Bernardo Bandini Baroncelli, Mitglied einer alten Florentiner Bankiersfamilie, versetzte ihm mit den Worten: »*Hier, du Verräter!*«[4] den ersten tiefen Dolchstich. Zwar versuchte der völlig überraschte Giuliano noch zu fliehen, aber er hatte keinerlei Chance, sondern wurde von Francesco de' Pazzi wie in einer Art Blutrausch niedergemetzelt. Erschüttert schilderte später ein Anhänger der Medici den Anblick, den Giuliano de' Medici nach der

Tat bot, *»wie er von vielen Wunden niedergemacht und von viel Blut besudelt auf dem Boden lag«*[5]. Sein älterer Bruder Lorenzo hatte dagegen mehr Glück. Er wurde nur leicht am Nacken verwundet und konnte mit Hilfe von Freunden in die Sakristei flüchten und sich dort in Sicherheit bringen. Er wusste zunächst nicht, dass sein Bruder umgekommen war, wie der den Medici nahestehende Humanist und Augenzeuge Angelo Poliziano berichtet: *»Lorenzo selbst aber dachte nicht an seine Gesundheit, sondern fragte immerzu, ob Giuliano unverletzt geblieben sei, wobei er Drohungen ausstieß und klagte, dass Leute nach seinem Leben trachteten, für die solches höchst unbillig sei«*[6]. Außer Giuliano de' Medici fand auch noch Francesco Nori, ein alter Freund und Geschäftspartner der Medici, den Tod, als er sich Baroncelli in den Weg stellte, der dem flüchtenden Lorenzo nachsetzte. In dem losbrechenden Tumult unter den entsetzten und empörten Gottesdienstbesuchern im Dom gelang es den Verschwörern, auf die Straße zu entkommen. Wenn dem heimtückischen Anschlag nicht nur der jüngere Bruder Giuliano zum Opfer gefallen wäre, sondern auch Lorenzo de' Medici, hätte der Plan der Verschwörer, die Medici von der politischen Landkarte Italiens zu fegen, höchstwahrscheinlich funktioniert. Dadurch, dass das Attentat zur Hälfte gescheitert war, war der Umsturzversuch jedoch bereits zu diesem Zeitpunkt als Ganzes missglückt.

Die Verschwörer scheiterten daher mit ihren Bemühungen, die Massen mit der Parole »Volk und Freiheit« auf ihre Seite zu ziehen. Stattdessen gewann schon bald der Schlachtruf »Palle« (= Kugeln, nach dem Wappen der Medici) die Oberhand in Florenz. Der Erzbischof von Pisa, Francesco Salviati, hatte den Dom bei Beginn der Messe wieder verlassen, um den Palazzo della Signoria in die Hand der Verschwörer zu bringen. Der merkwürdig aufgeregte Erzbischof mit großem Geleit erregte dort aber den Verdacht des Gonfaloniere di giustizia, Cesare Petrucci. Er ließ den Erzbischof mit seinem bewaffneten Gefolge festsetzen. Die Mitglieder der Regierung konnten sich in Sicherheit bringen und verschanzen. Da die erhoffte Erhebung der Bevölkerung gegen die Medici nicht stattfand, gewannen die Medici-Anhänger wieder die Oberhand, und es kam zu einer gnadenlosen Lynchjustiz an den Verschwörern und deren Sympathisanten. Der Erzbischof von Pisa wurde stracks an einem Fenster des Palazzo della Signoria aufgeknüpft. Ähnlich wurde mit seinem Bruder Jacopo Salviati und Francesco de' Pazzi verfahren. Bis zum Abend des 26. April fanden sechzig bis achtzig Leute den Tod.

Nachdem es Lorenzo de' Medici gelungen war, wieder Herr der Lage in Florenz zu werden, nahm er den Tod seines Bruders Giuliano zum Anlass für einen blutdürstigen Rachefeldzug. Es sollte ein Exempel für alle Gegner des Hauses Medici statuiert werden. Da so gut wie allen männlichen Mitgliedern der Pazzi mehr oder weniger eine Beteiligung an der Verschwörung unterstellt wurde, wurden mehrere von ihnen hingerichtet, die übrigen wurden verbannt und verloren alle politischen Rechte. Zwar wurde der Palast der Pazzi vom Pöbel geplündert, doch konnte weiteren unkontrollierten Übergriffen auf die wertvolle Habe der Verschwörer ein Riegel vorgeschoben werden, kaum hatte die herrschende Elite wieder das Heft in der Hand. Der gesamte Besitz der Familie Pazzi wurde daher beschlagnahmt. Ihr Wappen und ihr Name sollten überall gelöscht und zerstört werden. Heiraten mit Frauen aus der Familie Pazzi wurden unter Androhung des Ausschlusses von allen öffentlichen Ämtern untersagt. Ihnen wurde damit geradezu das Recht auf eine Eheschließung genommen, da sie kaum noch darauf hoffen konnten, eine ihrem Stand angemessene Partie zu finden. Der adelige Condottiere Giovan Battista da Montesecco wurde, nachdem man seiner habhaft geworden war, zum Tode mit dem Schwert verurteilt, während die beiden Geistlichen, die Lorenzo zu töten versucht hatten, aufgehängt wurden. Der berühmte Künstler Sandro Botticelli wurde von der Signoria, der Regierung von Florenz, damit beauftragt, naturgetreue »Schandbilder« der Verräter auf die Wände öffentlicher Gebäude zu malen. Er erhielt vierzig große Fiorini *»für seine Bemühungen um das Malen der Verräter«*[7]. Selbst der bis zum türkischen Sultan Mohammed II. nach Konstantinopel geflohene Verschwörer Bernardo Bandini Baroncelli, der Mörder von Giuliano de' Medici und Francesco Nori, entging nicht Lorenzos Rache. Er erreichte durch längere Verhandlungen, dass ihm der Attentäter ausgeliefert wurde. Bernardo Bandini Baroncelli wurde zum Tode verurteilt und am 29. Dezember 1479 an den Fenstern des Palastes des Podestà in Florenz erhängt. Der zu den Hauptverschwörern gehörende Graf Girolamo Riario lebte dagegen außerhalb der Zugriffsmöglichkeit von Lorenzo de' Medici. Als er 1488 einem Mordanschlag zum Opfer fiel, dürfte dies sicher bei Lorenzo ein positives Echo gefunden haben.

Giuliano de' Medici wurde in der Folgezeit zum Märtyrer des feigen Anschlags auf die florentinische Freiheit stilisiert. Der Tag von Giulianos feierlichen Exequien am 30. April 1478 in der Kirche San Lorenzo war ein Tag öffentlicher Trauer in Florenz. In Bildern und Gedenkmünzen wurde Giuliano verherrlicht. Das anonyme Poem »Vom Tod des

Giuliano de' Medici«[8] wurde von Bänkelsängern öffentlich dargeboten. Der Ermordete wird darin als *»eine strahlende Sonne«* gepriesen, als *»vom Himmels-Chor auf die Erde herabgestiegen«*. Die lange Ballade endete gar mit der Beschwörung, Giuliano einen Platz *»in den Reihen der heiligen Märtyrer«* einzuräumen.

Für seinen überlebenden älteren Bruder Lorenzo wurde die Wahrung der Medici-Vormacht in Florenz zur dringlichsten Aufgabe. Auf das gescheiterte Attentat folgte keine sieben Wochen später ein Krieg. Gleichzeitig setzte auch eine heftige Propagandaschlacht ein, wobei sich beide Lager erfolgreich der erst kürzlich in Italien bekannt gewordenen Druckerpresse bedienten.

Papst Sixtus IV. gedachte nicht, die Exekution des Erzbischofs von Pisa sowie der beiden in den Mordanschlag verwickelten Geistlichen und die Festnahme des Kardinals Sansoni Riario zu akzeptieren. Der junge Kardinal, der offensichtlich nichts von den Plänen der Verschwörer wusste, hatte das Chaos, das auf den Mordanschlag im Dom folgte, unbeschadet überstanden und war für fast sechs Wochen als nützliche Geisel in Florenz verblieben. In der auf den 1. Juni datierten päpstlichen Exkommunikationsbulle wurde Lorenzo de' Medici als Tyrann bezeichnet und zahlreicher Verbrechen gegen den Heiligen Stuhl bezichtigt. Durch das vom Papst über Florenz, Fiesole und Pisa verhängte Interdikt wurden nicht nur alle religiösen Funktionen eingestellt, sondern es wurde auch deren Wirtschaft ins Mark getroffen. In einem Brief beklagte sich Lorenzo de' Medici daher: *»Sie haben uns unsere Freiheit rauben wollen, haben meinen Bruder getötet und mich selbst, so kann man sagen, umgebracht; Hab und Gut haben sie plündern und die Männer ins Gefängnis* *werfen wollen. Und obendrein exkommunizieren sie uns jetzt und belegen uns mit dem Interdikt, und dies ohne allen ehrbaren Grund«*[9]. Florenz wurde angeboten, den drohenden Krieg einzustellen, wenn der ruchlose Priestermörder und Tyrann Lorenzo ausgeliefert würde. Je länger sich daher der Konflikt hinzog und je ungünstiger er für das militärisch seinen Gegnern unterlegene Florenz verlief, desto größer war daher die Gefahr für Lorenzo de' Medici, dass diese Verlockung für die Republik Florenz übermächtig werden könnte. Venedig, Mailand und Ferrara standen zwar auf Seiten von Florenz, aber waren nicht bereit, sich übermäßig militärisch zu engagieren. Als der König von Neapel, der Hauptverbündete des Papstes, schließlich Interesse an einer friedlichen Beilegung des Konflikts durchblicken ließ, bediente sich deshalb Lorenzo de' Medici dieser günstigen Gelegenheit zu einem geschickten diplomatischen Schachzug. Er reiste nach Neapel in die Höhle des Löwen und brachte im März 1480 einen Frieden zustande, dem Papst Sixtus widerstrebend seine Zustimmung erteilte. Zwar musste die Republik Florenz politisch und wirtschaftlich einige Federn lassen, trotzdem erschien Lorenzo den Florentinern als Retter des Vaterlands. Über seinen großartigen Empfang bei seiner Rückkehr nach Florenz konnte sich das Oberhaupt der Familie Medici daher zufrieden äußern: *»Da war kein Mensch in Florenz, der, ganz gleich wie alt und krank und gebrechlich, nicht gekommen wäre, meine Hand zu berühren und mich zu küssen«*[10]. Er verstand es außerdem, die Gunst der Stunde zu nutzen und die Verfassung der Republik Florenz zugunsten der Medici umzubauen.

Anstatt die Macht der Medici zu brechen, hatte die Pazzi-Verschwörung das Gegenteil erreicht und deren Herrschaft gestärkt. Zu Recht konnte daher der bedeutende, einer alten florentinischen Patrizierfamilie entstammende Historiker und Renaissancepolitiker Francesco Guicciardini über die fehlgeschlagene Verschwörung schreiben, dass sie sich am Ende als »Glücksfall« für den genialen Machtmenschen Lorenzo erwies: *»Dieser [Pazzi-]Aufstand (...) hob seinen Namen und sein Vermögen in solcher Weise, dass es, wenn man so sagen will, ein überaus glücklicher Tag für ihn war! Sein Bruder Giuliano, mit dem er seinen Reichtum hätte teilen müssen, starb, und so fiel ihm der gesamte Besitz zu. Seine Feinde wurden kraft der Regierung glorreich beseitigt, desgleichen die dunklen Schatten und Verdächtigungen, die in Florenz über ihm gehangen hatten. Das Volk griff für ihn zu den Waffen (...) und sah ihn an diesem Tag, endlich, als Herrn der Stadt. (...) De facto war er nunmehr der Herr des Staates (...), und die gewaltige, aber nicht abgesicherte Machtposition, die er bis zu diesem Tag innegehabt hatte, wurde noch gewaltiger und nun auch gesichert«*[11].

## Anmerkungen

1 Zit. nach Lauro Martines, Die Verschwörung. Aufstieg und Fall der Medici im Florenz der Renaissance, Darmstadt 2004, S. 176.
2 Zit. nach James Cleugh, Die Medici. Macht und Glanz einer europäischen Familie, Augsburg 1996, S. 144.
3 Zit. nach Martines, Verschwörung, S. 157.
4 Zit. nach Ebd., S. 115.
5 Zit. nach Ingeborg Walter, Der Prächtige. Lorenzo de' Medici und seine Zeit, München 2003, S. 158.
6 Zit. nach Ebd., S. 158.
7 Zit. nach Martines, Verschwörung, S. 131.
8 Die Zitate aus der Ballade sind entnommen aus: Ebd., S. 176.
9 Zit. nach Walter, Der Prächtige, S. 170f.
10 Zit. nach Martines, Verschwörung, S. 185.
11 Zit. nach Ebd., S. 216.

## Unterlegener im habsburgischen Bruderzwist

# Kaiser Rudolf II.

Mit dem Begriff »Bruderzwist« wird in der habsburgischen Geschichte in erster Linie die Auseinandersetzung zwischen Kaiser Rudolf II. und seinem fünf Jahre jüngeren Bruder Matthias verknüpft. Der schwere Streit ging durch das Drama des berühmten österreichischen Dichters Franz Grillparzer, »Ein Bruderzwist in Habsburg«, auch in die Literaturgeschichte ein. Der Person Kaiser Rudolfs II. in diesem Konflikt gerecht zu werden, ist schwierig, da vor allem die Quellen über seinen geistigen Zustand aus dem Umfeld seines ihm feindlich gesinnten Bruders Matthias stammen. Die Parteigänger von Erzherzog Matthias hatten ein großes Interesse daran, Rudolf als regierungsunfähigen Herrscher abzustempeln.

Rudolf erblickte am 18. Juli 1552 in Wien als ältester von sechs überlebenden Söhnen des späteren Kaisers Maximilian II. und der spanischen Infantin Maria das Licht der Welt. Er wurde zunächst am Wiener Hof erzogen, bevor er im Alter von elf Jahren zusammen mit seinem jüngeren Bruder Ernst auf Wunsch seines streng katholischen Onkels König Philipp II. von Spanien an dessen von »ketzerischem« Gedankengut freien Hof geschickt wurde. Philipp II. hegte erhebliche Zweifel an der wahren Katholizität Maximilians II., dessen protestantische Neigungen und ausgleichende Haltung in konfessionellen Fragen am spanischen Hof auf wenig Gegenliebe stießen. Außerdem sollte auf diese Weise der Zusammenhalt zwischen dem spanischen und dem österreichischen Zweig des Hauses Habsburg gestärkt werden. Die gemeinsam in Spanien verbrachten Jahre wirkten sich auf das Verhältnis der beiden Brüder zueinander positiv aus. Erzherzog Ernst stand immer loyal zu Rudolf und blieb zeitlebens der einzige Bruder, mit dem sich der Kaiser gut verstand. Unglücklicherweise verstarb Ernst bereits 1595, bevor der Konflikt zwischen seinen Brüdern eskalierte.

1571 kehrten die beiden Erzherzöge Rudolf und Ernst an den väterlichen Hof zurück. Die den beiden Prinzen am spanischen Hof vermittelte stolze Distanziertheit erregte in Wien wenig Begeisterung, wie der venezianische Gesandte zu berichten wusste: *»(…) sie haben von ihrer Erziehung in Spanien (…) einen gewissen Stolz, sei es im Schreiten, sei es in jeder anderen ihrer Gebärden, der sie, ich möchte nicht verhaßt sagen, um dieses unerfreuliche Wort zu vermeiden, aber jedenfalls viel weniger beliebt macht, als sie es sein könnten«*[1]. Um eine reibungslose Thronfolge zu sichern, wurde Rudolf auf Betreiben seines herzkranken Vaters im Oktober 1572 ungarischer und im September 1575 böhmischer König. Kaiser Maximilian II. erreichte auch, dass sein ältester Sohn im Heiligen Römischen Reich Deutscher Nation 1575 zu seinem Nachfolger gewählt wurde. Nach dem Tod seines Vaters wurde Rudolf daher erwartungsgemäß am 27. Oktober 1576 einstimmig zum römisch-deutschen Kaiser ernannt und wenige Tage später im Regensburger Dom gekrönt.

Rudolfs jüngere Brüder erhielten bei der Erbregelung durch Maximilian II. kein Anrecht auf ein Land, sondern nur relativ bescheidene Jahresgelder ausgesetzt. Hierin ist wohl die hauptsächliche Ursache für den späteren Bruderzwist zu suchen, denn der äußerst ehrgeizige Erzherzog Matthias, der nach Herrschaft und politischem Einfluss strebte, war nicht bereit, sich mit dieser für ihn unbefriedigenden Situation abzufinden. Sein unüberlegter, ohne Rücksprache mit Rudolf oder dem spanischen Hof unternommener Versuch, sich in den Jahren 1578 bis 1581 im niederländischen Freiheitskampf gegen Spanien als Generalstatthalter zu etablieren, scheiterte kläglich, da die Protestanten und Anhänger Wilhelms von Oranien bereits das Feld dominierten.

Ab 1583 residierte Rudolf II. fast ausschließlich auf dem Prager Hradschin. Die böhmische Hauptstadt Prag gehörte um 1600 zu den größten Städten in Europa und stieg während der Herrschaft dieses Habsburgers wieder zu einem bedeutenden politischen und kulturellen Zentrum auf. Rudolf führte hier ein zurückgezogenes, weltabgewandtes Leben und ließ sich nur selten in der Öffentlichkeit sehen. Zwar war er ein hochgebildeter Herrscher, doch seine Unbeständigkeit und Eigenmächtigkeit sorgten für Probleme. Rudolfs Neigung, willkürlich verschiedene Ratgeber zu begünstigen, war einer erfolgreichen Regierungstätigkeit nicht förderlich. Sein misstrauischer und verschlossener Charakter wirkte sich ebenfalls negativ aus. Geprägt von seiner Jugend in Spanien bevorzugte Rudolf nicht nur die dortige Hoftracht, sondern richtete sich auch sein Leben lang nach der steifen Etikette des spanischen Hofzeremoniells, das er vollständig verinnerlicht hatte und dessen striktes Regelwerk einen Schutzwall vor der Außenwelt bot. In seiner Gegenwart durfte nur leise gesprochen werden. Hatte er nach seiner Rückkehr aus Spanien noch einen gewissen gegenreformatorischen Elan an den Tag gelegt, nahm er später wie sein Vater gegenüber konfessionellen Fragen eine eher unbestimmte Haltung ein. Seine religiöse Indifferenz erwies sich vielfach geradezu als

Belastung, da er sowohl dem Protestantismus als auch der Gegenreformation ablehnend gegenüberstand. Es wurde sogar behauptet, dass er seit ungefähr 1600 jegliche persönliche Religionsausübung unterlassen habe. Seine Stimmungen, die zwischen Wutanfällen und Melancholie wechselten, erweckten immer mehr den Eindruck von geistiger Umnachtung. Wenn sich der Kaiser in depressiven Phasen befand, verzögerte sich die Abwicklung wichtiger Staatsgeschäfte. 1599 und 1600 durchlitt Rudolf II. eine schwere körperlich-geistige Krise, die sein Beichtvater und Vertrauter Dr. Johannes Pistorius folgendermaßen charakterisierte: *»Er ist nicht besessen, wie manche glauben, sondern er leidet an Melancholie, die im Laufe einer langen Zeit allzu tiefe Wurzeln geschlagen hat«*[2]. Am 15. Oktober 1600 unternahm Rudolf II. sogar einen Selbstmordversuch. Wahrscheinlich litt er unter einer erblichen Geisteskrankheit.

Während Rudolf II. als Herrscher und Staatsmann keine sehr glückliche Hand hatte, erwarb er sich als Schutzherr der Künste und Wissenschaften größten Nachruhm. Voll Eifer ging er in der Pflege der kulturellen Aufgaben eines Regenten auf. An seinem Hof in Prag versammelte er viele namhafte Maler, Zeichner, Kupferstecher, Medailleure, Bildhauer und Kunsthandwerker aus ganz Europa. Als einer der größten Kunstsammler seiner Zeit erwarb er systematisch herausragende Gemälde von Dürer, Bruegel, Tizian, Correggio und Parmigianino. Das Kunsthistorische Museum in Wien verdankt den Grundstock seiner weltberühmten Sammlung von Werken Pieter Bruegels d. Ä. der Sammlertätigkeit Rudolfs. Er legte außerdem eine große Münzsammlung an, trug Juwelen, unterschiedlichste kunsthandwerkliche Meisterwerke, Uhren, Automaten und Raritäten aller Art zusammen. Die in seinem Auftrag 1602 angefertigte Hauskrone, die Rudolfskrone, wurde 1804 zur Krone des neu geschaffenen Kaiserreichs Österreich. Weniger Bedeutung im kulturellen Programm des Kaisers besaßen Architektur, Musik und Literatur. Eine hervorragende Stellung kam hingegen der Wissenschaftspflege zu. Er förderte zahlreiche namhafte Gelehrte wie etwa den Protestanten Johannes Kepler, der als kaiserlicher Hofastronom und Mathematiker am rudolfinischen Hof seine wichtigsten planetarischen Entdeckungen machte. Kepler widmete dem Habsburger seine neu berechneten Planetenbahnen, die »Tabulae Rudolphinae«. Für das geistige Klima am Prager Hof, an dem man der Konfession weniger Bedeutung zumaß, spricht auch, dass Rudolf Kontakte zu Rabbi Löw unterhielt, dem berühmten jüdischen Denker, Talmudisten und Kabbalisten. Nicht so günstig wirkte sich Rudolfs großes Interesse an der Magie aus, was dazu führte, dass zahlreiche Alchimisten seinen Hof bevölkerten.

Die erste Hälfte seiner Regierungszeit war in noch verhältnismäßig ruhigen Bahnen verlaufen. Um 1600 zeichnete sich aber ab, dass der sich zunehmend isolierende Rudolf II. an Einfluss verlor und seine politischen Aktivitäten immer mehr abnahmen. Es betraf dies sowohl seine Stellung innerhalb des Heiligen Römischen Reichs als auch im Osten gegenüber den Osmanen. Eine ähnliche Entwicklung setzte in den Territorien der habsburgischen Hausmacht ein. Im Gegensatz dazu vertieften sich seine Beziehungen zu den Ländern der böhmischen Wenzelskrone. Hier zeitigte positive Früchte, dass Rudolf sich als einziger Herrscher aus dem Hause Habsburg auf Dauer in Prag niedergelassen hatte. Geschickt verstand er es, den Ständen, die 1575 Garantien der religiösen Toleranz durchgesetzt hatten, eine begrenzte Mitwirkung zu überlassen. Mit der Jahrhundertwende zeichneten sich jedoch auch hier neue Entwicklungen ab. In Ungarn musste er auf seine siebenbürgischen Ansprüche verzichten und nach dem protestantischen Aufstand unter Stefan Bocskay von 1604 weitreichende politische und religiöse Zugeständnisse einräumen. Im Jahr 1606 endete der seit 1592 geführte »Lange Türkenkrieg« wenig ruhmreich für Rudolf II.; immerhin wurde der Kaiser erstmals als dem Sultan gleichrangig anerkannt. Erzherzog Matthias, der zeitweise den Oberbefehl im Türkenkrieg innegehabt hatte und seit dem 21. März 1606 Statthalter Rudolfs in Ungarn war, gelang es, sowohl mit den aufständischen Ungarn als auch mit den Osmanen Friedensschlüsse auszuhandeln. Rudolf wollte diese Friedensschlüsse allerdings nicht anerkennen. Jetzt begann der Bruderzwist an Brisanz zu gewinnen.

Obwohl Rudolf II. weiblicher Gesellschaft keineswegs abgeneigt war – er hatte illegitime Kinder von mehreren Mätressen –, ging er keine standesgemäße Ehe ein, wie dies seine Position erfordert hätte. Seine für ihn im Rahmen der habsburgischen Heiratspolitik 1569 arrangierte Verlobung mit der Infantin Isabella Clara Eugenia, einer Tochter Philipps II. von Spanien, wurde nach zwanzig Jahren aufgelöst. Obwohl er die Heirat mit der Infantin immer wieder hinausgeschoben hatte, reagierte er höchst zornig, als Isabella seinen jüngeren Bruder Erzherzog Albrecht VII. heiratete. Ähnlich unbefriedigend verliefen die anderen für den Kaiser angedachten vielversprechenden Eheverbindungen – er konnte sich nie zu einem Entschluss durchringen und blieb deshalb ohne einen erbberechtigten Sohn. Rudolf geriet dadurch in eine Art psychische Zwangslage, die wohl zu seinen schweren Depressionen im Jahr 1582 beitrug. Die Frage seiner Nachfolge entwickelte sich zunehmend zu einem Problem, da der Herrscher keinerlei Bereitschaft zeigte, mit seiner Familie darüber zu einer Einigung zu kommen. Er entfremdete sich zusehends von seinen Verwandten, die sich seit 1600 gegen ihn verschworen. Die Situation verbesserte sich auch nicht, als sich fremde Höfe um eine Lösung bemühten. Am 22. November 1601 schrieb beispielsweise Papst Clemens VIII. einen Brief an Rudolf, in dem er wegen der Thronfolgefrage an dessen Verantwortungsgefühl appellierte und ihn zur Benennung eines Nachfolgers aus dem Hause Habsburg aufforderte. Den Papst trieb vor allem die Sorge um, dass das Haus Habsburg die Kaiserkrone durch Rudolfs Tatenlosigkeit verlieren könnte. Es bestand dadurch die Gefahr, dass die Krone einem protestantischen Fürsten zufallen könnte, woraus sich verheerende Folgen für die katholische Kirche in Deutschland ergeben würden. Nach diesem päpstlichen Schreiben ließ Rudolf keine päpstlichen Emissäre mehr zur Audienz bei sich vor.

Da vor allem sein Bruder Matthias immer ungeduldiger auf die Regelung der Nachfolge drängte und dabei von den meisten Erzherzögen unterstützt wurde, richtete sich Rudolfs Misstrauen besonders gegen diesen Bruder. Das von Anfang an gespannte Verhältnis der beiden Brüder zueinander hatte sich rapide verschlechtert, als sich Rudolfs Verfolgungswahn auf Matthias zu konzentrieren begann. Sicherlich kann Erzherzog Matthias als die treibende Kraft in der als »Bruderzwist« bekannt gewordenen inneren Krise im Hause Habsburg gelten. Seit Matthias 1595 Statthalter in Nieder- und Oberösterreich geworden war, hatte er in dem Wiener Bischof Melchior Khlesl einen einflussreichen Berater und Kanzler gefunden. Während er zunächst anfing, die Gegenreformation in Nieder- und Oberösterreich rücksichtslos durchzudrücken, sah sich Matthias während der fortschreitenden Konfrontation mit Rudolf dazu genötigt, bei den protestantischen Ständen Unterstützung zu suchen.

Bei der Konferenz von Schottwien in Niederösterreich trafen sich im Jahr 1600 die Erzherzöge Matthias, Maximilian III., der Deutschmeister des Deutschen Ritterordens, und Ferdinand, der spätere Kaiser Ferdinand II., um sich zu besprechen und erste Schritte gegen Rudolf einzuleiten. Sie planten, in einem Brief an den Kaiser auf die schwierige Lage einzugehen und ihn zur Regelung der Nachfolgefrage aufzufordern. Bei dieser Gelegenheit sollte Rudolf II. außerdem wegen seines schlechten Gesundheitszustands der Gebrauch einer *»medicinischen und geistigen Kur«*[3] nahegelegt werden. Nachdem diese Beschlüsse jedoch nicht umgesetzt worden waren, fanden sich die Erzherzöge Matthias, Maximilian III., Ferdinand und Maximilian Ernst im April 1605 in Linz zusammen, um erneut über die Situation zu diskutieren. Mit dem *»seltsamen und ungleichen Prager Regiment«*[4] waren sie keineswegs einverstanden. Matthias, Maximilian und Ferdinand reisten danach nach Prag und wurden schließlich auch von dem Kaiser in frostiger Atmosphäre empfangen. Dieser Vorstoß erbrachte ebenso wenig Fortschritte bei der Bestimmung eines Nachfolgers wie die zum gleichen Zweck gegen Ende desselben Jahres unternommene Reise der Erzherzöge nach Prag. Nicht nur der Kaiser, sondern auch viele Zeitgenossen empfanden die Verfahrensweise der Erzherzöge unter Führung von Erzherzog Matthias als offene Rebellion. Die völlig verworrene und aussichtslose Lage im habsburgischen Bruderzwist verglich ein zeitgenössischer Bericht aus dem Jahr 1605 mit einem stachligen Igel: »*Die fürstlichen personen, die haben ainen stächenden igl zu annotomirn; man greif den igl an, wo man welle, so wirt man sich stächen und den stächenden igl wirt ain fürst dem anderen zueschieben und seiner verschonen wellen, sich nit daran zu stächen*«[5]. Schließlich erreichte Bischof Khlesl, dass die Erzherzöge im Wiener Vertrag vom 25. April 1606 Erzherzog Matthias zum Oberhaupt des Hauses bestimmten. Ihm wurde die volle Rückendeckung der übrigen Erzherzöge bei Verhandlungen mit anderen Fürsten und bei der etwaigen Kaiserwahl zugesichert. Durch diesen Vertrag abgesichert, konnte Matthias mit der spanischen Linie des Hauses Habsburg über die geplante Absetzung von Rudolf verhandeln. Der Staatsrat von König Philipp III. von Spanien fand sich tatsächlich bereit, Matthias zu unterstützen. Auf diese Weise war sichergestellt, dass die Casa de Austria (= Haus Österreich) eine gemeinsame Linie bei dem Vorgehen gegen den Kaiser verfolgte und die habsburgischen Gegner von dem Bruderzwist nicht profitierten. Als weiteren Erfolg konnte Erzherzog Matthias im November 1606 den Beitritt Erzherzog Albrechts VII., des Generalgouverneurs der südlichen Niederlande, zu dem Wiener Verschwörerbund verbuchen.

Erzherzog Matthias gelang es, in Zusammenarbeit mit den ungarischen, österreichischen und mährischen Ständen seinen Bruder Rudolf abzusetzen, der sich inzwischen bei den Ständen unbeliebt gemacht hatte. 1608 trat der ungarische Reichstag in Pressburg zusammen, an dem sich auch Ausschüsse der österreichischen Stände beteiligten. Für die Unterstützung der Stände beim Sturz Rudolfs musste Erzherzog Matthias diesen im Gegenzug dafür religiöse Zugeständnisse einräumen. Auch die böhmischen Stände sollten gemäß einem Schreiben von Matthias, *»dem Kaiser nicht mehr dergestalt lang den Zaum schießen lassen«*[6]. Um seinen Forderungen gegen Rudolf mehr Nachdruck zu verleihen, rückte Erzherzog Matthias mit den von ihm angeworbenen Truppen in Böhmen ein. Rudolf II. war gezwungen, seinem Bruder entgegenzukommen. In einem kurzen Schreiben vom 8. Mai versicherte der Kaiser dem Erzherzog, *»er sei zufrieden, daß Seiner Liebden unter kaiserlicher Namenshoheit das Gubernament in Ungarn und Österreich absolut führe«*[7]. Mit diesem Zugeständnis war der Ehrgeiz von Matthias keineswegs befriedigt, da die Anerkennung seiner Nachfolge in Böhmen fehlte. In dem am 25. Juni 1608 geschlossenen Vertrag von Lieben musste Rudolf seinem Bruder Ungarn, die Herrschaft in Ober- und Niederösterreich sowie in Mähren überlassen. Außerdem erhielt Matthias die Garantie der Nachfolge in Böhmen. Anfang Juli verließ Matthias mit seiner Armee Böhmen wieder. Rudolf verblieben nach dem Vertrag das Königreich Böhmen und die römisch-deutsche Kaiserwürde.

Nur die Böhmen und Schlesier blieben auf der Seite Rudolfs, obwohl der spanische Gesandte nicht mit Bestechungsgeld gegeizt hatte. Der Herrscher hatte sich im Vorfeld des Vertrags von Lieben von den böhmischen Herren anhören müssen, dass ihn seine *»Trägheit und seine völlige Vernachlässigung des Gemeinwohls«*[8] in diese unerfreuliche Lage gebracht hätte. Für dieses Verbleiben auf seiner Seite musste Rudolf den Ständen dieser Länder, die seine außerordentlich schwierige politische Position auszunutzen verstanden, im Juli 1609 jeweils einen »Majestätsbrief« ausstellen. Den nichtkatholischen Ständen im Königreich Böhmen bzw. im Herzogtum Schlesien wurde Religionsfreiheit zugesichert, dies galt selbst für die Bürger und Bauern. Überdies wurde den Protestanten die Errichtung von Kirchen und Schulen gestattet.

Durch den Vertrag von Lieben fühlte sich Rudolf in seinem Ansehen schwer getroffen und sah seine herrscherliche Würde bedroht. Im Grunde waren beide Vertragspartner mit den in diesem Vertrag getroffenen Regelungen nicht zufrieden, weshalb der brüderliche Machtkampf weiterging. Den Anlass lieferte die Erbfolgefrage in den nordwestdeutschen Herzogtümern Jülich, Kleve und Berg. Durch die konfessionellen und internationalen Verwicklungen hätte diese Erbfolgefrage fast einen großen europäischen Krieg ausgelöst. Der Jülich-Klevische Erbfolgestreit entwickelte sich dadurch zu einem Vorspiel des Dreißigjährigen Kriegs. Auf das strategisch wichtige Land erhob auch der Kaiser Ansprüche. Die protestantischen Erbprätendenten waren jedoch nicht bereit, die kaiserliche Entscheidungsgewalt über die Erbfolge hinzunehmen. Erzherzog Leopold warb Truppen an, um im Jülich-Klevischen Erbfolgestreit die Sache des Kaisers zu vertreten. Der junge Bischof von Passau und Straßburg hatte sich Kaiser Rudolfs Sympathien erworben, weil er sich nicht am Wiener Vertrag der anderen Erzherzöge beteiligt hatte. Als sich der Konflikt um die jülich-klevische Erbfolge durch einen Kompromiss militärisch beruhigte, blieb das »Passauische Kriegsvolk« übrig, das Rudolf II. gegen seinen Bruder Matthias einzusetzen gedachte.

Der Kaiser, der sich inzwischen mit fast allen seinen früheren Vertrauten zerstritten hatte und nur noch vom Hass auf seinen Bruder Matthias angetrieben wurde, wollte seine verlorenen Lande mittels Waffengewalt zurückgewinnen. Als »Todesstoß« für seine ihm noch verbliebene Machtposition sollte es sich erweisen, dass er dem misslungenen Einfall seines ebenso ehrgeizigen wie ungeschickten Cousins Leopold in Böhmen Vorschub leistete.

Ein zuvor auf Betreiben des Kurfürsten Ernst von Köln im Frühjahr 1610 einberufener Fürstenkonvent in Prag erreichte nichts auf diplomatischem Wege zwischen den beiden verfeindeten habsburgischen Brüdern. Die von Leopold gesammelten Söldnertruppen wurden daraufhin Richtung Prag in Marsch gesetzt. Leopold, dem von Rudolf II. die Aussicht auf dessen Nachfolge im Reich eröffnet worden war, hatte zusammen mit diesem darauf spekuliert, dass diese Passauer Truppen die Position des Kaisers gegenüber den böhmischen Ständen stärken würde. Der Passauer Bischof hoffte, so Böhmen wieder für den Katholizismus zurückzugewinnen und sich selbst die böhmische Krone zu sichern. Die Passauer Truppen nahmen die Prager Kleinseite ein und belagerten die Altstadt. Letztendlich scheiterte das Unternehmen, denn die dadurch provozierten Böhmen bildeten eine Gegenregierung und legten in den Verhandlungen mit den kaiserlichen Abgesandten ein großes Misstrauen gegenüber Rudolf II. an den Tag. Die unglückliche Aktion endete mit dem Einmarsch von Matthias' Truppen in Prag, im Abzug der Passauer Söldner und der Abdankung Rudolfs als König von Böhmen zugunsten seines von ihm abgrundtief gehassten Bruders Matthias auf dem im April einberufenen Generallandtag. Am 23. Mai 1611 wurde Matthias zum König von Böhmen gekrönt.

Aller seiner Länder beraubt, verblieb Rudolf II. nur noch die Kaiserwürde, eine leere Hülse ohne eigentliche Macht, und die in zähem Feilschen mit Matthias ausgehandelte Apanage. Rudolf wurde nach einem im August 1611 geschlossenen Vergleich eine Summe von 300 000 Gulden jährlich zum Lebensunterhalt sowie die Nutznießung von vier böhmischen Gütern zugesichert. Amtliche Urkunden sollten in seinem Namen ausgestellt werden. Dass ihm wenigstens noch die Kaiserwürde verblieb, verdankte er vor allem der Intervention des protestantischen Kurfürsten Christian II. von Sachsen, der die Stände Böhmens, Schlesiens und der Lausitz ermahnte, *»ihren kaiserlichen Herrn zu schonen«*[9]. Die letzten Monate seines Lebens fristete der schwerkranke, bereits vom Tode gezeichnete Rudolf als machtloser Gefangener und Schattenkaiser im Hradschin, den man ihm als Wohnsitz belassen hatte. Aufrecht hielt ihn nur noch sein vom Hass beflügelter fester Wille, mit allen Mitteln die Wahl seines Bruders zum römisch-deutschen König zu verhindern. Am 20. Januar 1612 erlöste ihn der Tod. Wie schon sein Vater hatte es Rudolf abgelehnt, die Sterbesakramente zu empfangen. Voll Gelassenheit sagte er zu den ihn Umstehenden: *»Ihr lieben Freunde, als ich in jungen Jahren von Spanien abberufen wurde, um in mein Vaterland zurückzukehren, habe ich solche Freude empfunden, daß ich in der folgenden Nacht keinen Schlaf in die Augen bringen konnte, warum soll ich mich jetzt nicht viel mehr freuen, in die himmlische Heimat zu reisen, wo keine Trennung, keine Verwandlung und kein Unbill mehr eintreten können?«*[10]

Matthias zog es vor, sich nicht an dem im Prager Veitsdom ausgestellten Sarkophag des Bruders zu zeigen. Der Bruderzwist im Hause Habsburg war endgültig beendet, aber ein fader Nachgeschmack blieb an dem Sieger haften. Kaiser Matthias, der seinen Vorgänger Rudolf II. in all seinen Würden und Ämtern beerbt hatte, sollte damit nicht sonderlich glücklich werden, vielmehr musste er eine Reihe herber politischer Enttäuschungen hinnehmen und noch den Ausbruch des katastrophalen Dreißigjährigen Kriegs erleben, den er nicht verhindern konnte.

## Anmerkungen

1 Zit. nach Brigitte Vacha, Die Habsburger. Eine europäische Familiengeschichte, 2. Aufl., Graz, Wien, Köln 1993, S. 172.
2 Zit. nach Herbert Haupt, Kaiser Rudolf II. in Prag: Persönlichkeit und imperialer Anspruch, in: Prag um 1600. Kunst und Kultur am Hofe Rudolfs II. Hrsg. von der Kulturstiftung Ruhr, Freren 1988, S. 45–55, hier S. 50.
3 Zit. nach Karl Vocelka, Rudolf II. und seine Zeit, Wien, Köln, Graz 1985, S. 114.
4 Zit. nach Gertrude von Schwarzenfeld, Rudolf II. Ein deutscher Kaiser am Vorabend des Dreißigjährigen Krieges, 2. Aufl., München 1979, S. 207.
5 Zit. nach Haupt, Kaiser Rudolf II., S. 51.
6 Zit. nach Bernd Rill, Kaiser Matthias. Bruderzwist und Glaubenskampf, Graz, Wien, Köln 1999, S. 137.
7 Zit. nach von Schwarzenfeld, Rudolf II., S. 228.
8 Zit. nach Rill, Kaiser Matthias, S. 142.
9 Zit. nach von Schwarzenfeld, Rudolf II., S. 249.
10 Zit. nach Ebd., S. 258.

## Im Sog der Hexenverfolgung

# Georg Haan

Hexenverfolgungen und Hexenprozesse sind in Mitteleuropa vor allem ein Phänomen der Frühen Neuzeit gewesen. Das zu ahndende Delikt der Hexerei setzte sich dabei aus den Einzeltatbeständen des Teufelspakts, der Teufelsbuhlschaft, des Hexenflugs, der Teilnahme am Hexensabbat und des Schadenzaubers zusammen. Das Kerngebiet des Hexenwahns bildeten die deutschsprachigen Länder. Traurige Berühmtheit als eine der »Hochburgen« der Hexenverfolgung erlangte das Hochstift Bamberg, wo in den Jahren 1595 bis 1631 etwa 1000 Menschen als Hexen verbrannt wurden. Unter dem seit 1623 regierenden Bamberger Fürstbischof Johann Georg II. Fuchs von Dornheim, der als »Hexenbrenner« in die Geschichte einging, erreichte die Verfolgung ihren Höhepunkt. In einem bisher nicht gekannten Ausmaß fielen vor allem Mitglieder der Bamberger Ober- und Führungsschicht der Hexenverfolgung zum Opfer. Zu den Betroffenen gehörte auch der höchste weltliche Beamte des Hochstifts, der Kanzler Dr. Georg Haan. Gezielte Denunziation durch Gegner und Neider brachte jedoch nicht nur ihn um sein Leben, sondern mithilfe des Hexereivorwurfs wurde auch der Großteil seiner Familie ausradiert. Der Fall des Kanzlers Haan stellt im Heiligen Römischen Reich Deutscher Nation eine absolute Ausnahme dar, da kein anderer derart hochrangiger Würdenträger wegen angeblicher Hexerei hingerichtet wurde.

Die größte Hexenverfolgungswelle in der Geschichte des Hochstifts Bamberg fiel, wie dies auch an anderen Orten zu beobachten ist, mit den klimatischen Auswirkungen der »Kleinen Eiszeit« in Europa zusammen, die sich vor allem seit der Mitte des 16. Jahrhunderts mit regionalen und zeitlichen Schwankungen bemerkbar machte. Infolge einer Klimaveränderung kam es zu Missernten und sinkenden landwirtschaftlichen Erträgen, die Teuerungen, Hungersnöte und Krankheiten bewirkten. Hinter diesen schicksalhaften Ereignissen wurde oft schwarze Magie als Auslöser vermutet. Eindrucksvoll belegt dies ein Tagebucheintrag des Chronisten und Zeiler Bürgermeisters Johann Langhans, der später selbst wegen Hexerei hingerichtet wurde: *»Anno 1626 den 27. May ist der Weinwachs im Frankenland im Stift Bamberg und Würzburg aller erfroren wie auch das liebe Korn, das allbereit verblüett. Im Deichlein und in der Aue, in der Altach wie auch ander Orten zu und umb Zeill, alles erfroren, das bei Manns Gedenken nir beschehen unt ein große Theuerung verursacht, (...). Hirauf ein großes Flehen und bitten unter dem gemeinen Pöffel, warumb man so lang zusehe, das allbereit die Zauberer unt Unholden die Früchten sogar verderben, wie dan ihre fürstliche Gnaden nichts weniger verursacht solches Uebel abzustrafen, hat also seienn Anfang dis Jars erreicht, wie hernach zu befinden«*[1]. Solche tief in der Bevölkerung verwurzelten Ängste wurden noch zusätzlich durch Persönlichkeiten wie den Bamberger Weihbischof Friedrich Förner angestachelt, der durch seine zahlreichen Hexenpredigten und sein fanatisches Wettern *»gegen den fluchwürdigen Teufelsdienst der Zauberer und Hexen«*[2] eine fatale Rolle spielte.

Die daraufhin im Hochstift einsetzenden Verfolgungen dehnten sich im Sommer 1627 auch auf die vornehmsten Familien der Residenzstadt Bamberg aus. Durch die Aussagen des vierzehn Jahre alten Bürgermeistersohnes Hans Morhaubt wurden zahlreiche Mitglieder der Führungsschicht belastet, darunter auch die Familie des Kanzlers Dr. Georg Haan. Diese Verleumdung kam einigen Gegnern Haans sehr gelegen.

Dr. Georg Haan, der aus dem Hochstift Fulda stammte, hatte in Mainz, Ingolstadt und Würzburg Rechtswissenschaften studiert. Bevor er 1603 nach Bamberg kam, war er als Rat in Fulda tätig und hatte einige Jahre in Mergentheim gelebt, wo er vermutlich auch seine spätere Frau Katharina kennenlernte. 1608 war er zum Vizekanzler und 1611 zum Kanzler des Hochstifts Bamberg ernannt worden. Seit 1623 bewohnte der Kanzler mit seiner Familie das Haus zum Rottenschild in der Judengasse 6. Welch hohes Ansehen Dr. Haan in Bamberg genoss, zeigt sich auch daran, dass er ein Wappen führen durfte. Mit seiner aus Mergentheim gebürtigen Ehefrau Katharina war er seit fast dreißig Jahren verheiratet. Das Paar hatte fünf gemeinsame Kinder. Der älteste Sohn Georg Adam war wie sein Vater promovierter Jurist, fürstlich-weltlicher Rat in Bamberg und seit dem Frühjahr 1626 mit Ursula, der Tochter des reichen Bamberger Bürgermeisters Georg Neudecker, verheiratet. Das junge Ehepaar hatte zwei kleine Töchter. Die älteste Tochter des Kanzlerpaars, Katharina, war mit dem Juristen Martin Röhm, einem kaiserlichen Stiftslandgerichtsassessor, verheiratet. Ihr kleiner Sohn hieß Wolf Christoph. Carl Leonhard Haan, der zweite Sohn des Kanzlers, lebte seit 1627 als Jurastudent in Köln. Im Elternhaus wohnten dagegen noch die jüngere Tochter Ursula Maria Haan und der jüngste Sohn Daniel Haan.

Die Vorkommnisse im Vorfeld der Prozesse zu rekonstruieren, die es offensichtlich wünschenswert erscheinen ließen, fast die ganze Kanzlerfamilie zu beseitigen, ist nicht einfach. Sicher spielte Neid auf die hohe Position Dr. Haans im Hochstift eine Rolle, auf die sich einige alteingesessene Kollegen von ihm auch Hoffnungen gemacht hatten. Vor allem dürften seine Reformpläne im Zusammenhang mit den Hexenprozessen für Zorn unter den Verfolgungsbefürwortern gesorgt haben. Die Hexenprozesse selbst wollte er zwar nicht abschaffen, aber die Verfahrensweise sollte reformiert werden. Der Kanzler wollte das Amt der Hexenkommissäre abschaffen. Seiner Ansicht nach sollten sich nur noch wenige Personen hauptberuflich mit dem Hexenwesen im Hochstift befassen, die überzählig gewordenen Räte sollten sich den Hochstiftsangelegenheiten widmen. Den Hexenkommissären wären so nicht nur Macht- und Einflussmöglichkeiten genommen worden, sie hätten dadurch auch finanzielle Einbußen erlitten. Eine eher distanzierte Haltung gegenüber den Hexenverfahren einzunehmen, wie dies wohl bei Haan der Fall war, war nicht ungefährlich, da man sich damit dem Verdacht aussetzte, selbst ein Anhänger der Hexensekte zu sein. Dr. Georg Haan hatte sich den Zorn der Verfolgungsbefürworter bereits zugezogen, als er 1619 mit dem Argument fehlender finanzieller Ressourcen dafür gesorgt hatte, dass die seit 1616 laufende Prozesswelle gestoppt wurde. Die dem Kanzler feindlich gesonnenen Kräfte in Bamberg zogen es allerdings vor, zunächst nicht den Kanzler direkt anzugreifen, sondern nutzten die Gunst der Stunde, um vorderhand gegen seine Ehefrau und seine älteste Tochter vorzugehen. Besonders der langjährige hochstiftische Hexenkommissär Dr. Johann Georg Harsee, der sich durch die Berufung Haans zum Kanzler um seine eigenen Karrierehoffnungen betrogen sah, sorgte dafür, dass sich das Gerücht verbreitete, dass die Ehefrau des Kanzlers, Katharina Haan, eine Hexe sei. So behauptete er etwa Anfang Januar 1628 bei einem Treffen der Räte im Kloster Banz, *»daß die Cantzlerin bezüchtiget wehr«*[3].

Zu diesem Zeitpunkt hielt sich Dr. Georg Haan bereits in Speyer auf, wohin er am 27. Dezember 1627 abgereist war. Als Mitglied der Malefizkommission, des Gremiums in Bamberg, das für die Hexenprozesse zuständig war, war sich der Kanzler der heraufziehenden tödlichen Bedrohung für seine Familie nur zu bewusst. Der Hexerei bezichtigt zu werden, bedeutete, fast unweigerlich dem Tod auf dem Scheiterhaufen geweiht zu sein. Dr. Haan wollte bei dem in Speyer befindlichen Reichskammergericht, dem obersten Gericht des Heiligen Römischen Reichs Deutscher Nation, einen Schutzbrief für seine Frau und seine älteste Tochter erlangen, die am meisten gefährdet schienen. Er erhielt tatsächlich am 15. Januar 1628 ein Mandat zugunsten der beiden Frauen. Tragischerweise hatten diese jedoch bereits unter der schweren Folter Geständnisse abgelegt, wodurch sie auch von den höchsten Reichsinstanzen nicht mehr gerettet werden konnten.

Kaum war der Kanzler nämlich nach Speyer aufgebrochen, wurden Katharina Haan und ihre Tochter Katharina Röhm schon verhaftet, in das neu erbaute Bamberger Drudenhaus gebracht und verhört. Dass die Mutter der Kanzlergattin bereits als Hexe in Mergentheim verbrannt worden war, machte diese nur umso verdächtiger in den Augen ihrer Ankläger. Als beide Frauen ihre Unschuld beteuerten, wurden ihnen daraufhin Zeugen gegenübergestellt, die sie der Hexerei beschuldigten. Als sie weiterhin abstritten, im Bunde mit dem Teufel zu sein, wurden sie gefoltert. Unter der Folter lieferten sie das gewünschte Geständnis. Nachdem sowohl die Gattin des Kanzlers als auch dessen Tochter ihre Geständnisse widerriefen, wurden sie beide geschoren, erneut gefoltert und so lange befragt, bis sie alle für eine Verurteilung relevanten Anklagepunkte zugegeben hatten. Selbstverständlich fand sich bei beiden Frauen auch das so genannte Teufelsmal in Form eines Muttermals oder eines ähnlichen »Zeichens«, das als Merkmal einer Hexe galt und aus dem kein Blut beim Hinstechen floss. Am 19. Januar 1628 wurden sie zusammen mit fünf weiteren Personen zum Tod durch Verbrennen verurteilt. Durch einen Gnadenzettel des Bamberger Fürstbischofs vom 22. Januar wurde diese Strafe dahingehend abgemildert, dass sie nicht bei lebendigem Leib verbrannt, sondern erst durch das Schwert hingerichtet wurden. Während Katharina Haan ihr Testament am 22. Januar verfassen durfte, konnte ihre Tochter Katharina Röhm ihre letztwillige Verfügung einen Tag später treffen. Der Todestag der beiden Frauen ist nicht bekannt, aber sie erlebten nicht mehr die Rückkehr des Kanzlers Haan aus Speyer, der am 10. Februar 1628 wieder nach Bamberg zurückkam.

Die Situation spitzte sich jetzt auch für den Kanzler Dr. Georg Haan gefährlich zu. Durch das beim Reichskammergericht erwirkte Strafmandat hatte er seinen Dienstherrn verärgert, da nun von Speyer aus gegen den Fürstbischof Fuchs von Dornheim und einige seiner Räte vorgegangen wurde. Der Fürstbischof sei darüber *»sehr erzürnt gewesen«*[4], gab Haan später zu Protokoll. Trotz der schrecklichen Vorfälle in seinem engsten Familienkreis nahm Dr. Haan, allein um keinen weiteren Verdacht gegen sich und seine noch verbliebenen Angehörigen zu erwecken, seine Arbeit wieder auf und legte einen großen Diensteifer an den Tag, um das Wohlwollen des Fürstbischofs zurückzugewinnen. Vorsichtshalber holte er die Meinung mehrerer städtischer und kirchlicher Würdenträger ein, um zu erfahren, ob der Fürstbischof ihn und seine überlebenden Kinder der Hexerei verdächtigte. Auf die Verneinung hin glaubte er sich sicher zu wissen. Der Versuch des bayerischen Kurfürsten Maximilian I., den in akuter Gefahr schwebenden Kanzler zu retten, indem er im Frühjahr 1628 bei dem Bamberger Fürstbischof anfragte, ob er Haan entlassen und in pfälzische Dienste nach Amberg wechseln lassen würde, stieß bei Johann Georg II. Fuchs von Dornheim auf Ablehnung.

Die Abwesenheit des Fürstbischofs, der sich vorübergehend in Würzburg aufhielt, nutzten die Feinde Haans, um den ihnen unliebsam gewordenen Kanzler ungestört aus dem Weg räumen zu können. Am 20. Mai 1628 wurde Dr. Haan zu einem Schreiben des Reichskammergerichts befragt. Seinen Gegnern war es gelungen, ein abgefälschtes Schreiben aus Speyer in die Hand zu bekommen, mit dessen Hilfe sie den Kanzler unter dem Vorwurf des Landesverrats verhaften lassen konnten. In der von Haan für seine Frau und Tochter verfassten Supplikation beim Reichskammergericht war unter anderem von vielen beschuldigten Hingerichteten im Hochstift die Rede. Dieser Passus war in der gefälschten Supplikation in *»viel unschuldige hingericht«*[5] abgeändert worden. Durch eine solche Formulierung wurde der Eindruck erweckt, als ob der Kanzler offen gegen seinen Dienstherrn Position bezogen hätte. Man gestattete ihm nicht, nach Hause zu gehen und das Original seiner Klageschrift zu holen, sondern er wurde in einer Kammer der Alten Hofhaltung eingesperrt.

Die Anklage wegen Hexerei erfolgte erst eine Woche später. Auf diese Weise sollte sicher gestellt werden, dass der Kanzler endgültig ausgeschaltet wurde. Bezeichnenderweise wurde er bereits in dem Verhör am 27. Mai 1628, in dem er erstmals der Hexerei beschuldigt wurde, als *»Dr. Georgen Haan gewesen Cantzler zue Bamberg«*[6] bezeichnet. Da er es energisch von sich wies, *»mit diesem laster behaftet«*[7] zu sein, wurde er umgehend mit drei Zeugen konfrontiert, die bestätigten, ihn auf verschiedenen Hexenzusammenkünften gesehen zu haben. Dass auch seine Mutter zeitweise der Hexerei verdächtigt worden war, ließ ihn in den Augen der Bamberger Räte nur umso suspekter erscheinen. Immer wieder beteuerte Haan seine Unschuld, ohne dass dies irgendeinen Eindruck auf seine ehemaligen Kollegen gemacht hätte. Kennzeichnend für ihre Haltung gegenüber dem einstigen hohen Würdenträger ist, dass seine Aussagen nicht korrekt aufgenommen und dadurch in ihrem Wert geschwächt wurden. Mehrmals verwies der Kanzler auf sein gutes Verhältnis zum Fürstbischof. Er glaubte, dass die Hexenkommissäre ihn gegen sich aufgebracht und ihn falsch über seinen Prozess informiert hätten. Der Kanzler berief sich außerdem immer wieder auf die Prozessvorschriften des gemeinen Rechts, der Constitutio Criminalis Carolina, der Peinlichen Halsgerichtsordnung Kaiser Karls V. von 1532. Mithilfe seines zweiten Sohns, Carl Leonhard, der in Köln studierte, konnte der Kanzler sogar erneut ein Mandat des Reichskammergerichts erwirken, in dem die Einhaltung des geltenden Prozessrechts angemahnt wurde. Dieses Mandat blieb allerdings wirkungslos.

Haans Widerstand wurde gebrochen, als man ihn am 26. Juni 1628 mit einer angeblichen Aussage seines Sohnes Georg Adam konfrontierte, der in der Zwischenzeit auch unter dem Verdacht der Hexerei verhaftet worden war. In dem Prozess trat damit die entscheidende Wende ein, denn der durch diese Mitteilung völlig niedergeschmetterte Kanzler gestand nun, was man von ihm hören wollte. Er wusste, dass es keinerlei Entrinnen mehr für ihn gab. In einer letzten Aufwallung von Selbstachtung war er aber nicht bereit, Amtsmissbräuche zu gestehen. Um zu verhindern, dass noch mehr Angehörige oder Bekannte in eine ähnliche Lage wie er selbst gerieten, bezichtigte er nur alle diejenigen der Hexerei, die auch gegen ihn ausgesagt hatten oder bereits hingerichtet worden waren. Bei einer seiner peinlichen Befragungen wurde auch das gesuchte Teufelsmal am Körper des Kanzlers entdeckt.

Der Zusammenbruch des Kanzlers erfolgte aus Sicht seiner Verfolger gerade noch rechtzeitig, da am 29. Juni 1628 ein weiteres Mandat zugunsten des Kanzlers und seines ältesten Sohnes aus Speyer eintraf. Wahrscheinlich haben die beiden Haans davon nichts mehr erfahren. Dank der vorliegenden Geständnisse von Vater und Sohn hatten die Bamberger Räte dem Reichskammergerichtsverfahren die Grundlage entzogen. Als der Kanzler darum bat, Milde walten zu lassen und ihm den Feuertod mittels Köpfen zu ersparen, erklärte man sich dazu bereit, wenn er vor allen Räten öffentlich seine »Verbrechen« gestehen wolle. Auf diese Weise sollte die Rechtmäßigkeit seiner Verurteilung unterstrichen werden. Seine Verfolger sicherten sich dadurch gegenüber dem Reichskammergericht ab. Der Kanzler akzeptierte das Angebot unter der Bedingung, dass auch seinem Sohn diese Milde gewährt werden sollte. Am 10. Juli 1628 musste er in einer Art öffentlichem Schauprozess vor vierunddreißig hochrangigen Persönlichkeiten des Hochstifts seine Aussagen bezüglich seines Hexereiverbrechens wiederholen. Er bekräftigte sein Geständnis mit der Versicherung, dass er *»darauf leben und sterben«*[8] wolle. Am 11. Juli wurde ihm mitgeteilt, dass er in drei Tagen mit dem Schwert hingerichtet würde. Er konnte noch beichten, kommunizieren und sein Testament verfassen. Seinen Besitz vererbte er seinen noch verbliebenen Kindern. Er bedachte außerdem Personen, denen er etwas schuldete. Im Gegensatz zu seinen Angehörigen vermachte der in seinem Glauben wohl zutiefst erschütterte Haan der Kirche nichts. Lediglich die Schwestern in der Marienkapelle in der Judengasse, die sich seiner hinterlassenen Kinder angenommen hatten, berücksichtigte er in seiner letztwilligen Verfügung. Dr. Georg Haan wurde am 14. Juli frühmorgens in Gegenwart von etwa achtzig Personen enthauptet. Der genaue Ort seiner Hinrichtung ist unbekannt. Sein Leichnam wurde danach zusammen mit sieben anderen wegen Hexerei verurteilten Personen verbrannt.

Im Gegensatz zu seinem Vater, dem Kanzler Dr. Haan, legte Dr. Georg Adam Haan, der Ende Mai 1628 ebenfalls der Hexerei bezichtigt und verhaftet wurde, rasch ein Geständnis ab, um der Folter zu entgehen. Ihn hatte seine unglückliche Mutter unter dem Druck der Verhöre und der Folter belastet, wodurch die Hexenkommissäre auch gegen ihn vorgehen konnten. Offensichtlich hegte er von Anfang an keinerlei Hoffnungen mehr für sich. Er hatte bei den Bamberger Verfolgungsbefürwortern der Hexenprozesse allein schon dadurch Argwohn erregt, dass er seinen in Speyer befindlichen Vater mit Informationen über den Prozess gegen seine Mutter und Schwester Katharina versorgt hatte, soweit ihm dies möglich war. Der genaue Hinrichtungstermin von Dr. Georg Adam Haan, der am 13. Juli sein Testament abgefasst hatte, ist nicht überliefert.

Nachdem bereits vier erwachsene Mitglieder der Familie Haan den Tod gefunden hatten, kehrte jedoch noch immer keine Ruhe ein. Im Verlauf des Jahres 1629 wurden auch Ursula Haan, die Witwe von Dr. Georg Adam Haan, und die jüngere Tochter des Kanzlerehepaars, Ursula Maria Haan, der Hexerei angeklagt, verhört und hingerichtet. Bei beiden Frauen sind weder der Tag noch die Art der Hinrichtung bekannt. Bei ihnen lag wohl nach der weitverbreiteten Auffassung der Verdacht nahe, dass sie von ihren Angehörigen mit dem Laster der Hexerei angesteckt worden waren. Zudem erinnerten sie allein durch ihre Existenz an ihre hingerichteten Familienmitglieder. Lediglich die Söhne Carl Leonhard und Daniel Haan entgingen einem ähnlich schrecklichen Schicksal und fanden Hilfe beim Dominikanerinnenkloster Heilig Grab. Über das weitere Geschick der drei Enkelkinder des Kanzlers liegen keinerlei Nachrichten vor. Die Spuren der Familie Haan in Bamberg wurden weitgehend getilgt.

Der Prozess gegen die Kanzlerfamilie Haan sorgte zunächst dafür, dass es keinen weiteren nennenswerten Widerstand gegen die Hexenprozesse im Hochstift Bamberg mehr gab. Die Malefizkommission konnte in den folgenden anderthalb Jahren ungestört ihrer schrecklichen Arbeit nachgehen, die dem Hochstift die schlimmsten Verfolgungen in seiner Geschichte bescherten. 1631 griff schließlich der Reichshofrat ein, pochte auf einen rechtmäßigen Verlauf der Hexenprozesse und verbot die Beschlagnahme des

Vermögens der Verurteilten. Sein endgültiges Ende fand der Hexenwahn im Hochstift Bamberg mit dem Einmarsch der Schweden 1632.

## Anmerkungen

1 Zit. nach Britta Gehm, Hexenverfolgungen im Hochstift Bamberg, in: Luitgar Göller (Hrsg.), 1000 Jahre Bistum Bamberg 1007–2007. Unterm Sternenmantel. Katalog, Petersberg 2007, S. 228–235, hier S. 231.
2 Zit. nach Andrea Renczes, Wie löscht man eine Familie aus? Eine Analyse Bamberger Hexenprozesse, Pfaffenweiler 1990, S. 141.
3 Zit. nach Britta Gehm, Die Hexenverfolgung im Hochstift Bamberg und das Eingreifen des Reichshofrates zu ihrer Beendigung, Diss. Jena 1999, S. 128.
4 Zit. nach Renczes, Wie löscht man eine Familie aus?, S. 61.
5 Zit. nach Gehm, Hexenverfolgung, S. 132.
6 Zit. nach Ebd., S. 133.
7 Zit. nach Ebd., S. 133.
8 Zit. nach Renczes, Wie löscht man eine Familie aus?, S. 96.

Der zu mächtige Feldherr

# Albrecht von Wallenstein

Bis heute fasziniert die ambivalente Gestalt des aus dem alten böhmischen Adelsgeschlecht der Waldstein stammenden kaiserlichen Feldherrn und Politikers Albrecht Wenzel Eusebius von Wallenstein, Herzog von Friedland, Mecklenburg und Sagan, genannt der Friedländer, der den Verlauf des Dreißigjährigen Kriegs maßgeblich mitbestimmte. Sein Schicksal, das ihn einen schier beispiellosen Aufstieg zu Macht, Einfluss und Reichtum erleben ließ, um dann mit einem ebenso ungeheuerlichen Absturz abrupt zu enden, als er einem politischen Mordanschlag zum Opfer fiel, vermag immer wieder viele Menschen in seinen Bann zu ziehen. Das ihm 1608 von dem berühmten Gelehrten und kaiserlichen Astronomen Johannes Kepler gestellte Horoskop scheint so tatsächlich bis zu einem gewissen Grad Wirklichkeit geworden zu sein; denn Kepler teilte dem ihm unbekannten Wallenstein mit: »*Es ist aber das Beste an dieser Geburt, daß Jupiter darauf folget und Hoffnungen machet, mit reifem Alter werden sich die meisten Untugenden abwetzen und also diese seine ungewöhnliche Natur zu hohen, wichtigen Sachen fähig wird. Dann sich nebenst auch bei ihm werden sehen lassen großer Ehrendurst und Streben nach zeitlichen Dignitäten und Macht, dadurch er sich viel großer und heimlicher Feindt machet, aber denselben meistenteils obsiegen wird*«[1]. Diese Zwiespältigkeit spiegelt sich auch in seiner historischen Beurteilung. Auf Grund der nicht eindeutigen Quellenlage schwankt sein

Bild in der Geschichtsschreibung zwischen den Extremen »Verräter« und »Friedensstifter«.

Albrecht Wenzel Eusebius von Wallenstein wurde am Nachmittag des 24. September 1583 auf dem in Nordböhmen gelegenen Gut Hermanitz bei Arnau an der Elbe geboren. Er war der jüngste Sohn des Wilhelm von Waldstein und dessen Ehefrau Margareta von Smiřická. Durch den frühen Tod seiner nicht übermäßig begüterten Eltern wuchs er bei seinem Verwandten und Vormund Heinrich Slavata von Chlum und Koschumberg auf. Während seiner Studienzeit an der reichsstädtischen Akademie in Altdorf bei Nürnberg, der protestantischen Paradeuniversität seiner Zeit, fiel der junge böhmische Adelige vor allem durch wüste Schlägereien auf. Nach dem Ende der für einen Mann seines Standes obligatorischen Kavalierstour durch Deutschland, Frankreich und Italien, die seine wissenschaftlich-kulturelle Ausbildung mehr oder weniger abschloss, trat er 1604 in die militärischen Dienste der Habsburger. Auf seine militärische Bewährung folgte drei Jahre später seine Ernennung zum Kämmerer bei Erzherzog Matthias, der 1612 zum Kaiser des Heiligen Römischen Reichs Deutscher Nation aufstieg. Schon vorher muss Wallensteins Konversion zum Katholizismus stattgefunden haben. Wann genau der evangelisch erzogene Adelsspross diesen Übertritt vollzogen hat, der seiner weiteren persönlichen Karriere bei den Habsburgern förderlich war, ist unklar. Die Wahrscheinlichkeit spricht für 1606.

Nach dem Tod seiner ersten Ehefrau, der sehr reichen Witwe Lukrezia von Witschkow, im März 1614 gelangte Wallenstein als ihr Alleinerbe in den Besitz von riesigen Ländereien in Mähren. Noch zu Lebzeiten seiner Frau hatte er das Geschäft der Länder-, Guts- und Finanzverwaltung gründlich kennengelernt und entwickelte ausgesprochen ökonomisches Talent. Als ihn der Notruf des im Friauler Krieg gegen die Seemacht Venedig bedrängten Erzherzogs und künftigen Kaisers Ferdinand II. erreichte, der sich an die reichsten Standesherren Österreichs, Böhmens und Mährens um Hilfe wandte, konnte es sich Wallenstein leisten, den Erzherzog 1617 mit einer eigenen kleinen Armee zu unterstützen.

Erst mit dem Beginn des Dreißigjährigen Kriegs nahm Wallensteins bis dahin wenig spektakulär verlaufende Karriere einen ungeahnten Aufschwung. Den Auftakt zu diesem zunächst aus konfessionellen Gegensätzen entstandenen Krieg, der eigentlich eine Abfolge von mehreren Kriegen umfasst, bildete der Aufstand der böhmischen und mährischen Stände gegen die Herrschaft der Habsburger von 1618/1619. In diesem Konflikt blieb Wallenstein auf der Seite des Kaisers und stand diesem im Kampf gegen die Rebellen mit den von ihm angeworbenen Truppen bei, weshalb er von den mährischen Ständen auf ewig des Landes verwiesen wurde und entschädigungslos seine gesamten Güter verlor. Als er bei seinem Abzug die mährische Ständekassa mitgehen ließ und diese den Behörden in Wien übergab, bewies er damit nicht nur seine unbedingte Loyalität zum Hause Habsburg, sondern demonstrierte gleichzeitig auch eine unglaubliche Dreistigkeit bei der Durchsetzung seiner Ziele. Ferdinand II. bedankte sich später für Wallensteins unermüdlichen militärischen Einsatz und hob hervor, dass er ihm *»die ganze Zeit mit persönlicher seiner Gegenwart mit einem ansehnlichen Kriegsvolk zu Dämpfung und Stillung gedachter Unserer rebellierenden Untertanen und derselben Anhänger gehorsamst assistiert und bei solchem schweren und gefährlichen Werk viel* *treffliche, nützliche Dienste, ungespart Leibes, Gutes und Blutes, willfährig und unverdrossen zu Unserm gnädigsten Wohlgefallen und Benügen, auch seinem großen, unsterblichen Lob und Ruhm untertänigst geleistet und bewiesen«*[2] hätte. Nach dem Sieg der Katholischen Liga über die evangelischen Böhmen unter ihrem neuen König Friedrich V. von der Pfalz, dem »Winterkönig«, in der Schlacht am Weißen Berg im November 1620 und nach dem darauf folgenden blutigen Strafgericht über den aufständischen Adel zeigte sich der Kaiser seinem verdienten Obristen gegenüber erkenntlich. Ferdinand II. machte ihn nicht nur zum Militärkommandanten von Böhmen, sondern er überschrieb Wallenstein gegen ein neues Darlehen von 85 000 Gulden für Kriegsauslagen im Juni 1621 die Herrschaften Friedland und Reichenberg als Pfandschaften. Wenig später erhielt er auf beide Herrschaften ein Vorkaufsrecht, das er mit 150 000 Gulden auch wahrnahm. Außerdem wurden Wallenstein für bereits aufgelaufene kaiserliche Schulden in Höhe von circa 195 000 Gulden die Dominien Jitschin, Böhmisch-Aicha, Groß-Skal, Semil und Hořitz pfandrechtlich eingeräumt. Durch den günstigen Erwerb weiterer konfiszierter Güter von Aufständischen stieg er schließlich zum größten Grundherrn Böhmens auf. Dieser gewaltige Länderkomplex wurde vom Kaiser 1625 zum Herzogtum Friedland erhoben, nachdem Wallenstein schon im September 1623 in den Rang eines Reichsfürsten versetzt worden war. Seine Nähe zum kaiserlichen Hof demonstrierte auch Wallensteins zweite Eheschließung. Anfang Juni 1623 hatte er Isabella Katharina von Harrach geheiratet, die Tochter des Freiherrn und kaiserlichen Rats Karl von Harrach, der zu den wichtigsten Persönlichkeiten am Wiener Hof zählte. In das Jahr seiner Heirat fiel auch der Baubeginn des Palais Waldstein, der wahrhaft fürstlichen Stadtresidenz Wallensteins in Prag.

Eine neue, internationale Dimension erhielt der Dreißigjährige Krieg, als sich König Christian IV. von Dänemark, unterstützt von England und den Niederlanden, mit dem Söldnerführer Ernst II. Graf von Mansfeld und den im Niedersächsischen Bund organisierten norddeutschen Ständen 1625 gegen den Kaiser und die Katholische Liga verbündete. In dieser kritischen Situation erbot sich Wallenstein, auf eigene Kosten ein neues Heer von 20 000 Mann auszurüsten, zu besolden und Ferdinand II. zur Verfügung zu stellen. Zunächst zögerte Wien, daher ließ Wallenstein den Kaiser und den Reichshofrat wissen, dass man *»nit länger temporisieren«* könne, *»dieweil der Feind nit feiert und von Tag zu Tag mehr Kriegsvolk aufbringt und also eher, denn wir uns versehen werden, in Schlesien und diesen Landen sein wird. Darum ist gewiß kein Minuten zu verlieren«*[3]. Er war auch bereit, dem Kaiser ein Darlehen von 900 000 Goldgulden zu gewähren. Als Gegenleistung forderte er die unbedingte Vollmacht über die Erhebung von Geld und Naturalien in den eroberten Provinzen des Reichs. Außerdem sollten in den Erbländern und Reichsstädten reguläre Kriegssteuern zur Finanzierung der kaiserlichen Armee erhoben werden. Sein Herzogtum Friedland bestimmte er zur Waffenschmiede der von ihm geführten kaiserlichen Armee. Der böhmische Adelige war damit der erste militärische Unternehmer in Europa, der Kriegsführung und Versorgung der Armee nach wirtschaftlich-finanziellen Gesichtspunkten plante und organisierte. Der Krieg sollte den Krieg ernähren. Unternehmerisches Geschick hatte Wallenstein bereits früher in seiner Eigenschaft als Großgrundbesitzer bewiesen.

Er hatte die Fronlasten der Bauern verringert, da er die Erfahrung gemacht hatte, dass seine Ländereien mehr Gewinn abwarfen, wenn es seinen Untertanen besser ging.

Unter dem Druck der politischen Verhältnisse nahm Ferdinand II. dieses Angebot des Friedländers an, das ihn von der Zustimmung der Kurfürsten im Reich und der Liga befreite und in den Besitz des ersten stehenden Heeres der deutschen Geschichte brachte, und ernannte Albrecht von Wallenstein zum Oberbefehlshaber aller kaiserlichen Armeen. 1626 schlug der kaiserliche Feldherr das Heer Mansfelds bei der Dessauer Brücke entscheidend. Trotz mangelnder Zusammenarbeit zwischen dem ligistischen Heer unter Generalleutnant Johann Tserclaes Graf von Tilly und dem habsburgischen Heer unter Wallenstein gelang es, den Dänenkönig mit seiner Armee bis Nordjütland zurückzudrängen und den ganzen norddeutschen Raum zu erobern. Im Mai 1629 konnte Christian IV. zum Frieden von Lübeck gezwungen werden. Wallenstein hatte auf diesen Friedensschluss energisch gedrängt: *»Man schmiede das Eisen, weil's warm ist und mache jetzt Frieden. Unsere Sachen werden nicht in solchen guten terminis auf die Dauer bleiben können, dagegen aber haben sich die des dänischen Königs noch nie in so argen befunden«*[4].

Für Wallenstein zahlte sich sein Einsatz aus. Der Kaiser, der ihm seine überragende Position verdankte, beglich seine Schulden bei dem erfolgreichen Heerführer, indem er ihn 1628 mit dem Herzogtum Mecklenburg und dem Fürstentum Sagan belehnte, das zum Herzogtum erhoben wurde. Außerdem verlieh er Wallenstein den Titel eines »Generals des Ozeanischen und Baltischen Meeres«. In dieser Titulierung drückte sich zugleich der Anspruch Habsburgs als Seemacht des Nordens aus. Der böhmische Feldherr befand sich auf dem Gipfel seiner Macht. Stolz nannte er sich 1628: »*Wir Albrecht von Gottes Gnaden Hertzog von Mechelburg, Friedland und Sagan, Fürst von Wenden, Graf von Schwerin, der Lande Rostock und Stargarth, Herr, Röm. Kays. May. General-Obrister Feldhauptmann, wie auch des Oceanischen und Baltischen Meeres General*«[5]. Seine ungewöhnlich rasche Karriere, die ihn innerhalb weniger Jahre in den Reichsfürstenstand katapultierte, erregte jedoch Neid und Missgunst.

Kurfürst Maximilian I. von Bayern, das Haupt der Katholischen Liga, und die anderen Reichsfürsten fühlten sich durch die enorme Steigerung der kaiserlichen Macht beunruhigt. Sie befürchteten, dass der Kaiser mithilfe seines Heerführers Wallenstein eine absolute Machtstellung im Reich erlangen könnte. Um ihre »Libertät« zu bewahren, betrieben sie auf dem Regensburger Reichstag im Sommer 1630 energisch die Absetzung des von ihnen als Emporkömmling verachteten Wallenstein. Ferdinand II. ließ angesichts der geschlossenen fürstlichen Opposition seinen erfolgreichen Feldherrn fallen und erklärte sich auch zur gewünschten drastischen Verkleinerung der kaiserlichen Streitkräfte und zu einer Milderung der Kriegslasten bereit. Frankreich, dem an einer Brechung der hegemonialen Stellung der Casa de Austria lag, hatte im Hintergrund die deutschen Fürsten in diesem Anliegen unterstützt. Dass er ein Opfer des Reichsdualismus geworden war, sah auch Wallenstein selbst: »*Daß ich im Reiche verhasst bin, das geschieht aus der Ursache, daß ich dem Kaiser gar zu wohl gedient hab' wider ihrer vieler Willen*«[6]. Äußerlich unbewegt nahm Wallenstein seine Entlassung hin und zog sich auf seine Güter zurück.

Mit der Anfang Juli 1630 erfolgten Landung des schwedischen Königs Gustav Adolf II. mit einem Heer in Vorpommern änderte sich die militärische Lage auf dem deutschen Kriegsschauplatz schlagartig. Finanziert durch französische Subsidien und durchaus eigene Machtinteressen im Ostseeraum mit dieser Intervention verfolgend, ließ sich der nordische Herrscher durch die schwedische Propaganda zum Schwertführer und Verteidiger des Protestantismus deklarieren. Angesichts des großen Siegs des »Löwen aus Mitternacht« über den kaiserlichen Generalissimus Tilly bei Breitenfeld im September 1631 und des unaufhaltsamen schwedischen Siegeszugs nach Süddeutschland sah sich der Kaiser genötigt, Wallenstein zurückzuholen. Er bat ihn darum, *»gnädigst in der gegenwärtigen Not uns nit lassen«*[7]. Nachdem sich Wallenstein zunächst im Dezember 1631 bereitgefunden hatte, für drei Monate den Oberbefehl als »General-Capo« zum Aufbau einer neuen Armee zu übernehmen, kam es im April 1632 zum Abschluss der Göllersdorfer Kapitulation. Albrecht von Wallenstein erhielt den Oberbefehl übertragen und geradezu unbeschränkte Vollmachten für die Kriegsführung, die Festsetzung der Kontributionen und für Friedensverhandlungen erteilt. Letzteres sollte sich später fatal auswirken, da dies zu den Verratsvorwürfen und damit zur Ermordung Wallensteins führte. Wie die Vollmachten im Einzelnen beschaffen waren, ist jedoch für die Nachwelt nicht zu klären, da die Vereinbarungen bezeichnenderweise nicht überliefert sind. Man kann aber wohl davon ausgehen, dass Wallenstein trotz erheblicher Zusagen seitens des Kaisers sicher nicht zum militärischen Alleinherrscher über das Heilige Römische Reich gemacht wurde. Über ihm gab es immer noch die

Instanz des Reichsoberhaupts als sein Kriegsherr und Auftraggeber.

Nachdem Albrecht von Wallenstein innerhalb kurzer Zeit ein neues kaiserliches Heer rekrutiert und dieses mit ligistischen Armeen in der Oberpfalz vereinigt hatte, schlug er nach einem zweimonatigen Stellungskrieg bei Nürnberg im September 1632 in der Schlacht an der Alten Veste westlich von Fürth und im November 1632 bei Lützen gegen die Schweden zwei große, letztlich aber unentschieden gebliebene Schlachten. Das alles überschattende Ereignis war der Tod des charismatischen Schwedenkönigs bei Lützen, um den nach seinem Tod ein wahrer Erinnerungskult einsetzte.

Nach Lützen versuchte Wallenstein nach eigenem Ermessen, die gegnerischen Parteien zum Frieden zu bewegen. Er verhandelte mit den Schweden, mit Brandenburg und Sachsen sowie mit den böhmischen Emigranten und Frankreich. Seine militärische Strategie wurde immer undurchschaubarer. Seine wahren Intentionen sind bis heute nicht wirklich zu eruieren, so dass sein zweites Generalat reichlich Stoff für Diskussionen bietet.

Als Wallenstein bei Steinau an der Oder im Oktober 1633 das schwedische Korps unter der Führung des böhmischen Grafen Heinrich Matthias von Thurn besiegte, eines Hauptführers des böhmischen Aufstands von 1618, aber den gefangen genommenen Thurn wieder auf freien Fuß setzte, statt ihn an Wien auszuliefern, verlor er endgültig das Vertrauen des Kaisers. Der ganze Feldzug des Sommers 1633 brachte Ferdinand II. nur wenig Gewinn, stattdessen kam es zu wachsenden Kompetenz- und Autoritätsstreitigkeiten zwischen dem eigenwilligen Generalissimus und dem Wiener Hof. Wallensteins wenig kooperative Art der Kriegsführung und sein zögerndes Vorgehen gegen den Feind sorgten in Wien für einen Stimmungsumschwung zu seinen Ungunsten. Mitte Dezember 1633 erläuterte er in seinem Hauptquartier in Pilsen nochmals dem einflussreichsten Minister und Berater Ferdinands II., Maximilian von Trautmannsdorff, der zu seinen entschiedensten Gegnern gehörte, seine Sicht der militärischen und politischen Lage und bat ihn, den Kaiser darüber genau zu informieren. Heftig beklagte er sich gegenüber Trautmannsdorff, *»daß seltsame, gefährliche Diskurse wider ihn bei Hof vorgingen«*[8]. Ihm war demnach nicht entgangen, dass man seine Kaltstellung betrieb. Seine Aktivitäten hatten aber auch im gegnerischen Lager, bei Schweden und Frankreich, Misstrauen erweckt. Mit der Entscheidung, seine in Pilsen anwesenden höheren Offiziere durch den so genannten Ersten Pilsener Revers vom 12. Januar 1634 eidlich direkt auf seine Person zu verpflichten, katapultierte sich der bereits isolierte Feldherr endgültig ins Abseits. Wien sah in diesem Akt den Tatbestand der notorischen Reichsrebellion, des Hochverrats, erfüllt. Der so genannte Zweite Pilsener Revers vom 20. Februar, in dem sich Wallenstein abermals die Treue von den kaiserlichen Offizieren versichern ließ, war inhaltlich bedeutend gemäßigter ausgefallen, doch änderte dies nichts mehr an den inzwischen in Wien getroffenen Entscheidungen.

Nach einem Geheimverfahren wurde basierend auf einer fragwürdigen Mischung von Fakten, Gerüchten und Verleumdungen zunächst ein geheim gehaltenes Absetzungspatent am 24. Januar erlassen, dass die Aufhebung der Verpflichtung der Offiziere gegenüber Wallenstein deklarierte und diesen des Oberbefehls entsetzte. Dank des in Wien konstruierten Rechtsfalls konnte so die Beseitigung Albrecht von Wallensteins und seiner engsten Vertrauten nach üblichen Verfahrenskriterien durchgeführt werden. Am 18. Februar 1634 erfolgte die öffentliche Bekanntmachung, die noch schärfer formuliert war. Dieses zweite Patent bedeutete praktisch das Todesurteil für den Generalissimus und seine Getreuen. Ferdinand II. ordnete an, dass sie gefangen zu nehmen oder notfalls zu töten seien. Zu den ins Vertrauen gezogenen kaiserlichen Generälen, die die Ausschaltung des mächtigen Feldherrn organisieren sollten, zählte auch Ottavio Piccolomini, der bereits den kaiserlichen Hof mit Nachrichten über den angeblich von Wallenstein geplanten Staatsstreich versorgt hatte. Er unterstellte dem ihm inzwischen verhassten Friedländer, dass er die böhmische Krone für sich selbst erwerben und das Haus Habsburg vernichten wollte. Ausgerechnet Piccolomini hatte als Kapitän der Leibgarde Wallensteins das uneingeschränkte Vertrauen des Feldherrn gewonnen. Nach dem Bekanntwerden des Absetzungspatents fiel die Armee schlagartig von ihrem Generalissimus ab.

Als Albrecht von Wallenstein, der sich wohl auch wegen des von Kaiser Ferdinand mit ihm fortgesetzten freundlichen Briefverkehrs noch in Sicherheit gewiegt hatte, von seiner Absetzung und Ächtung erfuhr, zog er sich mit wenigen, ihm ergebenen Truppen von Pilsen nach Eger zurück. Wahrscheinlich wollte er von dort nach Sachsen entkommen. Unter der Leitung von drei kaisertreuen Offizieren, Oberst Walter Butler, Oberst John Gordon und Oberstwachtmeister Walter Leslie, wurde das Mordkomplott in Eger schließlich in die Tat umgesetzt. Am Sonntag, den

25. Februar 1634, wurden zunächst die engsten Vertrauten Wallensteins, Christian Freiherr von Ilow, Adam Erdmann Graf Trčka von Lípa, Wilhelm Graf Kinsky und Rittmeister Heinrich Niemann, während eines Banketts auf der Burg von Eger niedergemacht. Danach schritt man zur Beseitigung des Friedländers, der im Pachhelbelhaus am Marktplatz Quartier bezogen hatte. Der an heftigen Gichtschmerzen leidende, nur mit einem Nachthemd bekleidete Wallenstein wurde in seinem Schlafzimmer von dem irischen Hauptmann Walter Deveroux mit einer Partisane, einer Stoßwaffe, getötet. Angeblich soll draußen derweil ein heftiger Schneesturm getobt haben. Den Oberbefehl über das kaiserliche Heer erhielt nach dieser Bluttat Generalleutnant Matthias Gallas, der auch die Liquidierung Wallensteins mitorganisiert hatte.

Wallensteins umfangreiche Güter und Herrschaften wurden größtenteils zum Lohn an die von ihm abgefallenen Heerführer und Mörder verteilt. Dies stand schon Ende Januar 1634 fest. Mit den großen Besitzungen der anderen hinterrücks in Eger Ermordeten wurde ähnlich verfahren. Die ganze Besitzliquidation dauerte insgesamt mehr als acht Jahre. Um möglichst viel dabei für sich herausschlagen zu können, strichen die an der Ermordung Beteiligten ihre eigenen Rollen bei den Ereignissen in Eger heraus. Mit der Beseitigung des böhmischen Generalissimus verschwand passenderweise auch ein bedeutender kaiserlicher Großgläubiger in der Versenkung.

Unmittelbar nach dem politischen Mord begann eine eigens eingesetzte Kommission, Material gegen den »Hochverräter« Wallenstein zu sammeln. Schon im April 1634 musste die Kommission feststellen, dass sich dies schwierig gestaltete, da es nur wenig wirklich belastendes Material gab. Vor allem von protestantischer Seite setzte in der Folgezeit eine scharfe publizistische Kontroverse ein, die die Rechtmäßigkeit des kaiserlichen Standpunkts bestritt. Kardinal-Premier Armand Jean du Plessis, Herzog von Richelieu, dessen Eingreifen in den Dreißigjährigen Krieg Frankreich seinen Aufstieg zur europäischen Großmacht in der zweiten Hälfte des 17. Jahrhunderts verdankte, notierte in seinen Memoiren zu Wallensteins Ermordung treffend: »*Es beschimpfte ihn nach seinem Tod, der ihn gepriesen hätte, wenn er am Leben geblieben wäre; die klagt man billig an, die nicht mehr imstand sind, sich zu verteidigen. Ist der Baum gefallen, so eilen alle herbei, um ihn zu entlauben und zu zerhacken; guter oder schlechter Ruf beruhen auf dem Ende; Schlechtes und Gutes wird der Nachwelt überliefert, und die Bosheit der Menschen glaubt das Eine lieber als das Andere*«[9].

Seit seinem tragischen Ende in Eger beansprucht der kaiserliche Generalissimus nicht nur in großem Umfang die Aufmerksamkeit der Geschichtswissenschaft, sondern auch jene der Literaten. Am berühmtesten wurde unter den literarischen Aufarbeitungen die monumentale Dramen-Trilogie Friedrich Schillers, die sich mit der letzten Lebenszeit des Feldherrn beschäftigt und zu den deutschen Bühnenklassikern schlechthin gehört.

## Anmerkungen

1 Zit. nach Hellmut Diwald, Wallenstein. Eine Biographie, München und Esslingen 1969, S. 52.
2 Zit. nach Ebd., S. 137.
3 Zit. nach Ebd., S. 252f.

4 Zit. nach Ebd., S. 391.
5 Zit. nach Robert Rebitsch, Wallenstein. Biografie eines Machtmenschen, Wien, Köln, Weimar 2010, S. 38f.
6 Zit. nach Ebd., S. 44.
7 Zit. nach Diwald, Wallenstein, S. 477.
8 Zit. nach Ebd., S. 521.
9 Zit. nach Golo Mann, Wallenstein. Sein Leben, 3. Aufl., Frankfurt am Main 1971, S. 1140.

## Der allmächtige Günstling-Minister

# Gaspar de Guzmán Olivares

Als die wohl bedeutendste Persönlichkeit der spanischen Geschichte im 17. Jahrhundert kann Gaspar de Guzmán, Graf von Olivares und Herzog von Sanlúcar gelten. An Olivares vollzog sich das für die alteuropäische Monarchie scheinbar typische Schicksal eines äußerst mächtigen Günstlings, der früher oder später unweigerlich gestürzt wurde.

Don Gaspar, der am 6. Januar 1587 in Rom in der spanischen Botschaft, im Palazzo Urbino, zur Welt kam, entstammte einer der einflussreichsten Familien Andalusiens. Seine Eltern waren Don Enrique de Guzmán und Doña María Pimentel de Fonseca. Don Enrique de Guzmán war seit 1582 spanischer Botschafter beim Vatikan, bevor er später Vizekönig beider Sizilien wurde. Erst 1600 kehrte die gräfliche Familie nach Spanien zurück.

Der junge Graf von Olivares, der als nachgeborener Sohn für den geistlichen Stand bestimmt war, studierte ab 1601 Katholisches Recht an der vom spanischen Adel bevorzugten Universität Salamanca. Durch den frühen Tod seines älteren Bruders wurde er drei Jahre später zum Erben und Stammhalter des gräflichen Hauses. Für seine Karriere, die ihn an die Spitze des spanischen Staates führen sollte, erwies es sich als positiv, dass er 1607 eine vorteilhafte Ehe mit der drei Jahre jüngeren Doña Inés de Zúñiga einging, die Hofdame bei Königin Margarete war, der Gemahlin Königs Philipp III. von Spanien. Aus dieser Ehe ging nur einzige überlebende Tochter hervor, die zum großen Kummer ihres Vaters bereits jung im Kindbett verstarb. Für die Zwecke seiner dynastischen Familienpolitik legitimierte Olivares deshalb später seinen unehelichen Sohn Julián als Don Enrique Felípez de Guzmán.

Sehr förderlich wirkte es sich für seine spätere machtvolle Position aus, dass Olivares den künftigen König Philipp IV. schon als Kind aus nächster Nähe kannte und so eine besonders vertrauensvolle Beziehung zu ihm aufbauen konnte. Als Philipp 1615 im zarten Alter von zehn Jahren mit der ebenfalls noch kindlichen, elfjährigen Isabella, der ältesten Tochter des französischen Königs Heinrich IV. von Bourbon, verheiratet wurde, wurde der ehrgeizige Graf Olivares einer von den sechs Kammerherren des spanischen Kronprinzen. Nachdem der blutjunge Philipp IV. nur wenige Jahre später im März 1621 den Thron bestiegen hatte, überließ er, der väterlichen Tradition der Válidos (= Günstlinge) folgend, die täglichen Regierungsgeschäfte weitgehend seinem wichtigsten Vertrauten Olivares. Noch während Philipp III. im Sterben lag, hatte der Thronfolger Olivares versichert: *»Wenn Gott den König zu sich nimmt, so sehe ich niemanden, dem ich die Last der Regierung anvertrauen könnte als Euch, Graf Olivares; Ihr allein seid fähig, sie zu tragen«*[1]. Im Herbst 1622 stieg der Graf offiziell zum leitenden Ersten Minister auf.

Philipp IV. hegte ambitiöse Pläne, die auf eine Erneuerung und Reform Spaniens abzielten. Spanien sollte wieder das Gesetz des Handelns in der europäischen Politik an sich ziehen. Der Monarch sah in Olivares den geeignetsten Mann, um sein Reformprogramm umzusetzen, und unterstützte deshalb dessen Projekte uneingeschränkt. 1625 verlieh er seinem Minister den Herzogstitel von Sanlúcar. Seitdem führte Olivares den Doppeltitel eines »Conde-Duque«.

Wie viele seiner Zeitgenossen war Olivares davon überzeugt, dass die Friedenspolitik unter Philipp III. dem Land größeren Schaden zugefügt hatte, als dies jemals ein Krieg verursacht hätte. Erklärtes Ziel seiner Politik war es daher, Spanien unter allen Umständen erneut die führende Stellung im Konzert der Nationen zu verschaffen. Militärische Konflikte schreckten ihn dabei nicht. Um dieses Vorhaben erreichen zu können, war es aus seiner Sicht unbedingt nötig, eine »Vereinheitlichung« des spanischen Reichs durchzusetzen und ein gesamtspanisches Einheitsbewusstsein zu schaffen. Zur Erlangung dieses Hauptziels schonte er sich auch selbst nicht, sondern stürzte sich geradezu fanatisch auf seine Aufgaben. Er verfügte scheinbar über ein schier unerschöpfliches Leistungsvermögen und eine gewaltige Arbeitskraft. Der Schriftsteller Gonzalo de Céspedes berichtete: *»Unermüdlich nahm er teil an allen Sitzungen, Besprechungen und Empfängen, denn er wollte alles selbst erledigen und keinem andern etwas überlassen«*[2]. Der venezianische Gesandte Alvise Mocenigo konstatierte: *»Das Gefühl der Ermüdung ist ihm fremd. Um der Arbeit willen hat er längst auf jede Zerstreuung verzichtet, und nur um Seiner Majestät den Begleitungsdienst zu leisten, geht er zuweilen an die frische Luft«*[3].

Auf innenpolitischem Gebiet bekämpfte Olivares zunächst die Misswirtschaft und Korruption, die sich während Philipps III. Regierungszeit ausgebreitet und die Aktionsfähigkeit Spaniens gelähmt hatten. Diese Säuberungsaktionen boten ihm zudem die Möglichkeit, frei werdende Posten mit Personen seines Vertrauens zu besetzten, wobei er seine Auswahl vorwiegend nach fachlichen Gesichtspunkten traf.

Durch diese Umstrukturierungsmaßnahmen wurde der königliche Hofstaat letztendlich aber nur in geringem Umfang entlastet.

Das von dem Grafen Olivares im Jahr 1623 gestartete Reformprogramm schlug im Endeffekt fehl. Die Unmengen von Reformdekreten, die sich über das spanische Reich ergossen, scheiterten überwiegend entweder gleich am Widerstand der vielfältigen Sonderinteressen oder wurden sukzessiv lahmgelegt. Herzstück seines Reformprogramms war die Schaffung eines in sich geschlossenen spanischen Königreichs mittels Vereinheitlichung aller Teilreiche und Kleinstaaten. 1624 hatte Olivares dazu erklärt: *»Eure Majestät müssen die Aufgabe, König von ganz Spanien zu werden, zum wichtigsten Vorhaben der Regierungszeit machen. Damit meine ich, daß Eure Majestät sich nicht damit begnügen sollten, König von Portugal, von Aragonien und von Valencia sowie Graf von Barcelona zu sein. Eure Majestät sollten darauf hinarbeiten, all diese Stränge, aus denen Spanien besteht, zu einer Einheit in Form der Gesetze Kastiliens zusammenzufassen. Sollten Eure Majestät dieses Ziel erreichen, würden Eure Majestät der mächtigste Fürst des Erdkreises werden«*[4]. Die spanischen Kronlande besaßen bisher ihre eigenen Rechtsordnungen und Institutionen. Nun sollten alle Territorien dieses angestrebten absolutistischen Zentralstaates die gleichen Abgaben leisten und gleichmäßig zur Aufstellung eines gemeinsamen Heeres beitragen. Dieses neue Finanzierungs- und Militärsystem hätte das Ende der Benachteiligung Kastiliens, des Kernlandes der Monarchie, gegenüber den anderen Reichen bedeutet. Das Programm einer »Unión de Armas« (= Vereinigung der Waffen) hätte im Erfolgsfall zu weitreichenden Änderungen der Organisationen in den nicht-kastilischen Landesteilen und zu einer Kastilianisierung dieser Kronländer geführt.

Während dieses von absolutistischen und zentralistischen Impulsen getragene Projekt von Aragón, Valencia, den Spanischen Niederlanden und den italienischen Territorien nicht vollständig abgelehnt wurde, sondern diese Teilreiche immerhin bereit waren, in gewissen Grenzen zum Unterhalt des stehenden Heeres beizutragen, war Katalonien zu keinerlei Konzessionen zu bewegen. Das durch den Rückgang des Mittelmeerhandels finanziell geschwächte Katalonien fühlte sich zwar von der Krone vernachlässigt, jedoch witterte der katalanische Partikularismus hinter jedem energischen Vizekönig sofort einen Verfechter des zentralistischen Absolutismus. Letzten Endes lag die finanzielle Hauptlast für die ruinösen Heereszüge Philipps IV. doch wieder bei Kastilien.

Zur Aufrechterhaltung der spanischen Hegemonialmacht in Europa wurde der im April 1621 ausgelaufene zwölfjährige Waffenstillstand mit den niederländischen Generalstaaten nicht erneuert. Da Spanien nicht gedachte, die 1581 erfolgte Abspaltung der sieben nördlichen Provinzen und deren Unabhängigkeit als Republik der Vereinigten Niederlande hinzunehmen, setzte es auf militärische Konfrontation. Mit dem Beginn der Feindseligkeiten gegen die abtrünnigen Provinzen wurde eine unendliche Folge von Kriegen während der gesamten Regierungszeit Philipps IV. eröffnet. Trotz stark angespannter Finanzen wurden die Ausgaben für das Wehrwesen gesteigert. Auf die militärischen Anfangserfolge – bekannt wurde die Schlacht bei Breda im Jahr 1625, deren Übergabe an die Spanier in einem berühmt gewordenen, heute im Madrider Museo del Prado befindlichen

Gemälde des Malers Velázquez verherrlicht wurde – folgten bald vorwiegend Niederlagen. Zwischen 1629 und 1632 gingen Herzogenbusch und weite Teile des Herzogtums Limburg verloren.

Mit der Intervention Spaniens im Mantuanischen Erbfolgekrieg im Jahr 1628 setzten die Niederlagen der spanischen Heere ein. Die bis dahin guten Beziehungen zu Frankreich nahmen Schaden, als Spanien zu verhindern versuchte, dass die Nachfolge in dem Herzogtum Mantua an einen französischen Zweig der Gonzaga fiel. Mit dem Vertrag von Cherasco vom April 1631 wurde die Erbfolge des französischen Prätendenten anerkannt. Dies bedeutete eine Schwächung der spanischen Vorherrschaft in Italien.

Als besonders belastend sollte sich das spanische Engagement auf Seiten des habsburgischen Kaisers Ferdinand II. im Dreißigjährigen Krieg auswirken. Dank seiner innenpolitischen Stabilisierung konnte Frankreich nämlich jetzt darangehen, Spanien dessen Rolle als Weltmacht streitig zu machen. Nachdem es den spanisch-kaiserlichen Truppen gelungen war, in der Schlacht bei Nördlingen den Protestanten im September 1634 eine schwere Niederlage beizubringen, sah sich der französische König Ludwig XIII. zum Eingreifen herausgefordert. In dem 1635 ausgebrochenen Krieg zwischen Spanien und Frankreich übernahm Frankreich seit 1637 die Initiative und trug 1639 den Konflikt nach Spanien hinein. Wegen der Kriegslasten erhoben sich Anfang 1640 die katalanischen Stände gegen Philipp IV., schließlich brach eine offene Rebellion aus, in deren Verlauf der dortige Vizekönig getötet wurde. Olivares bekam die Erhebung militärisch nicht in den Griff. Katalonien, das sich an Frankreich um Unterstützung gewandt hatte, erhielt von Ludwig XIII.

den Status einer freien Republik unter französischem Schutz zugestanden, und französische Truppen übernahmen die Kontrolle über diese neue Provinz.

Diese schwierige Lage der spanischen Krone wussten sich die Portugiesen zunutze zu machen, um sich von Spanien abzulösen. Seit 1580 war das Land nach dem Aussterben der portugiesischen Königsdynastie mit Spanien vereinigt. Der portugiesische Handel hatte schwer unter den von Madrid angeordneten Handelssperren gegen die Niederlande und England gelitten. Als unter Olivares die finanziellen und militärischen Belastungen wegen der endlosen Kriege noch weiter stiegen, revoltierte 1640 Lissabon. Die spanische Vizekönigin Margarete von Savoyen musste fliehen. Sie nutzte später die Gelegenheit, König Philipp IV. ihre Version über die Lage in Portugal und die Fehlgriffe des Grafen Olivares zu unterbreiten. Die Portugiesen proklamierten den Herzog von Braganza als Johann IV. zum portugiesischen König. Es gelang den Spaniern nicht mehr, der Abspaltung Portugals auf militärischem Wege beizukommen. 1641 kam es außerdem noch zu einer Adelsverschwörung in Andalusien gegen Philipps Herrschaft, die nach portugiesischem Vorbild ebenfalls einen unabhängigen Staat begründen wollte, aber damit scheiterte. Weitere Aufstände, die zeitweise Spaniens Einheit bedrohten, sollten in nahezu allen Teilreichen im Verlauf der Vierzigerjahre noch folgen.

Hatte am Anfang seiner Regierungstätigkeit noch die »Reform« seine Arbeit dominiert, verwandelte sich die Herrschaft von Olivares in den Dreißigerjahren immer mehr zu einer diktatorischen Tyrannei. Er selbst sah sich allerdings immer als erster Diener seines Monarchen. Bei der Umsetzung seiner Politik kannte er keinerlei Rücksichtsnahme,

Widerspruch gegen seine Pläne wurde als Verrat gewertet. So wurde etwa der Dichter Francisco de Quevedo wegen ihm zugeschriebener kritischer Zeilen und unter dem Vorwurf, ein Agent des französischen Kardinal-Premiers Richelieu zu sein, zu vier Jahren Haft verurteilt. Angesichts der unerträglich hohen Steuerlast für den Großteil der Bevölkerung hatte Quevedo 1639 geschrieben: *»Olivares zieht den Kastiliern, mit der Begründung sie zu beschützen, dermaßen viel Geld aus den Taschen, daß es bald nichts mehr zum Beschützen geben wird«*[5].

Der absolute Vorrang der Großmachtpolitik mit ständigen Kriegen und damit verbundener Kriegswirtschaft erschöpfte nicht nur die menschlichen Ressourcen, sondern ruinierte auch den Staatshaushalt. Als zusätzliche Belastung wirkten sich die Schulden aus, die noch aus der Regierungszeit König Philipps II. stammten. Das wegen des Amerikahandels leistungsstärkste Kronland Kastilien bekam die Hauptlast aufgebürdet. Olivares ließ unter anderem die Einnahmen von Großgrundbesitzern konfiszieren sowie Einnahmen aus dem Amerikahandel beschlagnahmen. Die Staatsbediensteten mussten Tributzahlungen für die Einnahmen aus ihren Posten leisten. Kriegsanleihen wurden ausgegeben. Unablässig wurde an der Steuerschraube gedreht und finanzpolitischer Raubbau betrieben. Auch das Königshaus sah sich zur Veräußerung von königlichen Hoheitsrechten und Krongut veranlasst. 1627 musste der erste Staatsbankrott unter der Regierung Philipps IV. verkündet werden, bevor 1647 der nächste folgte. Der dritte Staatsbankrott wurde schließlich 1652 erklärt.

Die militärischen Rückschläge und die innerspanischen Konfliktherde unterminierten zunehmend die Position von Olivares. Hetzschriften, Flugblätter und Schmähreden kursierten. Sein immer autokratischerer Führungsstil hatte ihm Gegner en masse eingetragen, die allerdings vor einer offenen Konfrontation wegen der harten Repressionsmaßnahmen zurückschreckten. Vor allem der von Olivares verachtete Hochadel intrigierte eifrig gegen den königlichen Günstling. Um Königin Isabella, die früher politisch nicht in Erscheinung getreten war, und um die letzte spanische Vizekönigin in Portugal, Prinzessin Margarete von Savoyen, begann sich die Oppositionsbewegung zu sammeln. Nachdem sich noch Personen aus dem engsten Umkreis von Olivares, vor allem García de Haro y Avellaneda, Graf von Castrillo, der einst wegen seiner unterwürfigen Treue gegenüber dem Conde-Duque mit ministeriellen Verantwortlichkeiten ausgestattet worden war, gegen den mächtigen Minister wandten, war sein Sturz entschieden. Als die spanischen Heere im Oktober 1642 bei dem Versuch, Lérida zurückzuerobern, eine Niederlage gegen die französisch-katalanische Armee mit hohen Verlusten erlitten, war die Opposition gegen Olivares dermaßen angewachsen, dass ihn Philipp IV. nicht länger halten konnte.

Philipp IV., der vor dem mehr oder weniger gezielten Sperrfeuer gegen den Premierminister die Waffen strecken musste, sah sich daher genötigt, seinen langjährigen Vertrauten ins Exil zu verabschieden. Olivares, der seit längerem schon unter manisch-depressiven Stimmungen litt, hatte in den vergangenen Jahren des Öfteren davon gesprochen, dass er sich aus der aktiven Politik verabschieden wollte. Diesen in der jetzigen Lage so passenden »Wunsch« griff der König am 17. Januar 1643 in seiner kurzen, taktvollen brieflichen Mitteilung an Olivares auf, indem er diesem unter dem

Deckmantel, dass er damit den Bitten des Ministers nachkommen würde, die Erlaubnis gab, sich aus dem öffentlichen Leben auf seine Güter zurückzuziehen. Olivares blieb nichts anderes übrig, als sich dem königlichen Willen zu beugen und sich nach Loeches zu begeben, einen Besitz seiner Familie an den Ausläufern der Sierra de Guadalajara. Am 23. Januar verließ Olivares unauffällig den königlichen Palast in Madrid, um nie mehr dorthin zurückzukehren. Philipp IV. entschloss sich, nun selbst die Regierungsgeschäfte zu übernehmen.

Der verbitterte Olivares nutzte sein unfreiwilliges Exil, um eine Rechtfertigung seiner Regierungsarbeit unter dem Titel »El Nicandro« zu verfassen und in Form einer Broschüre zu veröffentlichen. Er erinnerte Philipp IV. darin an seine Mitverantwortung für die Politik der vergangenen mehr als zwanzig Jahre, was besonders die hohen spanischen Adeligen erboste. Daraufhin musste Olivares sich einen noch weiter von Madrid und seinem königlichen Hof entfernten Ort als Aufenthalt wählen. Er entschied sich für die Kleinstadt Toro, in der eine seiner Schwestern einen Palast besaß.

Anfänglich hatte der König seinen Vertrauten vermisst: *»Seit mir der Conde-Duque fehlt, wüßte ich nicht, auf wen ich mich ebensosehr verlassen könnte wie auf ihn«*[6]. Für Olivares mag es zumindest ein Trost gewesen sein, dass sich kein wirklicher Nachfolger für ihn als Günstling-Minister fand. Im Oktober 1643 musste er allerdings noch den Schlag hinnehmen, dass seine Ehefrau brüsk aus ihren Hofämtern verabschiedet wurde, was endgültig das Ende jeden Kontaktes zum König bedeutete. Die Gräfin kam nun ebenfalls nach Toro, das ihrem Gatten seit dem Juni 1643 als zweiter Verbannungsort diente. Noch bevor sich die Inquisition näher mit Olivares Person und seiner Rechtfertigungsschrift beschäftigen konnte, verstarb der einst so mächtige Mann am 22. Juli 1645 in geistiger Umnachtung in Toro.

Während er auf politischem Gebiet viele Rückschläge hinnehmen musste, erwarb sich Olivares im kulturellen Bereich vor allem durch seine frühe Förderung des Malers Diego Rodríguez de Silva y Velázquez, der zu den bedeutendsten Künstlern der europäischen Malerei gehört, Verdienste. Olivares war maßgeblich daran beteiligt, dass Velázquez zum spanischen Hofmaler ernannt wurde. Der Maler hat seinen Gönner und Förderer mehrfach porträtiert. Am eindrucksvollsten ist das denkmalartige, lebensgroße Reiterbild des Grafen aus der Zeit um 1635, das sich heute im Prado-Museum befindet und eher an ein Herrscherbild denn an das eines Ministers erinnert. Nur noch in Teilen ist ein anderes von Olivares veranlasstes künstlerisches Hauptprojekt erhalten geblieben: das königliche Lustschloss Buen Retiro im Osten von Madrid. Dieser innerhalb von nur wenigen Jahren zwischen 1632 und 1634 errichtete Palast wurde während der napoleonischen Kriege fast völlig zerstört.

## Anmerkungen

1 Zit. nach Gregorio Marañón, Olivares. Der Niedergang Spaniens als Weltmacht, München 1939, S. 112.
2 Zit. nach Ebd., S. 183.
3 Zit. nach Ebd., S. 183.
4 Zit. nach Carlos Collado Seidel, Philipp IV. (1621–1665), in: Die spanischen Könige. 18 historische Porträts vom Mittelalter bis zur Gegenwart. Hrsg. von Walther L. Bernecker, Carlos Collado Seidel und Paul Hoser, München 1997, S. 97–114, hier S. 99.
5 Zit. nach Ebd., S. 107.
6 Zit. nach Marañón, Olivares, S. 387.

## Zum Sündenbock abgestempelt

# Joseph Süss Oppenheimer

Das Todesurteil für Joseph Süß Oppenheimer vom 25. Januar 1738, das am 31. Januar veröffentlich wurde, hielt sich nicht mit einer detaillierten Begründung seiner angeblich todeswürdigen Verbrechen auf. Wichtig war scheinbar nur, dass ein Exempel an dem »Landverderber« und »bösen Ratgeber« des verstorbenen Herzogs Carl Alexander von Württemberg statuiert wurde: *»Gleichwie des Herrn Administratoris und Obervormunders Hochfürstliche Durchlaucht Sich in Dero Gewißen verbunden erachten, der von Gott Ihnen anvertrauten Justiz ein Genüge zu thun und sowohl vor denen Augen der Auswärthigen als dises ganzen Herzogthums und Landen darzulegen, mit welch gerechtestem Eyfer Höchst Dieselbe die an Herrn und Land verübte verdammliche Mißhandlungen an des Juden Joseph Syss Oppenheimers abzustraffen in Gottes Nahmen gesonnen seyen; Alß ist hiermit Höchst Deroselben ernstlicher und ohnabänderlicher Will und Meynung, daß peinlich beklagter Inquisit Jud Sys Oppenheimer Ihme zu wohl verdienter Straf, jedermänniglich aber zum abscheulichen exempel an dem Obern Eisernen Galgen mit dem Strang vom Leben zum Tod gebracht werden solle«*[1].

Der Prozess und die Hinrichtung des Joseph Süß Oppenheimer in Stuttgart, der einem Justizmord zum Opfer fiel, erregte nicht nur im Herzogtum größte Aufmerksamkeit, sondern auch im Ausland. Bereits durch die tendenziösen zeitgenössischen Flugschriften wurde aus der realen historischen Gestalt des württembergischen Hoffaktors eine Art mythische Kunstfigur, mit der bis heute wegen des diffamierenden Namens »Jud Süß« meist negative Bilder assoziiert werden. Zu den bekanntesten künstlerischen Bearbeitungen des Schicksals von »Jud Süß« gehören neben einer 1827 veröffentlichten Novelle von Wilhelm Hauff der 1925 erschienene Roman von Lion Feuchtwanger sowie der 1940 gedrehte, berüchtigte antisemitische Propagandafilm von Veit Harlan. Hinter dieser mehr oder weniger verfälschenden Rezeptionsgeschichte verschwindet die historische Persönlichkeit des Joseph Süß Oppenheimer nicht selten.

Der berühmteste Hofjude im Zeitalter des Absolutismus wurde vermutlich im Februar oder März 1698 in Heidelberg geboren. Er entstammte einer angesehenen Kaufmannsfamilie. Sein Vater Issachar Süßkind Oppenheimer verstarb schon 1707. Da seine Mutter Michele Chasan bald darauf eine neue Ehe einging, war Joseph Süß Oppenheimer schon früh daran gewöhnt, auf eigenen Füßen zu stehen. Über seine Erziehung und Ausbildung ist nichts überliefert. Zwischen 1717 und 1735 verdiente er sich seinen Lebensunterhalt in Mannheim und Frankfurt am Main als Privatfinanzier und betrieb außerdem einen Warenhandel in großem Stil. Es gelang ihm, dabei rasch zu Wohlstand und Ansehen zu kommen. Er wurde zudem Pächter des kurpfälzischen Stempelpapiers, einer staatlichen Gebühr auf Urkunden, und Münzproduzent für den Landgrafen Ernst Ludwig von Hessen-Darmstadt. Für sein großes Selbstbewusstsein und seinen modern anmutenden Individualismus spricht, dass sich der erfolgreiche Geschäftsmann in Frankfurt Räumlichkeiten außerhalb des Ghettos anmietete und sich so über die für Juden geltenden engen Schranken hinwegsetzte. Dieser

Haltung entsprach auch sein sonstiges Auftreten – Joseph Süß Oppenheimer verzichtete auf den üblichen traditionellen jüdischen Habitus und bevorzugte stattdessen das äußere Erscheinungsbild eines barocken Höflings.

Den entscheidenden Wendepunkt in seinem Leben brachte der Herbst 1732, als Joseph Süß Oppenheimer durch die Vermittlung des württembergischen Hoffaktors Isaak Simon Landauer den Prinzen Carl Alexander von Württemberg in Wildbad kennenlernte. Der Neffe des in Stuttgart regierenden Herzogs Eberhard Ludwig entstammte der Seitenlinie Winnental des Hauses Württemberg und war am Wiener Hof zum kaiserlichen Generalfeldmarschall sowie zum kaiserlichen Statthalter in Serbien aufgestiegen. Bereits am 14. November 1732 wurde Oppenheimer zum Hof- und Kriegsfaktor sowie zum Schatullenverwalter des Prinzen ernannt. Zusätzlich bekam er ein Agentenpatent von Maria Augusta von Thurn und Taxis, der Gemahlin des Prinzen, verliehen.

Mit dem erbenlosen Tod von Herzog Eberhard Ludwig am 31. Oktober 1733 wurde Prinz Carl Alexander der neue Landesherr des lutherisch-orthodoxen Württemberg. Da der neue Herzog bereits lange vor seiner Thronbesteigung zum katholischen Glauben konvertiert war, gestaltete sich sein Verhältnis zu der bürgerlichen Führungsschicht des Landes, der so genannten Ehrbarkeit, von Anfang an schwierig. In keinem anderen deutschen Territorium verfügte die bürgerliche Elite über einen vergleichbaren Einfluss, da sie seit der Reformation allein in der Landschaft vertreten war. Die württembergischen Landstände besaßen durch das Recht der Steuerbewilligung noch immer eine starke Position gegenüber dem Herzog. Um den Bestand der protestantischen Kirchenverfassung in Württemberg zu sichern, verpflichteten sie Carl Alexander noch vor der Huldigung zur Bestätigung der so genannten Religionsreversalien. Neben der Zusicherung, dass das evangelische Bekenntnis als einzige Landesreligion erhalten blieb, musste der Herzog außerdem noch zustimmen, dass die landesbischöflichen Rechte auf den der Landschaft verpflichteten Geheimen Rat übergingen. Obendrein zog die Landschaft die Kontrolle über das Kirchengut an sich. Carl Alexander trug auf diese Weise ungewollt zur Konsolidierung der unter seinem Vorgänger geschwächten Machtposition der Landstände bei.

Um sich neue Geldquellen jenseits des Mitwirkungsrechts der Stände zu erschließen, versicherte sich der Herzog deshalb der Dienste seines bewährten Hoffaktors Joseph Süß Oppenheimer. 1734 wurde dieser zum württembergischen Residenten in Frankfurt am Main ernannt, doch schon bald wurde er an den herzoglichen Hof geholt. Innerhalb des vom Herzog geplanten merkantilistischen Wirtschaftsprogramms spielte Süß Oppenheimer als dessen enger Berater vor allem in Wirtschafts- und Finanzfragen eine herausgehobene Rolle. So wurde etwa die Münzproduktion privatisiert und an ihn verpachtet. Er erhielt zudem zahlreiche Monopole und war für die Beschaffung der Fourage für die württembergische Armee zuständig. 1736 wurde Joseph Süß Oppenheimer zum Geheimen Finanzienrat berufen und hatte, was vielen Höflingen unerhört erschien, ständig freien Zutritt zum Herzog. Zu den ihm unterstellten Ämtern gehörten zwei in der Bevölkerung besonders unbeliebte neue Einrichtungen, das Gratialamt, an das Abgaben bei Übernahme eines Amtes zu entrichten waren, und das Fiskalatamt, das Denunziationen wegen angeblicher Verbrechen nachging und eine Anklage gegen Zahlung einer hohen

Geldsumme in die herzogliche Kasse fallen ließ. Daneben agierte Joseph Süß Oppenheimer auch als klassischer Hoffaktor, der dem Herzog Gelder vorstreckte und Juwelen beschaffte.

Diese von Carl Alexander betriebenen Neuerungen kamen zwar den herzoglichen Finanzen zugute, liefen aber den Interessen und Vorrechten der Landstände zuwider, weshalb Württembergs traditionelle Eliten erwartungsgemäß mit heftigem Widerstand gegen diese landesherrliche Reformpolitik reagierten, die sie zu entmachten drohte. Da zahlreiche Maßnahmen zur Wirtschaftsförderung mit dem Namen von Joseph Süß Oppenheimer verbunden waren, wurde dieser für sie immer mehr zur Personifizierung der unerwünschten Reformen. Obwohl er keineswegs der Urheber dieser Politik war, machte ihn diese zum Hassobjekt. Die anderen an diesen absolutistischen Bestrebungen beteiligten herzoglichen Ratgeber sollten dafür jedoch im Gegensatz zu Süß später nicht mit ihrem Leben bezahlen. Dass der Herzog ein Herr war, *»welcher sich von seinen Dienern wenig oder gar nichts einreden«*[2] ließ, wie Süß sagte, interessierte die erbosten Gegner des Hoffaktors dabei nicht.

Wie bedrohlich sich für ihn die Lage entwickelte, darüber war sich Joseph Süß Oppenheimer offensichtlich selbst klar, denn mehrmals bat er Herzog Carl Alexander um seine Entlassung. Er ahnte wohl, dass er Gefahr lief, im Konflikt zwischen Herzog und Landschaft zerrieben zu werden. In einem Schreiben vom 1. Februar 1737 an den Herzog äußerte er offen seine Sorge vor der Rachsucht seiner Feinde: *»Dessen ohngeachtet aber, und ob ich schon biß daher in meinen Actionen und Verrichtungen mich aller ersinnlichsten Vorsichtigkeit bedienet und noch über diß biß daher alle von*

*Potenten, Fürsten und Herrn mir gemachte Vorträgliche und recht avantaguese [sic!] Vorschläge, ja mein eigen Gut und Blut Euer Hochfürstlichen Durchleucht Höchsten Person und Interesse postponiret, ja um oben angezeigter Ursachen und fast ohnermeßlichen Mühe und Arbeit willen darum ansehnlich negligiret habe, weilen an Denenselben eine ausnehmende Klugheit und Erfahrung, auch penetrante Einsicht gefunden, welche mich gantz sicher gemacht, es werde sich Niemand unterstehen nur zu glauben, daß man so kühn und im Stande seyn dörffte, Dieselbe in etwas zu hintergehen und sich dardurch einen Verdacht zu ziehen, so muste ich mich doch denen beständigen Machinationen und Verfolgungen biß daher unterworffen sehen und immerzu erwarten, waß meine Adversarii, die mir doch in das Gesicht heuchelten, wider mich versuchen und anstellen werden, zu Ausführung dessen nun dörffte ihnen villeicht kein besserer und scheinbarer Praetext [Vorwand] dienlich einfallen, als Euer Hochfürstlichen Durchleucht den Verdacht wieder mich beyzubringen, als wann ich mich auf eine unerlaubte Art in dem Land bereicherte«*[3]. Der Herzog entließ ihn zwar nicht aus seinen Ämtern, doch er erteilte Süß Oppenheimer am 12. Februar 1737 das erbetene Absolutorium, das ihn von der Verantwortung für die dem Fürsten geleisteten Dienste lossprach: *»Zu dem Ende wollen, Declariren und Verordnen Wir hiermit gnädigst, daß jetzo und fürohin derselbige in Ansehung seiner Uns zu Unserm völligen gnädigsten Vergnügen geleisteter unterthänigster Diensten überhaupt und ohne Ausnahm zu einiger Verantwortung nicht gezogen werden, insonderheit aber wegen derer von einem oder dem andern zu bezeugung seiner Danckbarkeit jezuweilen empfangener freywilligen Douceurs und Verehrungen pro praeterito et in futurum [für die Vergangenheit und Zukunft] von aller Ansprache frey [sei.]«*[4]

Das Absolutorium entpuppte sich in der Folgezeit jedoch als wertlos, wie Joseph Süß Oppenheimer schon bald erfahren musste. Die Rachsucht seiner Feinde brach sich ungehemmt Bahn, als Herzog Carl Alexander am 12. März 1737 gänzlich unerwartet an den Auswirkungen eines Schlaganfalls starb. Zu dem Zeitpunkt kursierten Gerüchte, dass ein Staatsstreich und eine Rekatholisierung des Landes geplant seien. Ohne Haftbefehl wurde Joseph Süß Oppenheimer umgehend nach dem Tod des Herzogs festgenommen und sein Besitz beschlagnahmt. Am 20. März wurde er zunächst als Gefangener in die Burg Hohenneuffen eingeliefert, bevor man ihn am 30. Mai auf die Festung Hohenasperg verbrachte. Der herzogliche Günstling wurde wie ein gemeiner Verbrecher behandelt und litt unter harten Haftumständen. Seit dem 21. März 1737 wurde Süß auch nicht mehr als Geheimer Finanzienrat angesprochen, sondern es ist nurmehr von »Jud Süß« die Rede.

Die neue vormundschaftliche Regierung für den neunjährigen Sohn des verstorbenen Landesfürsten maß dem herzoglichen Absolutorium vom 12. Februar 1737 keinerlei Wert bei. Eine speziell für diesen Fall installierte Untersuchungskommission nahm ihre Arbeit auf. Der Kriminalprozess gegen Joseph Süß Oppenheimer *»wegen der ihm zuschulden kommenden zerschiedenen enormen Verbrechen«*[5] wurde am 22. Mai 1737 eröffnet. Das Todesurteil stand dabei von Anfang an fest. Alle unliebsamen Maßnahmen des verstorbenen Herzogs Carl Alexander von Württemberg wurden ihm allein angekreidet, um ihn so zum Landesverräter und Landesverderber abzustempeln. Die Anklage umfasste schließlich Hochverrat, Majestätsverbrechen, Beraubung der staatlichen Kassen, Ämterhandel, Münzverschlechterung, Bestechlichkeit, Schändung der protestantischen Religion und sexuellen Umgang mit Christinnen. Beweise für die vorgebrachten Anklagepunkte konnten nicht erbracht werden. In einem Bericht des Regierungsrats und Untersuchungsrichters Dr. Philipp Friedrich Jäger findet sich eine Zusammenfassung dessen, was besonders an der Person von Süß störte, *»daß er alß ein Volontaire von allen Religionen wie er auch sich selbsten genannt, gar keine Religion, kein Gewißen, keine Ehr, keine Furcht, keine Treu, und keinen Glauben gehabt, sondern durchgehends vom Raub und Betrügerey sich genehrt (...), was er zusammen geschart, großentheils mit einem bey nahe Fürstl. Pracht und täglich offener ohnbeschreiblicher kostbaren Tafel verpraßt, Hurerey, Ehebruch und vermuthlich auch Blutschanden aber ohngescheut meistens mit Christinin getrieben habe«*[6].

Recht und Gesetz wurden in diesem Verfahren außer Kraft gesetzt. Dem besonderen Gericht gehörten nämlich auch erklärte Feinde von Süß aus der Regierung an. Er erhielt nicht den ihm zustehenden auswärtigen unabhängigen Anwalt, sondern musste sich mit dem von der Kommission bestimmten Pflichtverteidiger Michael Andreas Mögling aus Tübingen begnügen, dem trotz seiner nur geringen Einsatzbereitschaft für seinen Mandanten noch zusätzlich die Arbeit nach Kräften erschwert wurde. Außerdem stand Süß Oppenheimer als Jude das Recht zu, sich an das in Wetzlar befindliche Reichskammergericht und an den in Wien sitzenden Reichshofrat zu wenden, was von Stuttgart hintertrieben wurde. Keine juristische Fakultät einer Universität wurde, wie sonst bei schweren Kriminalfällen in Württemberg meist üblich, um ein Gutachten gebeten. Um den Angeklagten in jeder möglichen Form zu diskreditieren, bediente man sich überdies äußerst fragwürdiger Mittel, indem man die Bevölkerung im ganzen Land zur Denunziation aufforderte.

Während Joseph Süß Oppenheimer in den ersten Verhören noch souverän und selbstbewusst den Mitgliedern der Untersuchungskommission gegenübertrat, verwandelte er sich unter dem Eindruck der Hoffnungslosigkeit seiner Lage in einen *»elenden Menschen«*, als den ihn der ihm keineswegs wohlgesonnene Tübinger Lektor Christoph David Bernard erlebte. Bernard hielt über seinen Besuch bei dem zum Skelett abgemagerten Süß am 3. Februar 1738 in der Todeszelle entsetzt fest: *»Hier sahe ich von dem vormals so herrlich und ansehnlichsten Mann fast nichts übrig als einen schwebenden Todten=Cörper, der nächstens völlig zerfallen würde: Schmertzen und Aengste hatten ihme statt der Würmer das Fleisch abgenaget, (...). Kurtz, ich hätte ihn eher vor einen Sclaven angesehen, welcher nach harter Dienstbarkeit endlich befreyet, anbey aber die zeichen seines vorigen Elendes, zu Erweckung Christlichen Mitleydens, an sich herum traget«*[7]. In der Haft wandte sich Joseph Süß Oppenheimer wieder dem Judentum zu und lehnte jeglichen Bekehrungsversuch ab. Er versicherte, *»daß Er nimmermehr von seiner Jüdischen Religion abweichen, sondern darauff leben und sterben werde«*[8].

Dass von vorneherein feststand, dass der Hoffaktor zum Tode verurteilt werden sollte, beweist auch der Umgang mit dem Besitz des Inhaftierten. Bereits wenige Wochen nach der Verhaftung Süß Oppenheimers wurde die »Süßische Inventur-Deputation« ins Leben gerufen. Ihre Aufgabe war die Erstellung eines genauen Inventars seiner Besitztümer, deren Wert geschätzt werden sollte, bevor sie versteigert wurden. Nachdem die verderblichen Waren bereits im April und Mai 1737 unter den Hammer gekommen waren, folgte der Rest in der Zeit vom 8. Juni 1737 bis zum August 1738. Man begann also bereits vor seiner Verurteilung ungehemmt damit, seine Habe zu verkaufen. Die Abwicklung des Süßischen Vermögens und die Klärung aller Ansprüche daran zogen sich über Jahre hin, so dass die Inventur-Deputation erst 1772 aufgelöst werden konnte.

Am 30. Januar 1738 wurde Süß nach Stuttgart gebracht, wo er bis zu seiner Hinrichtung in der Arreststube des Herrenhauses am Marktplatz inhaftiert war. Am nächsten Tag wurde er über seine Verurteilung zum Tod in Kenntnis gesetzt. Der Verurteilte beharrte dabei weiterhin auf seiner Unschuld: *»Gott soll mein Beistand sein, der kennt mein Herz und Unschuld«*[9]. Dass er durch den Strang hingerichtet werden sollte, teilte man ihm jedoch erst wenige Stunden vor seiner Exekution mit. Seine Hinrichtung fand am 4. Februar 1738 vor einem großen Publikum auf dem Stuttgarter Galgenberg statt. Bis zuletzt unternahmen protestantische Geistliche Bekehrungsversuche, aber Joseph Süß Oppenheimer starb als gläubiger Jude mit den Worten des »Schma Israel« auf den Lippen, des ältesten jüdischen Glaubensbekenntnisses. Der Beistand durch einen Rabbiner wurde ihm bis zum Schluss vorenthalten. Der aus Straßburg geholte Henker erdrosselte Joseph Süß Oppenheimer mit dem Strang, danach wurde seine Leiche in einem rot angestrichenen, eisernen Käfig zur Schau gestellt. Er sollte dort vor aller Augen verwesen. Ganze sechs Jahre blieb sein Leichnam bzw. sein Gerippe in dem Käfig hängen, bis ihn der neue Herzog Carl Eugen von Württemberg bei seinem Regierungsantritt im März 1744 herunternehmen und am Fuß des Galgens verscharren ließ.

Ein bitteres Los traf auch Joseph Süß Oppenheimers blutjunge Lebensgefährtin. Die aus der Pfalz stammende, evangelische »Jungfer Haushälterin« Henriette Luciana Fischer musste für ihre Liebesbeziehung zu Süß einen hohen Preis bezahlen. Sie wurde mehrfach in herabwürdigender Weise verhört, bevor sie in das Ludwigsburger Zucht- und Arbeitshaus kam. Am 14. September 1737 brachte sie hier den gemeinsamen Sohn zur Welt. Joseph Süß Oppenheimer hatte keinerlei Kenntnis von der Schwangerschaft gehabt. Luciana Fischer begründete dies später im Verhör damit, dass sie es selbst *»zur Zeit der arretirung nicht gewußt«* und ihm deshalb hätte *»nichts sagen können«*[10]. Das kränkliche Kind, von dessen Existenz Süß Oppenheimer ebenfalls nie etwas erfuhr, verstarb bereits im Januar 1738 im Ludwigsburger Zuchthaus. Der Hohenasperger Festungskommandant, Major Wolfgang Conrad Glaser, hatte eigens dafür gesorgt, dass Süß von seiner Vaterschaft nichts zu Ohren kam: *»Ich verbiete allen Offiziers, dem Juden nichts davon zu sagen, weil die Bestien [Süß und Fischer] so geleugnet«*[11]. Nach der Hinrichtung des Hoffaktors verblieb die junge Frau zunächst in Haft. Über ihr weiteres Schicksal ist nichts bekannt.

## Anmerkungen

1 Zit. nach Gudrun Emberger, Joseph Süß Oppenheimer genannt »Jud Süß«. Stationen seines Lebens und Sterbens. Ludwigsburg – Hohenasperg – Stuttgart, in: Die Quellen sprechen lassen. Der Kriminalprozess gegen Joseph Süß Oppenheimer 1737/38. Hrsg. von Gudrun Emberger und Robert Kretzschmar, Stuttgart 2009, S. 39–97, hier S. 80.

2 Zit. nach Joachim Brüser, Die Rolle Joseph Süß Oppenheimers in der Politik Herzog Karl Alexanders, in: Die Quellen sprechen lassen. Der Kriminalprozess gegen Joseph Süß Oppenheimer 1737/38. Hrsg. von Gudrun Emberger und Robert Kretzschmar, Stuttgart 2009, S. 27–38, hier S. 31.

3 Zit. nach Emberger, Joseph Süß Oppenheimer, S. 58.

4 Zit. nach Ebd., S. 60.

5 Zit. nach Hellmut G. Haasis, Joseph Süß Oppenheimer, genannt Jud Süß. Finanzier, Freidenker, Justizopfer, Reinbek bei Hamburg 1998, S. 339.

6 Zit. nach Gudrun Emberger und Rotraud Ries, Der Fall Joseph Süß Oppenheimer: Zum historischen Kern und den Wurzeln seiner Medialisierung, in: »Jud Süß«. Hofjude, literarische Figur, antisemitisches Zerrbild. Hrsg. von Alexandra Przyrembel und Jörg Schönert, Frankfurt am Main und New York 2006, S. 29–55, hier S. 43.

7 Zit. nach Emberger, Joseph Süß Oppenheimer, S. 84.

8 Zit. nach Ebd., S. 83.

9 Zit. nach Haasis, Joseph Süß Oppenheimer, S. 418.

10 Zit. nach Emberger, Joseph Süß Oppenheimer, S. 47.

11 Zit. nach Haasis, Joseph Süß Oppenheimer, S. 257.

Zu lebenslänglicher Haft verdammt

# Anton Ulrich von Braunschweig-Bevern

In der Nacht vom 5. zum 6. Dezember 1741 begab sich Großfürstin Elisabeth Petrowna, die Lieblingstochter des verstorbenen russischen Zaren Peter I. des Großen, zusammen mit einigen ihr ergebenen Offizieren zu den Kasernen der Gardetruppen in Sankt Petersburg. Nach einem kurz vorher erfolgten sehr heftigen Streit mit ihrer Cousine, der Regentin Anna Leopoldowna, musste die lebenslustige Elisabeth befürchten, zum Verzicht auf ihre Thronansprüche und zum Eintritt in ein Kloster gezwungen zu werden. Diesbezügliche Gerüchte über ihr weiteres Schicksal gab es schon längere Zeit. Die in eine Gardeuniform gekleidete Elisabeth richtete an die überraschten Soldaten die Frage, ob sie sie in ihrem Kampf um die russische Krone unterstützen würden, da diese ihr zustehe: »*Das Unrecht, das man mir angetan hat, fällt auf die ganze Nation zurück!*«[1] Danach marschierte Elisabeth in der Begleitung der für ihre Sache begeisterten Soldaten zum Winterpalast, wo die Regentin und ihre Familie aus dem Schlaf geweckt und von einer Eskorte gefangen genommen wurden. Der kühne Staatsstreich, der Russland mit Zarin Elisabeth Petrowna eine neue Herrscherin bescherte, lief bemerkenswerterweise ohne Blutvergießen ab und dauerte im Ganzen vielleicht zwei Stunden. In dieser relativ kurzen nächtlichen Zeitspanne fielen auch unwiderruflich die Würfel für das künftige Los des Prinzen Anton Ulrich von Braunschweig-Bevern.

Die Jahre von 1725 bis 1741 gehören zu den wenig beachteten Abschnitten der russischen Geschichte. Bei dem Tod des bedeutenden Zaren Peter I. am 8. Februar 1725, in dessen Regierungszeit sich Russland zur europäischen Großmacht entwickelt hatte, war die Frage der Thronfolge ungeklärt. Auf seinem Totenbett hatte der Zar zur Regelung dieses drängenden Problems geschrieben: »*Gebt alles an*«[2], bevor ihn seine Kräfte endgültig verließen. In den Jahren nach Peters Ableben bis zur Thronbesteigung von Elisabeth Petrowna im Jahr 1741 wanderte das Zepter des russischen Reichs von einer bedeutungslosen Herrschergestalt zur nächsten, jeder Thronwechsel war von dynastischen Wirren, höfischen Machtkämpfen und Staatsstreichen begleitet. Auf Peters Witwe, Zarin Katharina I., folgte 1727 die Regierung von Peter II., des Enkels von Peter I., der bereits 1730 im Alter von noch nicht fünfzehn Jahren an Pocken verstarb. Mit seinem Tod erlosch die Dynastie der Romanows in männlicher Linie. Aus berechnenden Motiven nutzte der Oberste Geheime Rat als höchstes zentrales Machtorgan des Staates das dadurch entstandene Machtvakuum aus, schob Großfürstin Elisabeth, die Tochter Peters des Großen, als mögliche Thronerbin beiseite und wählte die in Kurland lebende, verwitwete und kinderlose siebenunddreißigjährige Anna Iwanowna, die Tochter Iwans V. und Nichte Peters I., zur neuen russischen Herrscherin. Die mit einem feinen Machtinstinkt ausgestattete Anna verstand es, die ihr vom Obersten Geheimen Rat auferlegten Machtbeschränkungen abzuschütteln und als uneingeschränkte Selbstherrscherin zu regieren. Als Zarin zog sie es allerdings trotz permanenter Verschwörungsangst vor, sich weniger um die täglichen Regierungsgeschäfte zu kümmern denn der Verschwendungs- und Vergnügungssucht zu frönen. Während ihrer zehnjährigen Herrschaft nahm die Zahl der Deutschen in Schlüsselpositionen am russischen Hof so sehr zu, dass dies zu Neid und Hass führte, obwohl es keine »deutsche« Partei am kaiserlichen Hof gab. Häufig wird dieser Zeitraum in der russischen Geschichtsschreibung als eine besonders unerfreuliche Episode der »deutschen Überfremdung« des »Allrussischen Imperiums« charakterisiert. In diese Zeitspanne fällt auch jene nur wenige Jahre währende, nach außen hin scheinbar glanzvolle Lebensphase, die Prinz Anton Ulrich der Jüngere von Braunschweig in Russland verlebte. Seine ihm danach noch verbleibenden über vierunddreißig Lebensjahre verbrachte er dagegen als ein bedauernswertes Opfer der Zwistigkeiten um den russischen Thron zusammen mit seiner Familie an einem abgelegenen Ort in Nordrussland in Gefangenschaft. In den Berichten seiner Wachen firmierte er nur noch als »die gewisse Person« und geriet, wie von den nacheinander regierenden machtbewussten Zarinnen Elisabeth und Katharina II. die Große gewünscht, weitgehend in Vergessenheit.

Der einer Nebenlinie des Welfischen Hauses entstammende Prinz Anton Ulrich von Braunschweig-Bevern kam 1733 im Alter von noch nicht neunzehn Jahren auf Empfehlung des Wiener Hofs und auf Wunsch der Zarin Anna Iwanowna nach Russland. Die kinderlose Zarin hatte den deutschen Prinzen als Ehemann für ihre einzige Nichte, die 1718 geborene Anna Leopoldowna, ausgewählt. Zarin Anna Iwanowna wünschte, dass ihr ein männlicher Nachkomme ihrer Nichte als Herrscher aller Reußen nachfolgen sollte.

Die Zarin wollte auf diese Weise den russischen Thron für die Linie des Zaren Iwan V., der älteren Linie der Romanows, erhalten und verhindern, dass er wieder an die Linie Peters I. fiel.

Der als Bräutigam für die russische Prinzessin ausgewählte Prinz Anton Ulrich war am 28. August 1714 in Bevern als zweiter Sohn des späteren Herzogs Ferdinand Albrecht II. und der Herzogin Antoinette Amalie von Braunschweig-Bevern geboren worden. Der Prinz wurde zusammen mit seinem älteren Bruder Karl erzogen. Es wurde bestimmt, dass er *»in der Furcht Gottes auch in der lateinischen Sprache allerley freyen Künsten und Wissenschaften, sonderlich aber denjenigen, welche einen fürsten vor andern anständig nöthig und nützlich seynd«*[3] unterwiesen werden sollte.

Am 27. Dezember 1732 erfolgte in aller Stille die Abreise des Prinzen Anton Ulrich nach Russland. Am 14. Februar 1733 traf er in der russischen Hauptstadt Sankt Petersburg ein, wo er von Zarin Anna Iwanowna wohlwollend empfangen wurde. Hier trat er erstmals der vierzehnjährigen Nichte der Zarin, Anna Leopoldowna, entgegen. Der braunschweigische Legationsrat Christian Friedrich von Kniestedt berichtete über die künftige Braut, dass sie *»meistens erwachsen, schön von Gesicht und von einem gütigen Wesen und sehr wohlerzogen«*[4] sei. Der Vater der Prinzessin, Herzog Karl Leopold von Mecklenburg-Schwerin, protestierte allerdings gegen die von der Zarin gewünschte eheliche Verbindung seiner Tochter, da ihn das Haus Braunschweig *»vielmalig verdrossen und gekränkt habe«*[5]. Andere Zeitgenossen bemängelten an dem Prinzen dessen kleinen Wuchs, angeblich schwache Gesundheit und mangelnde Gewandtheit im gesellschaftlichen Leben.

Anton Ulrich, der fleißig russische Sprachstunden nahm, wurde zunächst Oberst der russischen Armee mit einem Gehalt von 12 000 Rubel. Mit dem Führen eines eigenen Regiments musste er noch warten; denn er besaß keine Kommandogewalt über die nach ihm benannten »Braunschweig-Kürassiere« in Riga. Da sich seine Verheiratung verzögerte, schrieb der Prinz beklommen an seine Mutter, dass er *»zuweilen mit einiger unruhiger Besorgnis«* an sein *»künftiges Schicksal gedenke«*[6]. Die Hochzeit wurde mehrmals aufgeschoben. Erst am 14. Juli 1739 wurde Anton Ulrich in Sankt Petersburg mit Anna Leopoldowna verheiratet, obwohl die Prinzessin nur wenig Zuneigung für ihren Bräutigam zeigte, diesem vielmehr mit Feindseligkeit begegnete. Die prachtvollen Feierlichkeiten aus Anlass der Vermählung dauerten eine Woche lang.

Die Ehe des jungen Paars ließ sich zwar nicht sonderlich gut an, aber als am 13. August 1740 der erhoffte Erbe geboren wurde, interessierten die persönlichen Befindlichkeiten der prinzlichen Ehepartner niemanden. Das auf den Namen Iwan getaufte Kind wurde von der schwer erkrankten Zarin zu ihrem Nachfolger bestimmt. Anton Ulrich kam als Regent für seinen Sohn, den Babyzar, nicht infrage, wie der Legationsrat Christian Friedrich Groß nach Braunschweig zu berichten wusste: *»Es ist bekannt welches Talent Anton Ulrich hat und welches nicht. Die Prinzessin Anna Leopoldowna bekommt von ihm alle Geheimnisse heraus ohne dass die Prinzessin die Ihrigen zu sagen braucht«*[7]. Die Regentschaft für den künftigen Zaren Iwan VI. sollte daher nach dem Willen der Zarin Anna Iwanowna bis zu seiner Volljährigkeit ihr Günstling und Oberkammerherr, Ernst Johann Graf von Biron, führen, der seit 1737 Herzog von Kurland war. Der spanische Gesandte hatte die einflussreiche Stellung Birons bei der Zarin einmal treffend mit den Worten umrissen, dass er *»treu Ihrer Majestät«* diente und *»zugleich die Pflichten des Gatten«*[8] erfüllte. Anton Ulrich wurde mit seiner Gemahlin bewusst von den Regierungsgeschäften ferngehalten.

Bald nach dem am 28. Oktober 1741 erfolgten Tod der Zarin Anna wurde Anton Ulrich durch eine gegen den im russischen Adel verhassten Biron gerichtete Verschwörung von Offizieren der Garderegimenter kompromittiert. Obwohl keine direkten Beweise für die Beteiligung des Prinzen an dem Komplott existierten, zwang ihn der Regent, von allen militärischen Ämtern zurückzutreten. Er drohte ihm sogar mit der Ausweisung aus Russland und verhängte Hausarrest über ihn. Nur wenig später verbündeten sich Anna Leopoldowna und ihr Mann Anton Ulrich mit dem Generalfeldmarschall Burchard Christoph Graf von Münnich gegen den unbeliebten, habsüchtigen Regenten Biron. In einer nächtlichen Aktion ließ Münnich, der unter der verstorbenen Zarin Anna Iwanowna zu den politisch führenden Persönlichkeiten gehört hatte, den Regenten samt seiner Familie verhaften und auf der Festung Schlüsselburg inhaftieren. Der entmachtete Regent wurde des Hochverrats, der Majestätsbeleidigung und Unterschlagung für schuldig befunden. Zusammen mit seiner Familie wurde er auf Lebenszeit nach Sibirien verbannt. Nach Birons Sturz wurde Anton Ulrich am 1. Dezember 1740 von seiner Gemahlin, der zur Regentin erhobenen Anna Leopoldowna, zum Generalissimus der russischen Armee ernannt, während Münnich für drei Monate als Premierminister die Führung der Staatsgeschäfte übernahm, bevor er der neuen Regentin lästig fiel und daher verabschiedet wurde.

Die geistig eher träge Anna Leopoldowna, der es außerdem an politischer Kompetenz mangelte, besaß nicht die äußerst wichtige Gabe, sich kompetente Berater zu suchen oder zur Durchsetzung ihrer Ziele geeignete Verbündete zu gewinnen. Einer ernsthaften Beschäftigung mit den Staatsproblemen ging sie zunehmend aus dem Weg. Von ihrem Ehemann entfremdete sie sich immer mehr, wodurch dessen sowieso eher geringe Autorität litt. Anton Ulrich blieben die französisch-schwedischen Intrigen zugunsten der Prinzessin Elisabeth Petrowna, der Cousine seiner Gattin, nicht verborgen, da aber sein Verhältnis zu Anna Leopoldowna schlecht war, konnte er nichts gegen die drohende Gefahr bewirken. Er konnte Anna Leopoldowna lediglich den Rat geben, Elisabeth als Agentin eines feindlichen Staates zu verhaften.

Anton Ulrichs jüngerer Bruder Ludwig Ernst, der im Juli 1741 nach Sankt Petersburg gekommen war und zeitweise als Ehekandidat für Elisabeth Petrowna gehandelt wurde, beurteilte die Situation des neuen russischen Generalissimus nicht sehr optimistisch. Lapidar kommentierte er die Lage seines wenig durchsetzungsfähigen Bruders mit den Worten: *»Regentin hat völlig Hosen, aber was sollen Anton Ulrich machen«*[9]. Besorgt verfolgte der Braunschweiger Prinz, wie das schlechte eheliche Verhältnis zwischen seinem Bruder und der Regentin, die ihren Ehemann von der Armee isolierte, in offene Feindschaft überging. Anton Ulrichs Unlust, sich für wichtige Staatsgeschäfte zu interessieren, erboste Ludwig Ernst: *»Er ist gar zu dumm und macht alle Tage neue Torheiten. Ich wollte lieber in Wolfenbüttel sein, als hier auf diese Weise mit Anton Ulrich leben«*[10].

In der Nacht vom 5. zum 6. Dezember 1741 wurde die Regentin Anna Leopoldowna von Großfürstin Elisabeth Petrowna, wie bereits eingangs geschildert, durch einen Staatsstreich mit Hilfe einer dreihundert Mann starken Kompanie des Garderegiments entmachtet. Geschickt verstand es Elisabeth, sich zur Befreierin des Landes von der »Fremdherrschaft« und zur Vertreterin der altrussischen Richtung zu stilisieren. Dies klingt auch noch in den Worten des Geistlichen an, der sie wenig später in Moskau zur Zarin salbte: *»Was wäre verdienstvoller, als sich dem Gegner zu stellen, jenem Nachtvogel, der das Nest des russischen Adlers eingenommen hat? Kann es etwas Bewunderungswürdigeres geben, als die Zerstörer zu vertreiben, die Söhne Rußlands zu befreien und das Land zu seinem einstigen Ruhm zurückzuführen?«*[11] Für viele verkörperte sie einen Gegenpol zu ihren Vorgängern, deren Westorientierung heftige Kritik ausgelöst hatte. In Wirklichkeit sollte Elisabeths Herrschaft eher im Zeichen einer grundsätzlichen Kontinuität im petrinischen Sinne stehen.

Elisabeth Petrowna kam in jener Umsturznacht angeblich mit mehreren Soldaten in das Schlafzimmer der Regentin und weckte diese mit den Worten: *»Schwesterchen, es ist Zeit aufzustehen!«*[12] Anna Leopoldowna wurde zusammen mit ihrem Ehemann und ihren beiden Kindern, Iwan VI. und Katharina, samt Dienerschaft in der Zitadelle von Riga gefangen gesetzt, damit der minderjährige Thronkonkurrent Iwan nicht durch seine Präsenz zu einem Gegenputsch Anlass gab. Verzweifelt schrieb Anton Ulrich an seine Verwandten in Wolfenbüttel, *»alles zu bewegen, womöglich ist, um uns unsere Freiheit wieder verschaffen«*[13]. Prinz Ludwig Ernst erhielt am 12. Februar 1742 die Erlaubnis zur Heimkehr. Wahrscheinlich hatte dem Prinzen die Fürsprache seines Schwagers, König Friedrichs II. des Großen von Preußen, geholfen. Auch für seinen anderen Schwager, Anton Ulrich, verwandte sich der preußische König zunächst. Nach der 1743 gescheiterten Verschwörung zugunsten des abgesetzten Iwan VI., dem so genannten Lopuchin-Komplott, riet der sonst bei der neuen Zarin verhasste Preußenkönig jedoch aus politischen Zwecküberlegungen Elisabeth Petrowna dringend, zur Absicherung ihrer Herrschaft die Braunschweiger Familie an den entlegensten Ort ihres Reichs zu verbannen. Die durch Usurpation auf den Thron gelangte Zarin lebte seit dem gescheiterten Komplott in der Furcht vor einem Staatsstreich, weshalb sie vor allem in ihren späteren Regierungsjahren die Nächte durchwachte, um nicht überrumpelt zu werden, und stattdessen am Tag schlief.

Auf Befehl der Zarin Elisabeth Petrowna wurde die Familie von Anton Ulrich Anfang 1743 in die Festung von Dünamünde und 1744 in die Festung Oranienburg verbracht. Bei dieser Gelegenheit wurde der vier Jahre alte Iwan von seiner Familie getrennt. Zarin Elisabeth befahl, Iwan bei einem Fluchtversuch sofort zu erschießen. Die Zarin war bei ihrer Suche nach einem geeigneten Gefängnisort, wo die Verbannten *»in das völlige Vergessen versetzt«*[14] sein würden, zuerst auf das Solovetzky-Kloster im Norden Russlands gestoßen, bevor die Gefangenen letztendlich in der Siedlung Cholmogory im Gouvernement Archangelsk interniert wurden. Die Mitglieder der Braunschweiger Familie durften nur unter der Aufsicht der Wache im Garten des Bischofshofs, in dem sie untergebracht waren, spazieren gehen und verbrachten ihr Leben in oft quälender Langeweile. Um die Isolation der Gefangenen sicherzustellen, wurde eigens ein hoher Zaun um die Gebäude errichtet. Anna Leopoldowna verstarb dort im Alter von siebenundzwanzig Jahren im März 1746, wenige Tage nach der Geburt ihres fünften Kindes an Wochenbettfieber. Ihr Leichnam wurde nach Sankt Petersburg zur Bestattung überführt.

Seit April 1756 wurde Iwan, um angeblichen Fluchtplänen zuvorzukommen, heimlich in der Festung Schlüsselburg festgehalten, einer Strafanstalt für politische Verbrecher. Der junge Mann, dessen einzige Schuld darin bestand, der rechtmäßige Thronfolger der verstorbenen Zarin Anna Iwanowna zu sein, hatte dort unter unsäglich harten Haftbedingungen zu leiden, was bei ihm zu psychischen Störungen mit bizarr anmutenden Auftritten führte.

Die neue Zarin Katharina II., die nach dem Tod der Zarin Elisabeth Petrowna durch einen Offiziersputsch an die Macht gekommen war, unterbreitete nach ihrer Thronbesteigung im Jahr 1762 Anton Ulrich den Vorschlag, Russland zu verlassen. Er sollte außerdem eine angemessene Pension erhalten. Seine Kinder sollte er allerdings nicht mitnehmen dürfen, da man diesen die Freiheit aus politischen Gründen nicht geben könnte. Der Prinz war jedoch nicht bereit, ohne seine Kinder zu gehen. Während er in den ersten sieben Regierungsjahren von Kathrina II. diese mehrfach darum bat, seine Familie freizulassen, unterließ er dies später, da er einsehen musste, dass seine diesbezüglichen Anfragen vergeblich waren. Im Grunde war Katharina trotz ihres Versprechens gegenüber Anton Ulrich und seinen Kindern, *»ihre Ketten zu vergolden«*[15], nicht zu größeren Zugeständnissen bereit.

Fast völlig erblindet starb Anton Ulrich, der schon längere Zeit kränkelte, am 15. Mai 1776 in Cholmogory. Der Sterbende richtete letztmalig an Katharina II. das Gesuch, seinen Kindern doch nach seinem Tod *»ein bisschen mehr Freiheit«*[16] zu gewähren. Der ehemalige Generalissimus wurde in aller Stille begraben. Das Grab des Prinzen ist verschollen. Sein ältester Sohn Iwan, von dessen Person eine permanente Gefahr für Katharinas Thronrecht ausging, war bereits 1764 unter ungeklärten Umständen bei einem angeblichen Befreiungsversuch von seinen Wärtern in der Festung Schlüsselburg ermordet worden.

Die Haftbedingungen für die noch lebenden vier Kinder Anton Ulrichs, die mit ihm den einzigen ihnen nahe stehenden Menschen in einer weitgehend freudlosen Umgebung verloren hatten, blieben weiterhin unvermindert streng. Erst im Sommer 1780 ließ man sie frei, nachdem sie völlig unschuldig Jahrzehnte in Gefangenschaft gelebt hatten. Prinzessin Elisabeth, Anton Ulrichs drittes Kind und die Klügste unter den Geschwistern, erklärte deshalb im Vorfeld: »*Wir sind hier geboren und alt geworden, sind an diesen Ort gewöhnt, also jetzt brauchen wir die weite Welt keineswegs, sonst haben wir Angst davor, weil wir nicht verstehen, mit den Menschen umzugehen, und es wäre schon zu spät, das zu tun*«[17]. Katharina II. bestimmte eine Apanage für die vier Nachkommen Anton Ulrichs und übergab sie der Obhut des dänischen Königshofs, der dafür sorgen sollte, dass sie ihr restliches Leben von der Welt möglichst unbemerkt in Abgeschiedenheit verbrachten. Als neue Heimat bekamen sie die kleine Provinzstadt Horsens in Jütland zugewiesen, die nach den Worten der dänischen Königinwitwe Juliane Marie »*tief im Lande an einem Fjord liegt, gleich weit vom Meer und den wichtigen Verkehrsadern entfernt, und wo passende Lokalitäten zu haben sind*«[18].

Seit Oktober 1780 lebten Anton Ulrichs Kinder in Horsens unter dem Schutz der Königinwitwe Juliane Marie, einer jüngeren Schwester ihres verstorbenen Vaters. Der dänische

Hof hatte hier zwei stattliche Häuser für die Braunschweiger Familie gekauft und entsprechend umbauen lassen, wofür in erster Linie Russland aufkam. Wirklich frei waren die Kinder Anton Ulrichs, die sich keiner guten Gesundheit erfreuten, in Horsens nicht, denn sie durften die Stadt nicht verlassen und keine ungeladenen Besuche von Russen oder politisch verdächtigen Personen empfangen. Der russische Botschafter hatte ein wachsames Auge auf sie und musste Zarin Kathrina regelmäßig Bericht erstatten. Juliane Marie kam den Wünschen der Zarin nach und versicherte ihr: »*Ich versuche ihre Ketten zu vergolden, alles wird so sein, wie ich es will und dem Wunsch Eurer Majestät nach*«[19]. Bereits 1782 starb das erste der Geschwister, 1807 starb mit Prinzessin Katharina das letzte Kind Anton Ulrichs. Wie ihr Vater waren auch die Kinder des Braunschweigers in das gnadenlose Räderwerk der politischen Intrigen und Machtkämpfe am russischen Hof geraten, aus dem es für sie kein Entrinnen gab. Für ihre Zugehörigkeit zum russischen Herrscherhaus zahlten Anton Ulrich von Braunschweig-Bevern und seine Nachkommen einen sehr hohen Preis.

## Anmerkungen

1 Zit. nach Daria Olivier, Die Romanow, in: Helmut Gajić (Red.), Die großen Dynastien, München 1978, S. 189–207, hier S. 201.

2 Zit. nach Robert Coughlan, Frauen auf dem Zarenthron. Elisabeth und Katharina, Düsseldorf 1976, S. 44.

3 Zit. nach Leonid Lewin, Macht, Intrigen und Verbannung. Welfen und Romanows am russischen Zarenhof des 18. Jahrhunderts, 2. Aufl., Göttingen 2003, S. 37.

4 Zit. nach Ebd., S. 41.

5 Zit. nach Ebd., S. 47.

6 Zit. nach Ebd., S. 49.

7 Zit. nach Ebd., S. 68.
8 Zit. nach Ebd., S. 28.
9 Zit. nach Ebd., S. 82.
10 Zit. nach Ebd., S. 88.
11 Zit. nach Olivier, Die Romanow, S. 201.
12 Zit. nach Leonid Lewin, Das Schicksal Anton Ulrichs des Jüngeren von Braunschweig in Russland, in: Braunschweig-Bevern. Ein Fürstenhaus als europäische Dynastie. 1667–1884. Hrsg. von Christof Römer, Braunschweig 1997, S. 249–264, hier S. 256.
13 Zit. nach Lewin, Macht, Intrigen und Verbannung, S. 105.
14 Zit. nach Karin Lange, Mehr als 30 Jahre in Russland verbannt – Das tragische Schicksal des Prinzen Anton Ulrich von Braunschweig-Lüneburg, in: Heimatbuch für den Landkreis Wolfenbüttel 56 (2010), S. 153–157, hier S. 155.
15 Zit. nach Ebd., S. 157.
16 Zit. nach Lewin, Macht, Intrigen und Verbannung, S. 196.
17 Zit. nach Ebd., S. 203.
18 Zit. nach Bodil Møller Knudsen, Ole Schiørring und Annette Lerche Trolle, Der russische Hof in Horsens, in: Braunschweig-Bevern. Ein Fürstenhaus als europäische Dynastie. 1667–1884. Hrsg. von Christof Römer, Braunschweig 1997, S. 265–278, hier S. 265.
19 Zit. nach Lewin, Macht, Intrigen und Verbannung, S. 219.

Ein bühnenwirksames Leben

# Gustav III. von Schweden

Der aus dem Haus Schleswig-Holstein-Gottorf stammende schwedische König Gustav III. gehört zu den berühmtesten und zugleich ungewöhnlichsten Monarchen Skandinaviens. Seine Regierungsepoche, das Gustavianische Zeitalter, gilt als Schwedens Goldene Zeit. Bereits 1779 unternahm Gustavs enger Ratgeber und Kanzleipräsident Graf Ulrich Scheffer den Versuch, den widersprüchlichen Charakter des Königs mit all seinen faszinierenden Licht- und Schattenseiten zu schildern: »*Niemals war ein Fürst so schwer zu beschreiben, denn niemals fanden sich so viele entgegengesetzte Eigenschaften in ein und derselben Person. Seine Begabung ist überlegen, sein Gedächtnis unglaublich. Er ist mild, freundlich, umgänglich, human, arbeitsfähig, wenn er will. Doch trotz all dieser Tugenden, die man im täglichen Umgang mit ihm erlebt, ist nie ein Fürst weniger geliebt worden. Mehr noch, diejenigen, die sich in seiner engeren Umgebung befinden, verabscheuen ihn oder machen ihn lächerlich. Man hat niemals eine solche Unordnung gesehen, wie sie an seinem Hof herrscht. Tag- oder Nachtstunden sind ihm unbekannt. Die Sucht nach Vergnügen und Frivolität beherrscht ihn. Er bezieht alles auf seine eigene Person und sieht die übrigen Sterblichen als nichtig an. Wenn er über sein Volk spricht, ist er wie ein Vater, der seine Kinder liebt, wenn er handelt, ist er wie ein Herr, der es zerquetscht. Alle zivilen wie militärischen Ämter bis hoch zum Reichsrat hat er dazu erniedrigt, allem mehr Glanz zu geben, was zu seinem Hof gehört. Ein Kammerpage bedeutet ihm mehr als das vornehmste Mitglied seines Rates«*[1].

Gustav kam am 24. Januar 1746 als ältester Sohn des späteren schwedischen Königs Adolf Friedrich und seiner Gemahlin Luise Ulrike von Preußen im Wrangelschen Palast in Stockholm zur Welt. Der kleine Prinz erhielt eine umfassende Erziehung und wuchs zu einem in seinem Äußeren zwar wenig beeindruckenden jungen Mann heran, aber dank seiner Intelligenz und seines Charmes zu einem vielversprechenden Thronanwärter. Er wurde in einem Land groß, in dem sich seit 1720 ein für eine europäische Monarchie der damaligen Zeit einzigartiger Parlamentarismus bei einer gleichzeitig stark beschnittenen Königsmacht entwickelt hatte. Die Stände betonten ausdrücklich, dass der schwedische König seine Macht vom Volk empfangen habe. Bei dem schwedischen Ständestaat handelte es sich allerdings um eine in der Hauptsache aristokratisch geprägte Oligarchie mit nur beschränkten Mitspracherechten der übrigen Volksvertreter. Gustavs lebenslanger Glaube daran, dass nur ein souverän regierender Monarch ein wahrer Herrscher sei, geht auf den Einfluss seiner hohenzollerischen Mutter zurück. Luise Ulrike, die ihren wohlwollenden, aber eher schwachen Ehemann vollständig beherrschte, vermittelte ihrem Sohn frühzeitig die Überzeugung, *»dass Könige und Prinzen auf andere Weise als andere Menschen beschaffen«*[2] seien. Zudem hinterließ der Machtkampf zwischen der so genannten Hofpartei um Königin Luise Ulrike und den jeweils das Regiment führenden Adelsfraktionen im Reichstag einen starken Eindruck bei dem Kronprinzen. Ein von der ehrgeizigen Königin vorbereiteter Putschversuch zur Restauration eines aufgeklärten Absolutismus in Schweden scheiterte 1756. Schon als Kronprinz stellte Gustav daher erste Überlegungen zu der künftigen politischen Entwicklung der schwedischen Monarchie an. Angesichts der wachsenden Polarisierung zwischen dem Adel und den übrigen Ständen im Reichstag sorgte er sich um das Weiterbestehen der Monarchie und seiner Dynastie. Zunächst mussten sich der Kronprinz und seine Eltern aber bei der Wahl der Ehefrau für Gustav dem Votum der Stände und des Reichsrats beugen. Im Alter von zwanzig Jahren heiratete Gustav im Herbst 1766 aus rein politischen Gründen die nur wenige Monate jüngere Prinzessin Sofia Magdalena von Dänemark. Das Verhältnis zu seiner Frau war nie herzlich, die Charaktere der Ehepartner waren einfach zu unterschiedlich. Später konstatierte Gustav: *»Hätte man uns zu Beginn unserer Ehe in Ruhe gelassen, so wäre vielleicht das Gefühl der Gleichgültigkeit verschwunden und hätte sich in Freundschaft oder zumindest Achtung gewandelt. Es waren so viele, die sich eingemischt haben, daß die Gleichgültigkeit zur Aversion wurde, dem fürchterlichsten aller Gefühle, dem am schwersten zu entkommen ist«*[3]. Trotz der ehelichen Probleme entstammten dieser Verbindung zwei Söhne, darunter der spätere König Gustav IV. Adolf. Wegen Gustavs weitgehend frauenlosen Lebens gab es wie bei seinem berühmten Onkel, dem Preußenkönig Friedrich dem Großen, Gerüchte über angeblich homosexuelle Neigungen.

Der fünfundzwanzigjährige frankophile Kronprinz Gustav befand sich auf einer Bildungsreise in Paris, als ihn am 1. März 1771 in der Pariser Oper die Nachricht überraschte, dass sein Vater am 12. Februar verstorben war. Noch in der französischen Hauptstadt unterzeichnete er die ihm vom Reichsrat vorgelegte Verpflichtung auf die bestehende Verfassung Schwedens. König Ludwig XV. von Frankreich gab ihm den Rat, zunächst eine Aussöhnung zwischen den gegnerischen Parteien anzustreben, um danach in Abstimmung mit ihnen die Führung des Landes zu übernehmen.

Am Anfang seiner Regierungszeit unternahm Gustav III. tatsächlich den Versuch, einen Ausgleich zwischen dem Adel und den nichtadeligen Kräften im Ständetag zu erreichen. Vor dem im Juni 1771 einberufenen Reichstag erklärte er: »*Geboren und aufgewachsen unter Euch habe ich seit den frühesten Jahren gelernt, mein Vaterland zu lieben, es für das größte Glück zu erachten, Schwede, und für die größte Ehre, der erste Bürger unter einem freien Volk zu sein*«[4]. Er unterschrieb sogar die neue Versicherungsakte vom 5. März 1772, die die königliche Gewalt noch mehr einschränkte. Am 29. Mai wurde er zusammen mit seiner Gemahlin in Stockholms Hauptkirche, der Großen Kirche, gekrönt.

Trotz seiner tiefen Verbundenheit mit dem Adel empfand er zunehmend dessen Streben nach vollständiger Wahrung aller Privilegien als Gefahr für das Königtum und die schwedische Feudalordnung, da die nichtadeligen Stände immer mehr auf ihren Gleichheitsforderungen beharrten. Aus Sorge um den Fortbestand seines Reichs entschloss sich der König daher, die Adelsoligarchie zu stürzen. Gustav III. glaubte, dass es seine Aufgabe sei, »*das Gleichgewicht zu halten zwischen dem aristokratischen Geiste*«, den er für die Schattenexistenz des schwedischen Königtums verantwortlich machte, »*und dem demokratischen, welcher alles umstürzen*«[5] wollte.

Am 19. August 1772 ließ daher Gustav III. staatsstreichartig die vornehmsten Führer der Adelspartei gefangen setzen. Gleichzeitig ließ er sich von den übrigen Mitgliedern des Ständereichstags eine neue Verfassung bestätigen. In der neuen Verfassung wurde der Reichsrat zum lediglich beratenden Organ herabgestuft. Zwar bedurften Kriegserklärungen ebenso wie Friedens- und Allianzabschlüsse der Zustimmung der Stände, denen auch das Bewilligungsrecht für den Staatshaushalt vorbehalten war, doch dem König war es gelungen, die vom Adel dominierte Ständeherrschaft zu beenden und die Wiedereinführung halbabsolutistischer Herrschaftsstrukturen durchzusetzen. Die neue Verfassung zielte darauf ab, der staatsgefährdenden Konfrontation zwischen den Ständen durch eine Schwächung des Adels den Boden zu entziehen und so die Feudalordnung zu stabilisieren. Durch seinen unblutigen Staatsstreich von 1772 wollte Gustav III. den Adel als tragende Stütze des schwedischen Throns erhalten.

In der ersten Zeit nach dem Staatsstreich verstand es der junge König, die große Gewalt, die ihm die neue Verfassung verlieh, klug für eine dynamische Entwicklung seines Landes zu nutzen. *»Dieser König«*, stellte Bischof Olof Wallquist fest, *»liebt es zu regieren. Ein geistreicher Kopf auf einem Thron ist niemals ohne dieses Verlangen«*[6]. Zu seinen ersten wichtigen Handlungen gehörte die Abschaffung der Folter als Mittel der Justiz. Da er Vorbehalte gegen die Todesstrafe hegte, wurde für eine Reihe von Vergehen die Todesstrafe abgeschafft. Am 24. Januar 1781 wurde das Gesetz über Religionsfreiheit für fremde Bekenntnisse verabschiedet. Im darauffolgenden Jahr folgte das Einwanderungsrecht für Juden in Schweden, die sich in Stockholm, Göteborg und Norrköping ansiedeln durften. Zu den Neuerungen, die der Monarch im Verwaltungsbereich einführen ließ, gehörte die Pensionierung der Beamten bei Erreichung des siebzigsten Lebensjahres, denn bis dahin mussten die Beamten bis an ihr Lebensende arbeiten. Dem Wirtschaftsleben kam die Abschaffung einiger der zahlreichen Feiertage zugute. Dank seiner Bemühungen erlebte der schwedische Handel eine neue Blütezeit. Das Finanzwesen wurde geordnet und eine Diskontkompanie errichtet. Das Bergbauwesen wurde gefördert, Werften und Manufakturen zur Hebung der Wirtschaft gegründet. Waisenhäuser und Spitäler wurden gebaut. Kanäle samt Schleusenbauten wurden angelegt. Da Gründungen überseeischer Kolonien zu einer aufstrebenden Macht gehörten, erwarb er 1784 von Ludwig XVI. von Frankreich die zu den Kleinen Antillen gehörende Insel Saint-Barthélemy, auf der er einen Freihafen errichten ließ.

Zu seinen bis heute unbestritten großen Verdiensten gehört, dass er für Schweden eine kulturelle Blütezeit heraufführte. Gustav III. gründete im April 1786 die Schwedische Akademie, deren Wahlspruch »Geschmack und Geist« war. Vorbild hierfür war Frankreich. Der kunst- und kulturbeflissene Monarch berief außerdem viele Künstler und Literaten an seinen Hof. Während seiner Regierungszeit wurde Schwedisch sowohl für die Oper als auch für das Theater bühnenfähig. 1782 konnte das unter Gustav III. erbaute Stockholmer Opernhaus eröffnet werden. 1788 gründete der König das Königliche Dramatische Theater, das seitdem als Schwedens Nationalbühne fungiert. Gustav betätigte sich auch selbst als Schauspieler und Schriftsteller. Er verfasste in schwedischer Sprache mehrere Elegien und Schauspiele. Nicht alle Zeitgenossen zeigten sich von Gustavs enormem Enthusiasmus für das Theater angetan, vor allem im Adel gab es Vorbehalte gegen dieses wenig »königliche« Gebaren und den damit verbundenen unstandesgemäßen Umgang: *»Der König bringt den ganzen Tag damit zu, Rollen zu schreiben und die Schauspieler darin einzuüben. Ständig hängt* *er mit den Kostümschneidern zusammen, die Zugang zu ihm haben, und dies in einem solchen Ausmaß, daß man, wollte man diese Zunft an einem Freitagmorgen besuchen, sie dabei anträfe, wie sie ihm vorschlagen, Brüderschaft zu trinken«*[7].

Als 1780 Missernten einsetzten, begann sich in Schweden ein Stimmungsumschwung zuungunsten des Königs abzuzeichnen. Die Maßnahmen Gustavs III. gerieten immer mehr in die Kritik des Reichsrats. Man verdächtigte den König, eine absolute und uneingeschränkte Gewalt anzustreben. Die Opposition im Reichsrat griff auch auf die nichtadeligen Stände über. Dem Monarchen wurde unter anderem die Ausweitung der Staatsverschuldung, Günstlingswirtschaft und seine aggressive Russlandpolitik vorgeworfen. Auf dem Reichstag von 1786 wurden fast alle Vorlagen des Königs zur Behebung der Finanznot abgelehnt. *»Ich besitze nicht länger die Herzen meines Volkes«*[8], klagte Gustav. Der König, der sein Handeln als ganz im Interesse des Adels verstand, reagierte Ende der Achtzigerjahre verbittert auf die deutlicher vorgebrachten Angriffe des Adels, die er seinem Dafürhalten nach *»weder erwarten konnte noch verdient«*[9] hätte. Hatte er in der Anfangszeit seiner Regierung auf den Adel gebaut, war ihm dieser zunehmend fremder geworden.

In dieser scheinbar auswegslosen Situation suchte der eher feminin wirkende Gustav III. im Krieg ein Ventil für die innenpolitischen Schwierigkeiten. Schon seit einiger Zeit hegte er den nicht ganz unbegründeten Verdacht, dass er im Zarenreich von Katharina II., das sich immer wieder in innenpolitische Belange Schwedens einmischte, seinen größten Feind zu sehen hatte. Ende Juni 1788 griff er ohne Kriegserklärung Russland an. Als Vorwand diente ihm ein von ihm wohl selbst angezettelter Grenzkonflikt.

Die hastigen Vorbereitungen auf dieses militärische Abenteuer rächten sich jedoch, militärische Erfolge stellten sich nicht ein, stattdessen begann ein Stellungskrieg. Als es im August zu einer Meuterei im Offizierskorps kam und die im so genannten Anjalaverband zusammengeschlossenen führenden adeligen Offiziere Russland ein Friedensangebot unterbreiteten, betrachtete dies der König als Hochverrat und entschloss sich, hart gegen den frondierenden Adel vorzugehen, in dem er jetzt die größte Gefahr für die schwedische Monarchie sah. Besonders hart war es für Gustav, dass sein Bruder Carl mit den Putschisten zu sympathisieren schien. Nachdem Dänemark wegen seines Beistandspaktes mit Russland in den Krieg eingetreten war, gelang es Gustav III., an den Patriotismus der Bevölkerung zu appellieren. Aus der Vermittlung von Großbritannien und Preußen, denen an einer Schwächung Russlands gelegen war, resultierte zunächst ein Waffenstillstand zwischen Dänemark und Schweden, bevor sich Dänemark im Juli 1789 für neutral erklärte. Zufrieden resümierte Gustav: *»Ich habe den Krieg mit der Feder und nicht mit dem Degen geführt«*[10].

Als die Meuterei der Offiziere in sich zusammenfiel, ließ der schwedische König deren Anführer verhaften, gegen die fast alle die Todesstrafe ausgesprochen wurde. Nur an einem Verschwörer wurde das Todesurteil vollstreckt, die übrigen wurden begnadigt. Auf dem zu Jahresbeginn 1789 einberufenen Reichstag glückte es Gustav, die Adelsopposition auszuschalten und mithilfe der übrigen, nichtadeligen Stände eine neue Verfassung durchzusetzen. Die am 21. Februar 1789 verabschiedete »Vereinigungs- und Sicherheitsakte« gestand dem König das Recht zu, auch ohne Einwilligung der Stände einen Krieg zu beginnen. Die Staatsverwaltung ging in die Hände des Herrschers über. Das Recht des Reichstags, Gesetze vorzuschlagen, wurde abgeschafft. Im Gegenzug erhielten die nichtadeligen Stände Zugang zu den meisten Ämtern. Das feudale Bodenmonopol wurde aufgehoben. Die Bauern durften wie die übrigen nichtadeligen Gruppen adeliges Streugut und Kronländereien erwerben. Mit dieser »Revolution von oben« begann 1789 der »Standesausgleich« im schwedischen Königreich. Der Adel, der viele seiner Privilegien verloren hatte, brachte dem König großenteils offene Feindschaft entgegen.

Gustav III. führte an der Seite seiner Soldaten den Krieg mit Russland fort. Die Schlacht bei Svensksund im Juli 1790 endete mit einem schwedischen Sieg. Der am 14. August 1790 geschlossene Friede von Värälä mit Russland stellte den Besitzstand vor dem Krieg wieder her. Als Gewinn konnte der König verbuchen, dass sich die russische Regierung verpflichtete, künftig auf die Einmischung in innerschwedische Angelegenheiten zu verzichten.

Zwar hatte der schwedische König als erster europäischer Monarch die Vereinigten Staaten von Amerika als neuen Staat anerkannt und 1783 einen Handels- und Freundschaftsvertrag unterzeichnet, doch trieb ihn eine permanente Revolutionsfurcht um. Noch vor Ausbruch der Französischen Revolution hatte er sich daher zu einem Reformprogramm entschlossen. Die Ereignisse in Frankreich, in denen er die Keimzelle für die Beseitigung der Monarchien in Europa sah, lösten bei ihm Überlegungen zu weiterreichenden Reformen aus. Er wollte den drohenden Gefahren vorbeugen. Während der Reichstag zu Beginn des Jahres 1792 nach außen hin scheinbar ruhig verlief, studierte der König die englische Verfassung und dachte darüber nach, eine ähnliche Verfassung in Schweden einzuführen.

Diese königlichen Pläne blieben dem Adel nicht verborgen. Vor allem der Hochadel beharrte beinahe einmütig auf seinen angestammten Privilegien. Innerhalb des reformfeindlichen Adels hatte sich eine Verschwörergruppe gebildet, die den König ermorden und einen Staatsstreich herbeiführen wollte. Ein klares politisches Konzept für die Zeit nach der endgültigen Beseitigung des Königs existierte allerdings nicht. Hauptanstifter und Lenker der Konspiration war der zweiundsiebzigjährige General und Politiker Baron Carl Frederik Pechlin. Dieser aalglatte Intrigant gehörte zu den alten Gegnern des Königs und der Restauration königlicher Macht. Zum Kreis der Verschwörer gehörten außerdem die Grafen Adolph Ludwig Ribbing und Claes Frederik Horn sowie der Hauptmann Jacob Johan Anckarström, der sich durch den König persönlich beleidigt fühlte. Es waren aber keine hehren politischen oder gesellschaftlichen Ideale, denen sich die Konspirateure verpflichtet fühlten. *»Es fand sich nicht ein einziger«*, erklärte Baron Pechlin selbst, *»der sich aus purer Freiheitsliebe dem Unternehmen anschloß. Sie alle wurden aus Rache oder anderen persönlichen Motiven dazu getrieben«*[11].

Die Ausführung der Mordtat übernahm Anckarström. Als geeigneter Ort und Zeitpunkt für das Attentat erschien ein in der Nacht vom 16. zum 17. März 1792 veranstalteter Maskenball in der Stockholmer Oper, den Gustav III. besuchen würde. Trotz der anonymen brieflichen Warnung durch einen der Verschwörer, die ihn unmittelbar vor dem Aufbruch zur Maskerade erreichte, besuchte der König den Ball in Begleitung seines Adjutanten Hans Henrik Graf von

Essen. Als Gustav III. den Saal betrat, wurde er von maskierten Personen umringt. Diesen Augenblick nutzte Anckarström, um mit einer Pistole auf den König zu schießen. Er traf ihn in die linke untere Rückenpartie. Gustavs blutbefleckte Kleidung vom Maskenball befindet sich heute im Besitz der Königlichen Rüstkammer. Der Anschlag und damit auch der geplante Staatsstreich schlugen aber fehl, da der König nicht sofort tot war, sondern nur schwer verletzt wurde. Schon am frühen Morgen des 17. März wurde der Attentäter identifiziert und verhaftet. Innerhalb weniger Tage gelang es, der meisten Verschwörer habhaft zu werden, die auch fast alle ihre Beteiligung gestanden. Über die Situation in Schweden nach dem Mordanschlag berichtet die über ein bemerkenswert großes Verbreitungsgebiet in Europa verfügende »Augspurgische Ordinari Postzeitung« vom 5. April: *»Das Königsmörderische Complott soll zahlreich seyn. Schweden ist deswegen gesperrt, und nur die Posten dürffen paßiren«*[12]. Jacob Johan Anckarström wurde am 27. April 1792 als Königsmörder öffentlich hingerichtet. Von den übrigen Beteiligten an dem Mordkomplott musste jedoch keiner mit seinem Leben für den Anschlag auf den König bezahlen. Fast die Hälfte der Festgenommenen wurde bereits innerhalb eines Monats nach dem Tod Gustavs III. wieder freigelassen. Dass der Bruder des verstorbenen Königs, Carl, der als Regent für seinen noch minderjährigen Neffen Gustav Adolf fungierte, eine solche Milde gegen die Teilnehmer an der Verschwörung an den Tag legte, befremdete viele Zeitgenossen. Dies mag dazu beigetragen haben, dass es Gerüchte gab, er stehe mit den Königsmördern in Verbindung.

Der durch das Attentat tödlich verletzte Gustav III. hatte keinen leichten Tod. Sein langer, schwerer Todeskampf dauerte dreizehn Tage. Am späten Vormittag des 29. März 1792 erlag der König im Stockholmer Schloss seinen Verletzungen. Während das schwedische Volk seinen Tod ehrlich betrauerte, beharrten große Teile des schwedischen Adels auf ihrer offenen Feindschaft gegen den verstorbenen Monarchen, der es gewagt hatte, eine »Revolution von oben« zu beginnen. Sein früherer Vertrauter Graf Scheffer betonte daher im Rückblick, dass *»nie ein Fürst mehr verleumdet wurde, nie während seiner Lebenszeit derartigen Lügen ausgesetzt war als Gustav III. Dieser Fürst hatte zweifelsohne seine Fehler, doch welcher Sterbliche hat die nicht?«*[13] Wie es sich für einen wahren »Theaterkönig« gehört, wurde Gustavs schillerndes Leben für die Bühne aufbereitet. Am berühmtesten wurde Giuseppe Verdis 1859 uraufgeführte Oper »Un ballo in maschera« (= Ein Maskenball).

## Anmerkungen

1 Zit. nach Ronald D. Gerste, Der Zauberkönig. Gustav III. und Schwedens Goldene Zeit, Göttingen 1996, S. 155f.
2 Zit. nach Jörg-Peter Findeisen, Die schwedische Monarchie. Von den Vikingerherrschern zu den modernen Monarchen. Band 2: 1612 bis heute, Kiel 2010, S. 215.
3 Zit. nach Gerste, Zauberkönig, S. 135.
4 Zit. nach Björn R. Kommer, Im Blickpunkt der Zeit: Gustaf III. von Schweden, Augsburg 1995, S. 29.
5 Zit. nach Findeisen, Die schwedische Monarchie, S. 217.
6 Zit. nach Gerste, Zauberkönig, S. 74.
7 Zit. nach Ebd., S. 115.
8 Zit. nach Ebd., S. 211.
9 Zit. nach Findeisen, Die schwedische Monarchie, S. 218.
10 Zit. nach Gerste, Zauberkönig, S. 218.
11 Zit. nach Ebd., S. 230.
12 Zit. nach Kommer, Im Blickpunkt der Zeit, S. 83.
13 Zit. nach Gerste, Zauberkönig, S. 156.

## Von der Revolution »gefressen«

# Georges-Jacques Danton

Zu den bedeutenden Persönlichkeiten der Französischen Revolution gehört zweifelsohne Georges-Jacques Danton, obwohl dies manchmal bezweifelt wurde: *»Danton war zu genußsüchtig für seinen Ehrgeiz und zu träge, um die höchste Macht zu erlangen. Im übrigen scheint sein Ziel eher darin bestanden zu haben, große Reichtümer anzuhäufen, als berühmt zu werden«*[1]. Diese Einschätzung eines Zeitzeugen, des Gouverneurs Morris, des amerikanischen Botschafters in Paris, teilte der für sein Redetalent bekannte Revolutionsführer Danton selbstverständlich nicht. Er sah sich als Mann, der *»das kalte Blut der Vernunft mit dem Feuer der Seele und der Festigkeit des Charakters zu einen wisse«*[2]. Fast übertrieben selbstbewusst forderte er noch vor dem Revolutionstribunal Nachruhm ein, als er zu seiner Person zu Protokoll gab: *»Ich heiße Danton und bin 35 Jahre alt. Meine Wohnung wird morgen das Nichts sein; mein Name wird bleiben im Panthéon der Geschichte«*[3].

Der am 26. Oktober 1759 in der nordostfranzösischen Kleinstadt Arcis-sur-Aube geborene Georges-Jacques Danton entstammte einer kleinbürgerlichen Familie. Sein bereits in jungen Jahren verstorbener Vater Jacques Danton verdiente sein Geld als Steuerbevollmächtigter bei der lokalen Feudalgerichtsbarkeit in Arcis. Seine Mutter Marie-Madeleine war die Tochter eines Zimmermanns und Bauunternehmers namens Camut. Nach dem Ende seiner Schulzeit bei den fortschrittlich eingestellten Oratorianern in Troyes, deren Kolleg er von 1772 bis 1775 als Externer besuchte, arbeitete er ab 1780 zunächst als Schreiber und Anwaltsgehilfe in der Kanzlei des Maître Vinot in Paris. Hier erlernte Georges-Jacques Danton die juristische Praxis. 1784 erhielt er nach einem kurzen, nur wenige Monate dauernden Studium an der Universität Reims sein Abschlussdiplom. Drei Jahre später wurde er Rechtsanwalt mit eigener Kanzlei im Conseil du Roi und heiratete Antoinette-Gabrielle Charpentier, die Tochter eines wohlhabenden Kaffeehausbesitzers und Steuerpächters. Voll Stolz konstatierte er daher im Januar 1792: *»Ich habe mir meine bürgerliche Existenz selbst geschaffen und so all meine natürliche Energie bewahrt«*[4].

Als die Französische Revolution mit dem Sturm auf die Pariser Bastille, dem französischen Staatsgefängnis und Symbol des Despotismus, am 14. Juli 1789 ausbrach, war der hünenhafte Danton, dessen Karriere als Anwalt bisher eher noch zu wünschen übrig ließ, daran, wenn auch nur mittelbar, als Führer einer Abteilung der Bürgerwehr beteiligt. In seinem Pariser Bezirk wurde er rasch zur zentralen Institution. Schnell zeigte es sich, dass er mit seinem mitreißenden Rednertalent und seiner Jovialität zu einem wichtigen Führer der unteren Volksschichten wurde, obwohl es keine große Leitidee gab, für die er eintrat. Für die von ihm vertretene wandelbare Politik war bis zu einem gewissen Grad auch seine Käuflichkeit verantwortlich. So erhielt er etwa spätestens seit dem Frühjahr 1791 Schmiergelder vom königlichen Hof. Danton hatte allerdings in der Zwischenzeit die für seine Finanziers wenig erfreuliche Gewohnheit angenommen, Bestechungsgelder zu kassieren, ohne dafür den Zielen und Wünschen seiner Geldgeber wirklich nachzukommen. Gegenüber dem Journalisten Louis Marie Prudhomme soll Danton angeblich erklärt haben: »*Wenn der Dritte Stand die Adligen reich gemacht hat, dann muß es die Revolution für die Patrioten tun*«[5]. In diesem Punkt unterschied er sich sehr von seinem späteren Antipoden Maximilien de Robespierre, der nicht zu Unrecht als der »Unbestechliche« bezeichnet wurde.

Zusammen mit anderen Bürgern begründete Danton 1790 den »Club des Cordeliers«, in dem sich die radikalen Demokraten sammelten. Weitere wichtige Mitglieder des Klubs wurden der Anwalt Camille Desmoulins sowie der Arzt und Journalist Jean-Paul Marat. Im Gegensatz zu dem Jakobinerklub, in dem vor allem das Besitz- und Bildungsbürgertum vertreten war, öffneten sich die Cordeliers auch unterbürgerlichen Schichten. Wenig später wurde Danton überdies Mitglied bei dem Pariser Jakobinerklub, dem Robespierre angehörte.

Nachdem die Flucht König Ludwigs XVI. mit seiner Familie aus dem revolutionären Frankreich im Juni 1791 misslungen war, engagierte sich Danton maßgeblich an der Organisation einer Versammlung auf dem Marsfeld in Paris, die am 17. Juli 1791 in einer Unterschriftensammlung die Absetzung des Königs und die Einführung der Republik forderte. Danton selbst erschien jedoch nicht auf dem Marsfeld. Diese republikanische Demonstration mündete in ein Massaker, als dort entstandene Unruhen von der Nationalgarde blutig niedergeschlagen wurden. Es gab über fünfzig Tote. Dieses Ereignis ließ die radikalen Kräfte an Macht gewinnen.

Georges-Jacques Danton, seit Dezember 1791 stellvertretender Staatsanwalt, kommt, obwohl äußerlich keine einnehmende Persönlichkeit, sehr wahrscheinlich durch seine zündenden Reden eine wesentliche Rolle beim Sturm auf die Tuilerien und bei der Inhaftierung der königlichen Familie am 10. August 1792 zu. Bereits am nächsten Tag übernahm er den Posten des Justizministers in der neuen Regierung. *»Mein Freund Danton ist durch die Gnade der Geschütze Justizminister geworden«*[6], stellte daher zutreffend Camille Desmoulins fest, der dessen Generalsekretär im Ministerium wurde. Die Aufgabe, vor der die neue Regierung Frankreichs stand, war schwierig. Während sie die militärische Verteidigung gegen die Invasion von außen durch Österreich und Preußen organisierte, musste sie gleichzeitig auch die staatliche Autorität im Landesinnern wiederherstellen. Bereits in seinem Rundschreiben vom 19. August an die Gerichte rügte Danton scharf den mangelnden Bürgersinn vieler Richter. Während seiner zweimonatigen Amtszeit dominierte er das Ministerkollegium, wurde zum kämpferisch-antreibenden Element in dem im April 1792 begonnenen Krieg gegen die ausländischen Feinde und mischte sich rücksichtslos in die Ressorts seiner Kollegen ein. Um die Anhänger der Monarchie einzuschüchtern, duldete er die brutalen Septembermorde in den französischen Gefängnissen. Etwa 1400 inhaftierte Königstreue, Priester und andere Gefangene wurden dabei von dem aufgebrachten Mob massakriert. Am 3. September vertrat Danton die Meinung: *»Dies ist ein notwendiges Opfer, im übrigen begeht das Volk keine Irrtümer. Vox populi, vox dei, das ist das wahrste, das republikanischste Sprichwort, das ich kenne!«*[7] Später versuchte er, die Verantwortung dafür von sich zu schieben, indem er erklärte, dass *»keine menschliche Macht«* es vermocht hätte, *»diese Geschehnisse aufzuhalten«*[8].

Er blieb als Justizminister in erster Linie ein populistischer Volksführer, sein Amt musste immer dahinter zurückstehen. Sehr passend kommentierte ein Leser des »Journal Français« im November 1792 diese Einstellung Dantons: *»Als Justizminister brachte er in diesen Tagen das Gesetz zum Schweigen«*[9]. Bereits im Oktober legte Georges-Jacques Danton sein Ministeramt nieder, um wieder als Abgeordneter tätig sein zu können. Bei den Wahlen zum Nationalkonvent war er mit großer Mehrheit zum Abgeordneten gewählt worden.

Am 17. Januar 1793 plädierte Danton in der neuen, rein republikanischen Nationalversammlung bei der Abstimmung im Königsprozess vehement für das Todesurteil gegen den seit September 1792 offiziell abgesetzten Ludwig XVI. wegen Landesverrats: *»Ich gehöre nicht zu den vielen Politikern, die nicht wissen, daß man sich mit Tyrannen nicht an einen Tisch setzt; die nicht wissen, daß man Könige nur mit dem Fallbeil unterwerfen kann; die nicht wissen, daß man von den Königen Europas nur das bekommt, was man ihnen mit Waffengewalt entreißt! Ich stimme für den Tod des Tyrannen!«*[10] Nach der Hinrichtung des Königs schlossen sich weitere europäische Monarchien der antifranzösischen Koalition an, darunter vor allem Großbritannien und Spanien.

Angesichts der großen innen- und außenpolitischen Bedrohung setzte die so genannte Schreckensherrschaft in Frankreich ein. Der von ihr ausgeübte Terror wurde als eine »Maßnahme des öffentlichen Wohls« hingestellt. Am 10. März initiierte Danton die Errichtung eines außerordentlichen Gerichtshofs, des späteren Revolutionstribunals, um der wieder aufgelebten Gegenrevolution Herr zu werden. *»Zeigen wir uns schrecklich und ersparen so dem Volk,* *schrecklich zu sein!«*[11], verkündete Danton. Die Bilanz dieses Tribunals, das sich zu einem wichtigen Instrument der Terrorherrschaft entwickelte, war in der Tat schrecklich. Während der Zeit seines Bestehens vom März 1793 bis zum Mai 1795 sprach das Gericht insgesamt mehr als 2700 Todesurteile aus. Zu den von ihm zum Tode Verurteilten sollte auch sein Initiator, Georges-Jacques Danton, gehören. Als weitere »Stütze« für die von allen Seiten bedrohte Republik wurde der so genannte Wohlfahrtsausschuss ins Leben gerufen, an dessen Bildung im April Danton beteiligt war. Als Ausschussmitglied und Vorsitzender bestimmte Danton am Anfang maßgeblich die Politik des Wohlfahrtsausschusses. Dieser Ausschuss sollte eigentlich den Konvent und die Regierung überwachen, aber während des »Großen Terrors« übte er die eigentliche Herrschaft aus. An der sozialen und finanziellen Misere Frankreichs änderte sich indes nur wenig.

Nach dem Sturz der gemäßigten Girondisten am 2. Juni 1793, deren führende Köpfe im Herbst hingerichtet wurden, ging Danton ein Bündnis mit der Bergpartei ein. Innerhalb der radikalen Bergpartei verschärften sich die Richtungskämpfe. Als es zu einer Mäßigung seiner politischen Ausrichtung kam, wurde Danton im Juli abgewählt und musste den Wohlfahrtsausschuss verlassen. Da er dem Blutvergießen um seiner selbst willen abgeneigt war, geriet er durch seine innen- und außenpolitische Kompromissbereitschaft in scharfen Gegensatz zu Robespierre. Angesichts der sich verschärfenden politischen Lage erwies es sich als wenig zuträglich für Dantons Position, dass er sich zeitweise ins Privatleben absonderte. Nach dem Tod seiner Ehefrau Gabrielle, die im Februar 1793 im Kindbett verstorben war, war der verwitwete Danton im Juni desselben Jahres eine zweite Ehe mit der Tochter eines früheren Marinebeamten eingegangen. Mit seiner neuen Ehefrau, der erst sechzehn Jahre alten Sébastienne-Louise Gély, und seiner Familie zog er sich für mehrere Wochen im Herbst 1793 nach Arcis-sur-Aube zurück.

Sein politischer Gegenspieler Robespierre, der inzwischen die Rolle eines Ersten unter Gleichen im Wohlfahrtsausschuss eingenommen hatte, sah seine Stunde gekommen, als sich Danton für ein Ende der Schreckensherrschaft einsetzte. Robespierre erhob dagegen neben der Tugend den Terror zum moralischen Prinzip der Revolutionsregierung, um so die Feinde der Republik in Schach halten zu können. Im Februar 1794 stieß Robespierre unmissverständliche Drohungen gegen Danton und seine Anhänger aus, indem er sie zu inneren Feinden des französischen Volkes abstempelte, die bekämpft werden müssten. Die Dantonisten bildeten allerdings bloß eine lockere Verbindung von Freunden und Gesinnungsgenossen, die sich in ihrer gesellschaftlichen Zusammensetzung und in ihren Zielsetzungen keineswegs völlig von ihren Gegnern unterschieden. Robespierre griff bei dieser Gelegenheit sowohl die zur Mäßigung und zum Ausgleich aufrufenden Dantonisten als auch die ultrarevolutionären Hébertisten an, da er in beiden Gruppierungen gefährliche Gegner der Revolutionsregierung sah: *»Die eine dieser Parteien treibt uns zur Schwäche, die andere zur Maßlosigkeit, die eine will die Freiheit in eine Bacchantin, die andere in eine Prostituierte verwandeln«*[12]. Antoine de Saint-Just, ein eifriger Anhänger Robespierres und Mitglied im Wohlfahrtsausschuss, legte wenige Wochen später drohend gegen die Dantonisten nach, als er verächtlich auf eine

*»politische Sekte in Frankreich«* anspielte, *»die glücklich sein und genießen will«*[13].

Nachdem Robespierre zunächst die radikale Gruppierung um den Publizisten Jacques-René Hébert endgültig nach einem manipulierten Gerichtsverfahren via Hinrichtung durch die Guillotine ausgeschaltet hatte, sorgte er zwei Wochen später auf ähnliche Weise für die Beseitigung Dantons und seiner Freunde. Er wollte damit den Dantonisten zuvorkommen, die planten, in der nächsten Nummer ihrer Zeitschrift »Vieux Cordelier« den Wohlfahrtsausschuss in seiner derzeitigen Zusammensetzung anzugreifen und eine Neubesetzung des Ausschusses zu fordern. Obwohl sich die Gefahrenzeichen für ihn häuften und ihn Freunde eindringlich warnten, reagierte Danton nicht wirklich darauf, da er nicht daran glaubte, ernsthaft gefährdet zu sein. Er hielt sich für unersetzlich. Den Rat, ins Ausland zu flüchten, lehnte er mit den Worten ab: *»Man nimmt das Vaterland nicht an den Stiefelsohlen mit!«*[14]

Am 30. März 1794 wurde der Haftbefehl gegen Georges-Jacques Danton und weitere Dantonisten ausgestellt. Danton wurde im Morgengrauen des nächsten Tags verhaftet. Auf die von dem Deputierten Legendre, einem Freund Dantons, im Nationalkonvent erhobene Forderung, dass man doch den verhafteten Abgeordneten die Chance zur Verteidigung vor dem Konvent bieten sollte, parierte Robespierre geschickt: *»Womit hat Danton eine Bevorzugung verdient? (…) Warum mißtraut man der Gerechtigkeit? Was! Während die Gleichheit überall triumphiert, sollte man sie in diesem Raum zunichte machen! (…) Keine Abgötter mehr! Keine Vorrechte! Wir werden sehen, ob der Konvent ein faules Götzenbild zertrümmern kann, oder ob dieses in seinen Sturz* *auch den Konvent hineinziehen wird!«*[15] Als vermeintlichem Revolutionsgegner und Feind der Republik, der an einer royalistischen Verschwörung und an einem angeblichen Komplott mit dem Ausland beteiligt war, wurde Danton vor dem Revolutionstribunal ein kurzer, drei Tage dauernder Hochverratsprozess vor sorgfältig ausgewählten Geschworenen gemacht. Für die gegen ihn vorgebrachten Anklagepunkte fehlte fast jeglicher wirklich stichhaltige Beweis. Die von ihm angeforderten Entlastungszeugen wurden nicht zugelassen, da dies der Wohlfahrtsausschuss untersagte. Wütend verlangte Danton, mit seinen Anklägern konfrontiert zu werden: *»Man möge sie mir vorstellen, und ich werfe sie zurück in das Nichts, aus dem sie nie hätten herauskommen dürfen! Gemeine Betrüger, erscheint und ich werde euch die Maske herunterreißen, die euch der öffentlichen Verfolgung entzieht!«*[16] Der Öffentliche Ankläger und der Vorsitzende Richter sorgten im Auftrag des Wohlfahrts- und des Sicherheitsausschusses dafür, dass die einzelnen Äußerungen Dantons und der genaue Verlauf seines Prozesses nicht für die Nachwelt dokumentiert wurden. Aus dem einst als »Retter des Vaterlands« gefeierten Mann wurde so ein gewissenloser und korrupter Diener der Tyrannei. Durch Verfälschung des überlieferten Materials sollte etwa das Bild von Danton als dreistem Millionendieb gezeichnet werden. Unglücklicherweise war er in der Wahl seiner Freunde nicht immer vorsichtig gewesen. Der undurchsichtige Skandal um die Ostindische Kompanie, in die einige Personen aus seinem Umkreis wegen persönlicher Bereicherung verwickelt waren, warf auf die Person Dantons kein gutes Licht.

Das Urteil wurde den Angeklagten nicht im Verhandlungssaal mitgeteilt, sondern der Gerichtsschreiber verlas es ihnen zwischen den beiden Schalterfenstern der Conciergerie, ihrem Gefängnis. Am 5. April 1794 wurde Georges-Jacques Danton zusammen mit vierzehn seiner Anhänger in Paris auf der Place de la Révolution mit der Guillotine hingerichtet. Das Vermögen der Verurteilten wurde zugunsten der Staatskasse eingezogen. Finanziell gesehen gehörte Danton durchaus zu den Profiteuren der Revolution. Der Gesamtwert seines Besitzes wurde auf mehr als 200 000 Livres berechnet. Am Anfang seiner Karriere hatte er nur 5000 Livres besessen. Bevor Danton zu der Hinrichtungsstätte gebracht wurde, prophezeite er: »*Frankreich wird in einem Mischmasch von Blut und Scheiße aufwachen!*«[17]

Der bereits betagte Pariser Bürger Célestin Guittard notierte über die Exekution der Dantonisten in seinem Tagebuch: »*Heute, am 5. April, nach halb sechs, wurden 15 sehr bekannte Verschwörer geköpft. Das hat 15 bis 16 Minuten gedauert auf der Place de la Révolution; um 6 Uhr 10 Minuten war es vorbei. Sie waren auf 3 Karren. Danton wurde als Letzter geköpft (...). Es war eine unüberschaubare Menge auf dem Platz. Diejenigen, die sie haben vorüberfahren sehen, sagten, sie hätten fröhlich ausgesehen und hätten sich auf dem Wagen miteinander unterhalten*«[18]. Die Robespierristen hatten, wie Guittards Niederschrift belegt, mit der Verunglimpfung ihrer politischen Gegner als »Verschwörer gegen die Republik« ihr Ziel zunächst erreicht; denn offensichtlich glaubten viele Menschen ihnen. Das angeblich letzte Wort Dantons an seinen Henker findet sich dagegen nicht in Guittards sorgfältig geführten Aufzeichnungen: »*Vergiß vor allem nicht, dem Volk meinen Kopf zu zeigen; er ist gut anzusehen!*«[19]

Nur drei Monate später, am 28. Juli 1794, sollte Dantons Gegner Maximilien de Robespierre ohne vorherigen Prozess auf der Guillotine enden, nachdem es unter seiner diktatorisch geführten Herrschaft zu einer weiteren Verschärfung des Terrors gekommen war. Als militärische Siege der Bedrohung von außen Einhalt geboten, entfiel die scheinbare Berechtigung für den Terror der Schreckensherrschaft. Die Thermidorianer stürzten Robespierre und seine Anhänger.

Obwohl Danton die Grundlagen für die Schreckensherrschaft mit geschaffen hatte, blieb er eine der populärsten Gestalten aus der Geschichte der Französischen Revolution. Robespierres Name steht dagegen bis heute geradezu synonym für ihr düsterstes Kapitel, die Schreckensherrschaft. Dantons Schicksal regte nicht nur den französischen Schriftsteller und Nobelpreisträger Romain Rolland zu seinem Drama »Danton« an, sondern auch einer der bedeutendsten deutschen Literaten des 19. Jahrhunderts, Georg Büchner, widmete sich diesem Revolutionsführer mit seinem berühmten Drama »Dantons Tod«.

## Anmerkungen

1 Zit. nach Jochen Köhler, Der Ankläger als Angeklagter. Der Volkstribun Georges Danton auf dem Weg zur Guillotine, in: Uwe Schultz (Hrsg.), Große Prozesse. Recht und Gerechtigkeit in der Geschichte, München 1996, S. 224–233, hier S. 232.
2 Zit. nach Hermann Wendel, Danton. Revolutionär und Staatsmann, München 1988, S. 76.
3 Zit. nach Köhler, Ankläger als Angeklagter, S. 232.
4 Zit. nach Frédéric Bluche, Danton, Stuttgart 1988, S. 13.
5 Zit. nach Ebd., S. 75.
6 Zit. nach Marie Sagenschneider, 50 Klassiker Prozesse. Berühmte Rechtsfälle von der Antike bis heute, Hildesheim 2002, S. 120.
7 Zit. nach Bluche, Danton, S. 170.

8 Zit. nach Wendel, Danton, S. 147.
9 Zit. nach Bluche, Danton, S. 176.
10 Zit. nach Ebd., S. 216.
11 Zit. nach Sagenschneider, 50 Klassiker Prozesse, S. 121.
12 Zit. nach Wendel, Danton, S. 335.
13 Zit. nach Ebd., S. 335.
14 Zit. nach Ebd., S. 337.
15 Zit. nach Köhler, Ankläger als Angeklagter, S. 230.
16 Zit. nach Bluche, Danton, S. 410.
17 Zit. nach Wendel, Danton, S. 368.
18 Raymond Aubert (Hrsg.), In Pantoffeln durch den Terror. Das Revolutionstagebuch des Pariser Bürgers Célestin Guittard, Frankfurt am Main 2009, S. 235.
19 Zit. nach Bluche, Danton, S. 420.

## Der gefürchtete Polizeiminister

# Joseph Fouché

*»Ich hatte den alten Grundsatz der Polizei wieder aufleben lassen, der folgendermaßen lautete: wenn nur drei Männer zusammenkommen, um in unbesonnener Weise über politische Dinge zu reden, so muß es der Polizeiminister am nächsten Tage wissen. Es gelang mir, die Überzeugung zu verbreiten, daß überall dort, wo etwa vier Personen beisammen waren, in meinem Solde befindliche Personen standen, um zu beobachten und zu lauschen. Zweifellos führte diese Annahme auch eine allgemeine Verderbtheit und Entwürdigung herbei, aber welches Unglück, welche Klagen und Tränen hat sie andernteils nicht verhütet!«*[1] Mit diesen Worten umreißt der viermalige französische Polizeiminister Joseph Fouché das »Geheimnis seines Erfolgs«, das es ihm ermöglichte, verschiedenen Herrschaftsregimen auf diesem innenpolitisch wichtigsten Posten effektiv zu dienen. Obwohl er als geborener Intrigant galt, der es trefflich verstand, seine Mitmenschen zu täuschen und immer wieder zurück an die Schalthebel der Macht zu kommen, wurde der spätere Herzog von Otranto schließlich durch eine Intrige eines Untergebenen zu Fall gebracht, als seine vormaligen Verbündeten von ihm abzurücken begannen.

Joseph Fouché kam am 21. Mai 1759 als Sohn eines Kapitäns der Handelsmarine in Le Pellerin, nahe Nantes, zur Welt. Ursprünglich sollte er ebenfalls den Beruf eines Seemanns ergreifen. Da er dafür körperlich zu schmächtig war, gaben seine Eltern den intelligenten Jungen als Schüler in das Seminar der Oratorianer in Nantes. Vor allem zeichnete ihn eine Begabung für Mathematik und Physik aus. Er fühlte sich von der dortigen geistlichen Atmosphäre so angezogen, dass er Confrater bei den Oratorianern wurde. Entgegen anderslautenden Behauptungen wurde er jedoch nie Priester, weil er nur die niederen Weihen empfing. Später arbeitete er als Lehrer in den Kollegs von Niort, Saumur, Vendôme, Juilly, Arras und Nantes. Zunächst unterrichtete er philosophische Lehrfächer, bevor er Lehrer für exakte Wissenschaften wurde. In Arras lernte er 1788 den Rechtsanwalt Maximilien de Robespierre und dessen Schwester Charlotte kennen. Dass Fouché das Eheversprechen gegenüber seiner Schwester nicht hielt, sollte ihm Robespierre nie verzeihen. Bei Ausbruch der Französischen Revolution kehrte Fouché nach Nantes zurück, wo er zum Vorsteher des dortigen Gymnasiums aufstieg. Außerdem wurde er Mitglied der »Gesellschaft der Freunde der Verfassung«.

1792 wurde Joseph Fouché als Abgeordneter des Départements Loire-Atlantique in den Konvent gewählt. Noch bevor er nach Paris aufbrach, heiratete er am 16. September 1792 Bonne-Jeanne Coiquaud, die Tochter des Präsidenten des Distrikts von Nantes. Als ausgesprochener Familienmensch wurde er ein vorbildlicher Ehemann. Im Konvent schloss sich Fouché der radikalen Bergpartei an. Am 17. Januar 1793 votierte Fouché für die Hinrichtung des früheren Königs Ludwig XVI. von Frankreich. Diese Entscheidung sollte ihn sein restliches Leben lang verfolgen. In seinen Erinnerungen bekannte er reuevoll: *»Ich rufe den wahrhaftigen Gott zum Zeugen an, daß ich im Grunde genommen weniger den Monarchen – denn er war gut und gerecht – hatte treffen* *wollen, als die Krone, die mit der neuen Ordnung unvereinbar war. Außerdem muß ich gestehen, (...) daß ich damals, wie so viele andere, der Meinung war, wir könnten der Volksvertretung und der Masse des Pöbels nur dann genug Mut einflößen, wenn wir zur Überwindung der Krisis die äußersten Maßnahmen anwendeten, alle Schranken niederrissen und alle hervorragenden Persönlichkeiten der Revolution mit ins Spiel zogen«*[2]. Während er als Redner nicht glänzte, zog der blasse und undurchdringliche Mann es vor, in Ausschüssen und Kommissionen aktiv zu werden, um auf diese Weise im Hintergrund Informationen sammeln und unbemerkt Einfluss ausüben zu können.

Der ehemalige Kirchenmann Fouché engagierte sich in der Unterdrückung der Kongregationen und einer Kampagne zur Entchristianisierung. Im Département Nièvre forderte er die Priester zur Eheschließung innerhalb eines Monats auf, verbot religiöse Handlungen außerhalb der Kirchen und befahl die Zerstörung von Kreuzen und Kreuzwegen sowie den Abriss von Glockentürmen. Auf den Gräbern sollten alle religiösen Symbole entfernt werden. Im November 1793 gehörte er einer Delegation an, die nach Lyon gesandt wurde, um einen erneuten royalistischen Aufstand und den Versuch einer Gegenrevolution zu unterdrücken. Die Kommission unter dem Vorsitz von Fouché tat sich durch so rücksichtslos blutige Säuberungsaktionen hervor, dass Joseph Fouché den wenig schmeichelhaften Beinamen »Schlächter von Lyon« erhielt. Ende März 1794 wurde er nach Paris zurückberufen.

Wegen seiner Unterstützung der antiklerikalen und sozialrevolutionären Richtung der Hébertisten überwarf sich Fouché auf dem Höhepunkt der Schreckensherrschaft mit

Robespierre, der als Vorsitzender des Wohlfahrtsausschusses die französische Republik als Diktator regierte. Auslöser des Konflikts dürfte die im Mai 1794 erfolgte Wahl von Fouché zum Präsidenten des Jakobinerklubs gewesen sein. Robespierre bezeichnete ihn als Haupt der Konspiration gegen die Revolution und ließ ihn aus dem Jakobinerklub ausschließen, was für Fouché *»einer Ächtung gleichkam«*[3].

Mit seinem Verdacht der Konspiration lag Robespierre durchaus richtig, da Fouché tatsächlich insgeheim gegen ihn intrigierte und die verschiedenen oppositionellen Lager gegen ihn vereinigen konnte. Als es am 9. Thermidor des Jahres II (27. Juli 1794) zum Sturz und am nächsten Tag zur Hinrichtung Robespierres kam, achtete sein einstiger Gefolgsmann Fouché sorgfältig darauf, dass er mit den Ereignissen nicht unmittelbar in Verbindung gebracht wurde. Er zeigte sich erst am 28. Juli wieder im Konvent, wo er seinen alten Platz bei der Bergpartei einnahm.

Die von der neuen gemäßigten Regierung verfolgte politische Richtung missfiel Fouché allerdings, da er darin einen Verrat an den Idealen der Revolution sah. Er schloss sich deshalb mit François Noël Babeuf, genannt Gracchus Babeuf, einem extremen Jakobiner, zusammen. Der vor der Kulisse einer ökonomischen Krise unter Führung von Babeuf geplante kommunistische Aufstand, der das Direktorium stürzen und dafür eine Art proletarische Diktatur, eine »Republik der Gleichen«, errichten sollte, schlug wegen Verrats fehl. Während Babeuf nach einem langen Prozess hingerichtet wurde, wurde der im Schatten still und leise agierende Fouché im August 1795 zwar verhaftet, doch kam er dank der allgemeinen Amnestie vom 3. Brumaire des Jahres IV (25. Oktober 1795) wieder frei.

Mit dem Staatsstreich vom 18. Fructidor (4. September 1797), der den Konventspräsidenten Paul Barras an die Spitze des Direktoriums setzte, kehrte Fouché auf die politische Bühne zurück. Wahrscheinlich aus Dankbarkeit für seine Beteiligung sorgte Barras dafür, dass Fouché zum Gesandten bei der Cisalpinischen Republik in Mailand ernannt wurde. Obwohl sich Fouché in Mailand keineswegs nach den Vorstellungen des Direktoriums betätigte, wurde er 1799 mit der Gesandtschaft in Den Haag betraut, bevor er noch im September desselben Jahres zum Polizeiminister aufstieg, die ideale Stelle für einen Mann mit seinen Fähigkeiten.

Er dankte dieses Avancement seinen Gönnern vom Direktorium schlecht, indem er den General Napoleon Bonaparte bei dessen Staatsstreich vom 18. Brumaire VIII (5. Oktober 1795) unterstützte: *»Man hat behauptet, daß ich bei diesem ersprießlichen Komplott nicht beteiligt gewesen sei, sondern nur intrigiert habe, um jedoch nachher mit großer Geschmeidigkeit die Früchte einzuheimsen. (...) Die Revolution von Saint-Cloud würde gescheitert sein, wenn ich ihr entgegen gewesen wäre. (...) Meiner Ansicht nach war Bonaparte der einzig Fähige, politische Reformen durchzuführen, die (...) unbedingt nötig waren«*[4]. Fouché bewerkstelligte es, sich als unentbehrliche Stütze für die Herrschaft des Ersten Konsuls Bonaparte zu etablieren: *»Ich war der einzige, der seine Vorurteile mildern oder beseitigen konnte, indem ich ihm täglich durch meine Polizeiberichte den Ausdruck aller Meinungen und Gedanken sowie eine Aufstellung der geheimen Umstände überlieferte, deren Kenntnis für die Sicherheit und Ruhe des Staates von Nutzen waren«*[5]. Geschickt setzte Fouché die Technik der Gerüchteerzeugung ein. Er verstand sich auf die Auswahl geeigneten Personals für die französische Polizei, das er gut entlohnte. Er überzog die gesamte französische Gesellschaft mit einem ausgedehnten Spionagenetz, um offenen Aufruhr, der zum Teil mit der Unterstützung fremder Staaten entstand, im Keim ersticken zu können. »*Europa muss wissen*«, erklärte er, »*dass man nicht gegen mich konspiriert*«[6]. Er schreckte auch nicht davor zurück, die Familie des Ersten Konsuls genau zu überwachen. Finanziert wurde dieses Spionagenetz in erster Linie mit den Erträgen aus der Spielpacht. Die politische Polizei besaß nämlich die ebenso nützliche wie ergiebige Aufsicht über die Spielklubs. An der Spielpacht bereicherte sich Fouché auch selbst. Als der Polizeiminister, der von der Revolution retten wollte, was zu retten war, nicht mit der Verleihung des lebenslänglichen Konsulats an Napoleon einverstanden war, sondern im Senat für eine Begrenzung der Amtszeit auf zehn Jahre plädierte, reagierte Napoleon, darin von dem Familienrat der Bonapartes eifrig unterstützt, im September 1802 mit der Abschaffung des Polizeiministeriums: »*Ich hatte ein geheimes Vorgefühl, als würde ich bald aus meiner Stellung entfernt werden. Nach meiner letzten Unterredung mit dem Ersten Konsul hegte ich darüber nicht mehr den geringsten Zweifel. Übrigens konnten mir die Umtriebe meiner Feinde nicht verborgen bleiben. Es befanden sich darunter sehr mächtige, die nur auf die Gelegenheit warteten, mich zu stürzen. Meine Opposition gegen die letzten Maßnahmen diente ihnen dazu zum Vorwande*«[7]. Fouché wurde mit der Senatorie von Aix und der Hälfte des von ihm gesammelten Polizeireservefonds, der rund 2 400 000 Francs umfasste, abgefunden.

Nachdem sich Napoleon am 2. Dezember 1804 selbst zum Kaiser der Franzosen gekrönt hatte, was als vorgeblich natürliche Fortsetzung des Konsulats erschien, benötigte er wieder einen fähigen Polizeiminister. Dank der Unfähigkeit

# Giuliano de' Medici

Gemälde von Sandro Botticelli, um 1478
*akg-images GmbH, Berlin/Rabatti Domingie*

# Kaiser Rudolf II.

Gemälde, um 1578
*akg-images GmbH, Berlin/Erich Lessing*

# Georg Haan

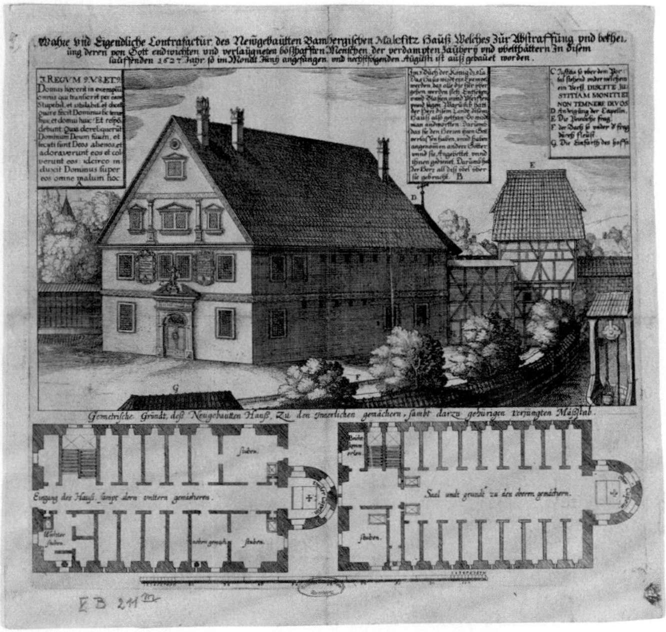


Da von Georg Haan kein Porträt überliefert ist:
Das Bamberger Malefizhaus. In diesem Haus wurden die der Hexerei Angeklagten gefangengehalten und gefoltert. Kupferstich, 1627.
*Staatsbibliothek Bamberg, VB 211m, Foto: Gerald Raab*

## Albrecht von Wallenstein

Gemälde von Ludwig Ferdinand Schnorr von Carolsfeld, 1823 (nach einem Gemälde von Anton van Dyck, 1630)
*akg-images GmbH, Berlin*

## Gaspar de Guzmán Olivares

Gemälde von Diego Velázquez, nach 1638
*akg-images GmbH, Berlin*

# Joseph Süß Oppenheimer

Posthume Schmähschrift, Schabkunstblatt von Matthaeus Deisch, 1738
*akg-images GmbH, Berlin/ Bildarchiv Pisarek*

# Anton Ulrich von Braunschweig-Bevern

Radierung von Jacob Wilhelm Heckenauer, 1737
*Herzog Anton Ulrich Museum, Braunschweig, Inv.-Nr. j-w-heckenauer-ab-0007*

Gustav III. von Schweden

Gemälde von Lorenz Pasch d.J., 1771
*akg-images GmbH, Berlin/Erich Lessing*

Georges-Jacques Danton

Zeitgenössisches Gemälde, französisch, um 1790
*akg-images GmbH, Berlin/Erich Lessing*

# Joseph Fouché

Gemälde von Claude-Marie Dubufe, 1810
*akg-images GmbH, Berlin*

## Maximilian Joseph von Montgelas

Detail aus dem Gemälde „Versammlung bedeutender Staatsmänner zur Zeit des Wiener Kongresses“ von Engelbert Seibertz, 1900
*akg-images GmbH, Berlin*

## Harry von Arnim-Suckow

Fotografie, um 1870
*ullstein bild GmbH, Berlin/adoc-photos*

# Ludwig II. von Bayern

Gemälde von Ferdinand Piloty d.J., 1865
*akg-images GmbH, Berlin*

# Alfred Dreyfus

Zeitgenössische Fotografie
*ullstein bild GmbH, Berlin/Roger Viollet*

# Alexander I. Obrenović

Fotografie, um 1895
*akg-images GmbH, Berlin*

Philipp zu Eulenburg und Hertefeld

Holzstich nach einer Fotografie, um 1890
*akg-images GmbH, Berlin*

# Wilhelm zu Wied

Fotografie, 1914
*akg-images GmbH, Berlin*

Matthias Erzberger

Fotografie, um 1920
*akg-images GmbH, Berlin*

Michail
Nikolajewitsch
Tuchatschewskij

Fotografie, um 1920
*akg-images GmbH, Berlin*

Galeazzo Ciano

Fotografie, um 1938
*akg-images GmbH, Berlin*

seiner Nachfolger in der Polizeiverwaltung wurde Fouché am 10. Juli 1804 wieder zum Polizeiminister berufen. Da die althergebrachte Organisation des Polizeiministeriums nicht mehr den Ansprüchen des gewachsenen französischen Herrschaftsbereichs genügte, schuf Fouché 1804 vier große Polizeibezirke, an deren Spitze jeweils ein Staatsrat mit großen Vollmachten den Dienst versah. Fouché achtete aber sorgfältig darauf, dass er das letzte Wort behielt: *»In meinem Kabinett liefen alle wichtigen Angelegenheiten ein, deren Fäden ich selbst in Händen hatte«*[8]. Die Staatsräte erhielten oft die Befehle des Ministers, ohne über seine eigentlichen Absichten orientiert zu sein. Zufrieden konstatierte Fouché: *»Während meines zweiten Ministeriums wirkte ich in meiner Verwaltung mehr durch die Furcht als durch Unterdrückung und Anwendung von Zwangsmaßnahmen«*[9]. 1808 erhielt der einstige Republikaner den Titel eines Grafen des Kaiserreichs. Nach der erfolgreichen Organisation der Verteidigung von Antwerpen gegen die Engländer 1809 stieg er zum Herzog von Otranto auf. Fouché wurde deswegen jedoch kein treuer und loyal ergebener Gefolgsmann Napoleons. Die beinahe unablässig geführten Eroberungskriege des Korsen fanden nicht seine Zustimmung. Seit 1804 lag Fouché vor allem viel an einem Frieden mit Großbritannien, weshalb er mehrfach versucht hatte, in persönliche Verbindung mit der britischen Regierung zu treten. Als der Kaiser dahinterkam, dass der Minister hinter seinem Rücken in geheimen Unterhandlungen mit London stand, fiel Fouché bei Napoleon erneut in Ungnade. Zornig erklärte der Kaiser vor dem versammelten Ministerrat am 3. Juni, an dem Fouché nicht teilnahm: *»Was würden Sie von einem Minister halten, der, unter Mißbrauch seiner Stellung, ohne Wissen seines Souveräns Verbindungen mit* *dem Ausland aufnimmt, diplomatische Verhandlungen in die Wege leitet auf Grundlagen, die er sich allein ausgedacht hat, und der somit die Staatspolitik bloßstellt?«*[10] Kurzerhand wurde Fouché am 3. Juni 1810 seines Amtes enthoben. Selbstherrlich erklärte er in seinen Erinnerungen: *»In mir traf er mit seiner Ungnade den einzigen Mann seines Rates, der es gewagt hätte, seine späteren Ruchlosigkeiten zu mäßigen; in mir entfernte er den wachsamen, eifrigen Minister, der ihm weder nützliche Ratschläge noch mutige Vorstellungen jemals ersparte«*[11].

Um den in seinen Augen völlig ungeeigneten Nachfolger René Savary, Herzog von Rovigo, in seinem Amt als Polizeiminister auszubremsen, verbrannte oder versteckte Fouché alle wichtigen Unterlagen und Dokumente seines Ministeriums. Geschickt führte er den neuen Polizeiminister an der Nase herum: *»Hingegen gab ich mir doch den Anschein, ihn in die Formen, Gebräuche und Überlieferungen des Ministeriums einzuweihen«*[12]. Bevor ihn Napoleon dafür zur Rechenschaft ziehen und verhaften lassen konnte, traf Fouché, durch einen Zuträger aus dem Kabinett des Kaisers rechtzeitig gewarnt, seine Vorbereitungen: *»Sofort begab ich mich ans Werk und vergrub alle meine wichtigen Papiere in einem Versteck. Als das getan war, erwartete ich mit stoischer Ruhe die Dinge, die da kommen sollten«*[13]. Fouché gedachte dieses Material als Beweismittel in Verwahrung zu nehmen, um sich gegen Vorwürfe rechtfertigen zu können: *»Mehr denn je war ich entschlossen, fest zu bleiben und jene unwiderruflichen Beweise von allem, was während meiner ministeriellen Amtstätigkeit an willkürlichen und widerrechtlichen Handlungen geschehen war, sorgsam aufzubewahren als Zeugen, daß es mir gebieterisch durch die mit dem Siegel Napoleons versehenen Befehle aus dem kaiserlichen Kabinett vorgeschrieben worden war«*[14]. Sicherheitshalber setzte sich Fouché in die Toskana ab, da ihm nur zu bekannt war, dass mit Napoleon in solchen Dingen nicht zu spaßen war. Aus Sorge vor Napoleons Wut und Rache erwog er während seines toskanischen Exils zeitweise sogar, in die Vereinigten Staaten von Amerika zu flüchten. Dank der Fürsprache von Napoleons Schwester Elisa Bonaparte, die 1807 Großherzogin der Toskana geworden war, durfte er auf seine Güter in Aix zurückkehren. 1811 gestattete ihm Napoleon, nach Paris zu kommen. Eine Weile schien Joseph Fouché tatsächlich keinerlei Bedürfnis nach intensiver politischer Betätigung zu zeigen, da er tief getroffen war vom Verlust seiner geliebten Frau, die im Oktober 1812 verstorben war.

Napoleon misstraute jedoch dem gefährlichen, vor keiner Intrige zurückschreckenden Weggefährten, der immer noch über zahlreiche nützliche Informanten und Zwischenträger verfügte. Er entfernte ihn daher aus Paris und versetzte ihn 1813 als Generalgouverneur der Illyrischen Provinzen nach Laibach, bevor er ihn nach Rom beorderte und dann als Gesandten nach Neapel schickte. Fouché legte wieder ein zweideutiges Verhalten an den Tag und konspirierte auch jenseits der Alpen weiter gegen den Kaiser. Er strebte eine Regentschaft von Napoleons zweiter Ehefrau, Kaiserin Marie Louise, für den noch unmündigen Thronfolger Napoleon II. an. Der alte Revolutionär brachte es fertig, als die für Frankreich verlorene Völkerschlacht bei Leipzig zur Abdankung Napoleons und zur Rückkehr der Bourbonen 1814 nach Paris führte, sich auf die Seite der alten französischen Königsfamilie zu schlagen. Ihn ärgerte dabei vor allem, dass die Würfel in der französischen Hauptstadt ohne sein Zutun gefallen waren, da er erst Anfang April 1814 nach Paris wiederkehren konnte. Er befürchtete, dadurch in politischer Hinsicht zu Bedeutungslosigkeit verdammt zu sein.

Erneut spielte er ein doppeltes Spiel, als er offiziell den im Kielwasser der Alliierten zurückgekommenen König Ludwig XVIII. unterstützte, im Geheimen aber die Aktivitäten der Bonapartisten zur Rückkehr des verbannten Napoleons nach Frankreich nicht behinderte. Fouché hatte sich ursprünglich dafür starkgemacht, dass Napoleon ein sichereres und abgelegeneres Exil als die Insel Elba zugewiesen bekam; denn die Insel befand sich in unmittelbarer Nähe der italienischen Küste. In seinen Erinnerungen stellte er seine damalige Situation so dar: *»Ich stand zwischen zwei Parteien: die eine waren die Bourbonen. Sie schenkten mir nur halbes Vertrauen, und ihre Politik verschloß mir den Weg zu Ämtern und Würden. Ihnen gegenüber befand ich mich in einer schiefen Lage und hatte überdies nicht die geringste Verpflichtung. Der anderen Partei hingegen verdankte ich mein Glück; gemeinschaftliches Interesse und gleiche Überzeugungen trieben mich zu ihr, und das in einem Augenblick, wo ein längeres Zögern meinerseits mir beide Parteien verscherzen konnte, so daß ich allein dagestanden hätte. Daher schloß ich mich vollkommen der letzteren Partei an«*[15]. Der im Frühjahr 1815 nach Paris zurückgekehrte Napoleon, der in Fouchés Augen aber *»nur noch ein verbrauchter Mann war«*[16], hatte Schwierigkeiten, seine ehemaligen Generäle und Minister wieder um sich zu sammeln. Zu seiner eigenen Sicherheit und vor allem zur geschickten Lenkung der öffentlichen Meinung kam der Kaiser nicht umhin, das Polizeiministerium am 20. März wiederum Fouché mit seinem untrüglichen Sinn für Machtverhältnisse zu übertragen, und dies, obwohl sein früherer Mitstreiter gesagt hatte: *»Napoleon ist für Frankreich das, was der Vesuv für Neapel ist«*[17].

Nach altbewährter Methode nahm Fouché zu seiner eigenen Absicherung sofort heimlich Verbindungen mit den Liberalen in Frankreich, mit Ludwig XVIII. in Gent und mit den Alliierten auf. Er ging davon aus, dass Napoleons Herrschaft nicht lange dauern würde: »*Ich wurde für Napoleon immer mehr ein Gegenstand des Mißtrauens, um so mehr, als ich keine Gelegenheit versäumte, mich seinem despotischen Wesen und seinen revolutionären Maßregeln zu widersetzen*«[18]. Fouché genoss nicht umsonst den Ruf, dass er sich von dem Untergang geweihten Unternehmen rücksichtslos und umgehend trennte. Als der Kaiser nach der verlorenen Schlacht von Waterloo erneut abgedankt hatte, leitete Fouché, der von den Deputierten der Kammer zum Vorsitzenden der provisorischen Regierung ernannt worden war, am 23. Juni 1815 die zweite Restauration der Bourbonen in Frankreich in die Wege. Dem Baron Étienne-Denis Pasquier vertraute er an: »*Ich fordere nichts Besseres, als dass die Bourbonen zurückkommen; (...). Ihre Rückkehr muss an wohldurchdachte Bedingungen, an gute und solide Garantien geknüpft sein*«[19]. Eine beachtenswerte politische Wendigkeit, bedenkt man, dass er einst für die Hinrichtung König Ludwigs XVI. votiert hatte, des Bruders von Ludwig XVIII. Während seines Exils in St. Helena bedauerte Napoleon, dass er Fouché nicht rechtzeitig habe erschießen lassen.

Der scheinbar immer noch unentbehrliche Fouché wurde in der neuen Regierung von Ludwig XVIII. wieder Polizeiminister. Dies ging auf den Vorschlag des königlichen Außenministers, Charles Maurice de Talleyrand zurück, der in dieser Eigenschaft auch schon erfolgreich dem Direktorium und Napoleon gedient hatte. Am 6. Juli 1815 wurde Fouché, den Talleyrand begleitete, von dem König empfangen, um diesem seinen Treueid zu leisten. Der Schriftsteller und Politiker François-René de Chateaubriand war Zeuge dieser seltsam anmutenden Szene: *»Plötzlich öffnet sich eine Tür: schweigend tritt das Laster ein, das sich auf einen Arm des Verbrechens stützt, nämlich Herr von Talleyrand, der auf Fouché gestützt voranschreitet. Die infernale Vision geht langsam an mir vorüber, betritt das Kabinett des Königs und verschwindet darin. Fouché kam, um seinem Herrn Treue und Ergebenheit zu schwören und ihm zu huldigen. Auf den Knien legte der treue Königsmörder die Hände, die den Kopf Ludwigs XVI. zu Fall gebracht hatten, in die Hände des Bruders des Märtyrerkönigs. Der abtrünnige Bischof [Talleyrand] war Bürge des Schwurs«*[20]. Fouché versuchte, den zurückgekehrten Bourbonenkönig für ein maßvolles Vorgehen zu gewinnen und zur Ablehnung jeglicher reaktionärer Aktion. Er nehme das Ministerium nur an, erklärte er, *»um allen Ereignissen die Stirn zu bieten«*[21]. Unter dem Druck der Umstände sah er sich schon bald gezwungen, einen Teil der Mitschuldigen bei der Rückkehr Napoleons und der Revitalisierung des Kaiserreichs durch die Ordonnanz vom 24. Juli 1815 zu Verrätern zu erklären. In seinen Erinnerungen rechtfertigte er sich dafür folgendermaßen: *»Seit dem 8. Juli hatte die Sucht zu ächten alle Klassen der royalistischen Partei ergriffen, und Tausende von Namen wurden dem Polizeiministerium gemeldet, um in eine allgemeine Verbannungsmaßregel eingeschlossen zu werden. Man verlangte von dem Polizeiminister als Beweis seiner aufrichtigen Anhänglichkeit an die Sache des Königs verschiedene Hinrichtungen. Es blieben mir nur zwei Wege übrig: entweder mich zum Mitschuldigen der Rachgierigen zu machen oder auf das Ministerium zu verzichten. Für den ersten Weg konnte ich mich nicht entschließen; was den zweiten betrifft,* *so war ich schon zu weit gegangen, um verzichten zu können. Ich fand daher einen Ausweg, der darin bestand, daß ich die Listen auf eine kleine Anzahl von Namen reduzierte, die unter den Personen gewählt waren, welche eine besonders tätige Rolle in den Ereignissen gespielt hatten«*[22].

Nach seiner zweiten Heirat am 1. August 1815 mit der jungen Gräfin Gabrielle Castellane-Majastres, die einer altadeligen Familie entstammte, die mit den Bourbonen verwandt war, glaubte sich der ehemalige Jakobiner auf dem Höhepunkt seiner Laufbahn zu befinden. Inzwischen hatte er jedoch den Bogen überspannt. Weder die Monarchisten noch die Republikaner sahen in ihm eine vertrauenswürdige Persönlichkeit. Den im August 1815 erfolgten Wahlen hatte Fouché nur wenig Aufmerksamkeit geschenkt, so dass sich die äußerste Rechte in der Kammer einer übergroßen Mehrheit erfreuen konnte. In zahlreichen Flugschriften wurde der Polizeiminister als »Königsmörder« heftig angegriffen. Die anderen Minister begannen von ihm abzurücken. Trotz Anfeindungen von allen Seiten verstand er es, noch bis zum September in Amt und Würden zu bleiben. Als Fouché gegen royalistische Präfekten vorging, sorgte eine Intrige seines nächsten Mitarbeiters, des jungen Pariser Polizeipräfekten Élie Decazes, der sich des besonderen Wohlwollens von König Ludwig XVIII. erfreute, dafür, dass Fouché den dringend notwendigen Rückhalt beim König verlor. Decazes hatte sich gleich zu Beginn der Restauration dem König angeschlossen und diesem auch während der Herrschaft der »Hundert Tage« Napoleons die Treue gehalten. Ihm gelang es, Ludwig XVIII. so gegen Fouché aufzubringen, dass der Monarch ihn gegen Decazes als Minister austauschen wollte. Auf Grund der an Schärfe zunehmenden Kampagnen der Ultra-Royalisten und der Rückkehr der Herzogin Marie Thérèse Charlotte von Angoulême, der Tochter Ludwigs XVI., nach Frankreich, der man einen königsmörderischen Minister nicht zumuten wollte, beschlossen die übrigen Minister am 14. September aus Besorgnis vor der neuen schwierigen Kammer, dass Fouché als Polizeiminister nicht mehr tragbar war. Ludwig XVIII. ernannte den Herzog von Otranto deshalb am 15. September 1815 zum französischen Gesandten in Dresden und schickte ihn damit quasi ins Exil nach Sachsen. Voll Groll schrieb Fouché an seine Ministerkollegen: »*Ich verlasse Frankreich, aber was hier geschieht, wird mir nie gleichgültig sein. Ich werde über die Leiden meines Vaterlandes seufzen, ohne am Verlauf etwas ändern zu können. Ich hoffe, mit den letzten Blicken, die ich auf Frankreich werfe, werde ich nicht wahrnehmen, wie sich die ersten Flammen des fast unausweichlichen Bürgerkriegs entzünden*«[23].

Da ihn als Königsmörder das Verbannungsdekret vom 5. Januar 1816 betraf, musste Joseph Fouché nach Österreich emigrieren. Noch vor dem Erlass dieses Dekrets hatte er verbittert an den französischen Premierminister, den Herzog Armand Emmanuel von Richelieu, geschrieben: »*Nur der Ungebildete vermag zu glauben, daß politische Umschwünge das Ergebnis von Machenschaften und das Werk von Einzelpersonen sind. Oft sind es die Urheber, die von ihnen dann getroffen werden. Diejenigen, die sie zu leiten scheinen, werden nur von den Bewegungen getragen (...) Wer kann sich zum Richter aufschwingen über das Verhalten der Menschen inmitten unserer Krisen und unserer Stürme? (...) Jene, welche mich heute verleumden, müßten sich wenigstens daran erinnern, daß ich ihrem Unglück stets Respekt erwiesen habe, daß ich häufig ihr Eigentum geschützt habe, ihre Freiheit, unter Bonaparte zuweilen ihr Leben, daß ich dem König ihre Schwächen und ihre Vergeßlichkeit nie offenbart habe«*[24]. Der misstrauische österreichische Staatskanzler Klemens Wenzel Lothar Fürst von Metternich, der ihn so besser überwachen zu können glaubte, gestattete Fouché, sich mit seiner Familie zuerst in Prag, dann in Linz niederzulassen. Von Paris aus beobachtete man den prominenten Emigranten ebenfalls argwöhnisch, da man neue Intrigen von seiner Seite befürchtete. Der neue Polizeiminister Decazes warnte Metternich eigens vor diesbezüglichen möglichen Aktivitäten des Verbannten.

In den Jahren seiner unfreiwilligen Emigration widmete sich Fouché emsig dem Verfassen von Verteidigungsschriften über seine Vergangenheit. Um Furcht unter seinen politischen Gegnern zu verbreiten, drohte er mit Enthüllungen in seinen Memoiren, die allerdings nicht mehr zu seinen Lebzeiten erscheinen sollten. Das Abfassen der Traktate beschäftigte ihn bis zu seinem Tod und stellte für ihn einen Ausgleich gegen die drohende Langeweile im Exil dar. Verdrossen über seine politische und gesellschaftliche Kaltstellung vermerkte er, dass das Schicksal eines Verbannten *»eine ansteckende Krankheit«* zu sein scheint, *»keiner wagt sich in die Nähe«*[25].

Nachdem sich seine Brustkrankheit verschlechtert hatte, bekam Fouché von der österreichischen Regierung die Erlaubnis zur Übersiedlung nach Triest, da er sich von dem milden Mittelmeerklima eine Linderung seines Leidens versprach. Als er dort am 26. Dezember 1820 verschied, verstarb mit ihm eine höchst schillernde und zwiespältige Persönlichkeit der europäischen Geschichte. Während Joseph Fouché privat ein unauffälliges und skandalfreies Leben führte, das ganz seiner Familie gewidmet war, war er als französischer Polizeiminister und intriganter, opportunistischer Politiker bei Freund und Feind gefürchtet. Seinen geliebten Kindern, drei Söhnen und einer Tochter, hinterließ Fouché, der im Laufe der Jahre zum größten Grundbesitzer Frankreichs aufgestiegen war, ein Vermögen von vierzehn Millionen Francs. Eine höchst bemerkenswerte Hinterlassenschaft, bedenkt man, dass er während der Revolutionszeit die Reichen bekämpft hatte, denen er mangelnde Unterstützung der Republik vorwarf. So hatte er aus dem Departement der Nièvre an den Konvent geschrieben: *»Schaffen wir Gold und Silber ab! Schleifen wir diese Götter der Monarchie durch den Staub!«*[26]

## Anmerkungen

1 Joseph Fouché, Memoiren, Gernsbach (1969), S. 153.
2 Ebd., S. 20f.
3 Ebd., S. 24.
4 Ebd., S. 57f.
5 Ebd., S. 83.
6 Zit. nach Hans von Hentig, Terror. Zur Psychologie der Machtergreifung, Frankfurt am Main und Berlin 1970, S. 134.
7 Fouché, Memoiren, S. 129f.
8 Ebd., S. 149f.
9 Ebd., S. 153.
10 Zit. nach Louis Madelin, Fouché. 1759–1820, Frankfurt am Main 1975, S. 205.
11 Fouché, Memoiren, S. 199.
12 Ebd., S. 201f.
13 Ebd., S. 205.
14 Ebd., S. 211.
15 Ebd., S. 407.
16 Ebd., S. 408.
17 Zit. nach André Maurois, Napoleon in Selbstzeugnissen und Bilddokumenten, Reinbek bei Hamburg 1966, S. 105.
18 Fouché, Memoiren, S. 425.

19 Zit. nach Klaus Malettke, Die Bourbonen, Band 3: Von Ludwig XVIII. bis zu Louis Philippe. 1814–1848, Stuttgart 2009, S. 47.
20 Zit. nach Ebd., S. 50f.
21 Zit. nach Madelin, Fouché, S. 314.
22 Fouché, Memoiren, S. 457.
23 Zit. nach Madelin, Fouché, S. 332.
24 Zit. nach Ebd., S. 336.
25 Zit. nach Ebd., S. 347.
26 Zit. nach von Hentig, Terror, S. 203, Anm. 29.

## Abruptes Ende einer Minister-Karriere

# Maximilian Joseph von Montgelas

*»Wirklich hätte auch das Glück dem Könige nicht leicht einen verständigern und ergebenern Diener zuführen können. Er war ein Mann, wie ich mir einen Mazarin oder Richelieu denke. Seinen Plänen, seinen Unterhandlungen, seinem richtigen Ergreifen des Augenblicks hat Baiern seine Erhebung zu einer größern selbstständigen Macht und selbst den äußerlichen Schmuck einer königlichen Krone zu verdanken (...) Seine Bildung und sein ganzes Äußeres waren altfranzösisch. Ein stark gepuderter Kopf, hell von Verstande sprühende Augen, eine lange hervorstehende krumme Nase, ein großer etwas spöttischer Mund, gaben ihm ein mephistophelisches Ansehen, obgleich die kurzen Beinkleider und die galamäßigen weißseidenen Strümpfe, anders erschien er nie, keinen Pferdefuß zu verstecken hatten. Kein Feind der sinnlichen Freuden und Genüsse, liebte er auch die Scherze und Gespräche der Tafel, weshalb er immer auch seine Gäste mit aus dem Künstler- und Gelehrtenstande wählte«*[1]. Diese von Bewunderung getragenen Worte für den Grafen Maximilian Joseph von Montgelas stammen aus der Feder des sonst für seine gnadenlos spitze Zunge bekannten Karl Heinrich Ritter von Lang, des früheren Direktors des Reichsarchivs und des Reichsheroldenamts in München. Während sonst viele andere Zeitgenossen in Langs boshaft-sarkastischen Erinnerungen eher schlecht »wegkommen«, gehört Montgelas zu den von ihm bewunderten Persönlichkeiten. Nach dem Sturz des von ihm so geschätzten Minis-

ters quittierte Lang den Staatsdienst und zog sich in den Ruhestand zurück.

Der so Gepriesene, der in der Tat als einer der bedeutendsten bayerischen Staatsmänner überhaupt gelten kann, wurde am 12. September 1759 in München geboren. Maximilian Joseph von Montgelas war der Sohn des aus Savoyen stammenden Generals Janus de Garnerin, Freiherrn von Montgelas, der in Bayern Karriere gemacht hatte. Seine Mutter Maria Ursula war eine geborene Gräfin Trauner aus Freising, die bis zu ihrer Heirat Hofdame der bayerischen Kurfürstin Maria Anna gewesen war. Montgelas verlor seine Eltern bereits im Kindesalter.

Im Anschluss an sein Jurastudium in Straßburg und Ingolstadt legte Montgelas seine juristische »Proberelation« vor der Prüfungskommission des Hofrats in München mit sehr gutem Erfolg ab, was ihm am 18. August 1777 die Ernennung zum Wirklichen Hofrat durch seinen Taufpaten, Kurfürst Maximilian Joseph III. von Bayern, einbrachte. Mit dieser Ernennung war zunächst keine Bezahlung verbunden. Unter dem nur wenige Monate später zum neuen bayerischen Landesherrn gewordenen Kurfürsten Karl Theodor gehörte er zwar dem Bücherzensurkollegium an, erhielt aber zehn Jahre lang keine feste Besoldung. 1779 wurde Montgelas als Mitglied in den Illuminatenorden aufgenommen, dem er bis 1785 angehörte. Dieser Geheimbund setzte sich für eine rationalistische und sittliche Erneuerung der Gesellschaft im Sinne der Aufklärung ein. Da sich Montgelas wegen seiner Zugehörigkeit zu den Illuminaten, die Kurfürst Karl Theodor seit 1784/1785 aus Sorge vor der Ausbreitung republikanischen Gedankenguts verfolgen ließ, keinerlei Karrieremöglichkeit mehr am Münchner Hof ausrechnen konnte, bat er 1787 um seine Entlassung und trat stattdessen in die Dienste des Herzogs Karl II. August von Pfalz-Zweibrücken. Er fand dort als Legationsrat beim Departement der auswärtigen Geschäfte Verwendung.

Nach Ausbruch der Revolutionskriege und der Besetzung von Zweibrücken durch die Franzosen blieb Montgelas als herzoglicher Beamter in der Residenzstadt zurück und versuchte, zwischen den fremden Truppen und der Bevölkerung zu vermitteln. Als angeblicher Jakobiner denunziert, fiel er bei Herzog Karl August in Ungnade. Als der Herzog im April 1795 unerwartet verstarb, machte ihn dessen Bruder und Nachfolger Max Joseph zu seinem wichtigsten Berater, denn der Fürst erkannte rasch das Potential dieses äußerst befähigten Mannes. 1795 wurde Montgelas zum Wirklichen Regierungsrat und ein Jahr später zum Wirklichen Geheimen Legationsrat ernannt.

Das für die weitere Geschichte so wichtige beiderseitige Vertrauensverhältnis zwischen Max Joseph und Montgelas entwickelte sich seit dem Herbst 1796, als der Herzog mit seiner Familie vor den anrückenden französischen Truppen in das damals preußische Ansbach flüchtete. In dieses Exil ließ er Montgelas nachkommen, der die Leitung der Geschäfte seines Fürsten übernahm. Den bevorstehenden Erbfall in Bayern vor Augen präsentierte Montgelas dem Herzog am 30. September 1796 im so genannten Ansbacher Mémoire (= Denkschrift) ein detailliertes Reformprogramm für Bayern, in dem er seine grundlegenden Ideen und Überlegungen für den Übergang des Landes vom Fürsten- zum modernen Verfassungsstaat darlegte.

Nachdem Max Joseph von Zweibrücken im Februar 1799 auf dem Erbweg Kurfürst von Bayern geworden war, begann

Montgelas' eindrucksvolle Karriere in München. Gestützt auf das Vertrauen des für die notwendigen Veränderungen aufgeschlossenen Fürsten hatte er dank seiner hohen Belastungsfähigkeit und Arbeitskraft mehrere Ministerämter zum Teil gleichzeitig inne und konnte so die Politik Bayerns maßgeblich bestimmen: Von 1799 bis 1817 war er Außenminister, von 1803 bis 1806 und von 1809 bis 1817 Finanzminister sowie von 1806 bis 1817 Innenminister. Angeblich soll die Gräfin Montgelas die Tätigkeit ihres Mannes in den drei wichtigen Ministerien folgendermaßen charakterisiert haben: *»Als Außenminister könnte man keinen besseren haben, als Innenminister ist er passable, als Finanzminister verdient er gehenkt zu werden«*[2]. Während er sich auf dem Gebiet der Außenpolitik um alle wichtigen Aspekte selbst kümmerte, stützte er sich in der Innen- und Finanzpolitik auf einen Kreis von dreißig bis vierzig gut ausgebildeten und reformwilligen Mitarbeitern, die seine Vorgaben umsetzten. Endgültige Entscheidungen wurden von Montgelas meist in Gesprächen mit dem Landesherrn herbeigeführt. Der leitende Minister hing der Idee eines starken und straff organisierten Staates an, in dem die Ideen der Aufklärung und die frühen Grundsätze der Französischen Revolution verwirklicht werden sollten. Später beeinflussten auch die Reformen des französischen Konsulats und Kaiserreichs das Denken von Montgelas. Wie der preußische Reformer Karl August von Hardenberg vertrat er die Auffassung, dass zum Überleben der deutschen Staaten eine »Revolution von oben« notwendig war. Bereits im Dezember 1792 hatte er dazu geschrieben: *»Gleichmäßigere Vertretung des Volkes, Ausdehnung der wesentlichen Menschenrechte auf alle Klassen der Gesellschaft, gleiche Steuerpflicht ohne irgendeinen Unterschied, dies sind die* *weisen Opfer, die zu bringen ich nicht aufhöre, die privilegierten Stände Bayerns zu ermahnen. Sie sind durch die Gerechtigkeit diktiert und durch die Umstände geboten«*[3]. Vor dem spannungsgeladenen, die staatliche Existenz Bayerns mehrfach akut bedrohenden Hintergrund der napoleonischen Kriege und der ungeheuren Staatsschulden, die zum Teil noch von früheren Regierungen stammten, versuchte Montgelas, das Kurfürstentum bzw. das spätere Königreich zu modernisieren.

Das gesamte bayerische Rechts-, Verwaltungs-, Bildungs-, Militär-, Wirtschafts- und Finanzsystem wurde in einer wahren Reformflut umgestaltet. Montgelas beseitigte alte Vorrechte des Adels, der Kirche und der Gemeinden zugunsten einer konstitutionellen Verfassung, säkularisierte Kirchengut, zentralisierte und vereinheitlichte den Staat. Dank des 1805 eingegangenen Bündnisses mit Frankreich, dem sich das Kurfürstentum bereits seit 1801 angenähert hatte, konnte Bayern neue Territorien zur Abrundung des Kernstaates hinzuerwerben und erlangte am 1. Januar 1806 die Königswürde. Dem geschickten Agieren und Lavieren von Montgelas war es zu verdanken, dass einer größeren Einmischung Napoleons in die innerbayerischen Verhältnisse vorgebeugt werden konnte. Als Zeichen der Wertschätzung erhob König Max I. Joseph seinen verdienten Minister und dessen eheliche Nachkommen im November 1809 in den Grafenstand.

Seitdem sich abzeichnete, dass Napoleons Stern zu sinken begann, und vor allem nach dem Verlust des bayerischen Heeres im katastrophalen Russlandfeldzug Napoleons von 1812 bahnte Montgelas zusammen mit seinem späteren Gegner Marschall von Wrede den vorsichtigen und im richtigen

Augenblick durchgeführten Bündniswechsel zu den Alliierten an, die ihm die Integrität Bayerns zusichern mussten. Kurz vor der entscheidenden Völkerschlacht bei Leipzig beendete das bayerische Königreich seine Allianz mit Frankreich.

Nach der Niederlage Napoleons organisierten sich 1815 die deutschen Staaten in einem lockeren Staatenbund, dem Deutschen Bund, neu. Bayern, das lange ein französischer Bündnispartner gewesen war, schloss sich außenpolitisch wieder mit Österreich zusammen. In der bayerischen Haupt- und Residenzstadt bildeten sich einflussreiche Gruppen, die aus unterschiedlichen Gründen die von Montgelas repräsentierte Politik nicht mehr guthießen. Die Befürworter einer Verfassung mit einer echten Volksvertretung nahmen Anstoß daran, dass der Minister, der inzwischen eine merklich konservativere Politik verfolgte, die seit 1814 mit der Vorbereitung einer neuen bayerischen Verfassung beschäftigte Kommission des Öfteren in ihrer Arbeit behinderte. Montgelas vertrat die Auffassung, dass das Volk für die politische Freiheit noch nicht reif war, weshalb er die Entscheidung über eine Repräsentativverfassung hinausschieben wollte. Gegenüber dem französischen Gesandten, dem Grafen de la Garde, erklärte er: *»Denn jedermann hat die bürgerliche Freiheit nötig. Aber wie viele Menschen sind in der Lage, die politischen Freiheitsrechte zu genießen oder sie auch nur zu verstehen?«*[4] Die Anhänger eines Bündnisses mit Österreich bemängelten seine in ihren Augen zu einseitige Ausrichtung nach Frankreich. Der Großteil der hohen bayerischen Ministerialbürokratie lehnte seinen autoritären Führungsstil ab. Außerdem gab es dort auch Befürchtungen, dass die wachsende Apathie und Trägheit des Ministers den Staatsapparat zu sehr lähmen könnte. Dieser Einschätzung der Arbeitskraft des Ministers widerspricht die Wahrnehmung des preußischen Gesandten in München; denn voll Bewunderung für Montgelas' Leistung schrieb Johann Emmanuel von Küster noch einen Monat vor dem Sturz des Ministers: *»Aber ein Mann wie er arbeitet in fünf Stunden mehr als andere in der dreifachen Zeit, und das Geheimniß liegt in dem Übergewicht des Geistes. Der Graf Montgelas ist einer der glücklichst organisirten Köpfe, von ganz vorzüglichem Scharfsinn, großer Besonnenheit und Ideenklarheit oder wenigstens von philosophischem Talent, sich alle Vorkommenheiten zu generalisiren, dabei von festem Gedächtniß, lebhafter Combinationsgabe, Witz, Einbildungskraft, Schlauheit und Vorsicht, von einer sehr glücklichen Darstellungsgabe und von einer Seelenruhe oder einem Gleichmuth der (...) nicht mehr durch Lob und Tadel, Hoffnungen und Befürchtungen irgend erschüttert werden kann«*[5].

Den ausländischen Gesandten in München entging zwar nicht, dass sich seit 1814 eine Verschwörung gegen den Minister formierte, doch sie waren davon überzeugt, dass dessen starke Position beim König nicht wirklich ins Wanken zu bringen sein würde. An der Spitze der Verschwörung gegen Maximilian Joseph von Montgelas standen Kronprinz Ludwig, Feldmarschall Carl Philipp Fürst von Wrede und Georg Friedrich von Zentner, einer der wichtigsten Mitarbeiter von Montgelas. Die zur Tat drängende Kraft hinter diesem Komplott war zweifelsohne der Kronprinz. Ludwig fasste dies auch selbst so auf und war noch später stolz darauf: *»Nicht trieb Wrede mich, ich trieb ihn, daß er auf meinen Vater wirke, damit Montgelas von seiner Stelle entfernt werde und, – ich wiederhole, nicht er mich, wenn auch der teutsche Wrede des unteutschen Montgelas' Gegner war. Wrede äußerte mir, es wäre* *seiner Natur zuwider, den Sturz anderer zu bewirken«*[6]. Eine frondierende Kronprinzenpartei im eigentlichen Sinne gab es am bayerischen Königshof allerdings nicht. Die zum Umkreis Ludwigs gehörenden Persönlichkeiten bildeten keine geschlossen agierende oder konspirierende Partei. Dem Kronprinzen, seit seiner Jugend ein ausgemachter Franzosenfeind und dem Minister von jeher nicht gewogen, diente gerade Montgelas' Ruf als Freund Frankreichs als wichtiges Argument gegen den Staatsmann. Vor allem seit 1813 störte sich Ludwig an dem »undeutschen« System des Ministers. Der andere wichtige Mitspieler in diesem Komplott, Feldmarschall und Generalinspekteur Wrede, war hauptsächlich nicht damit einverstanden, dass sich Montgelas im Interesse der dringend notwendigen Schuldenabtragung gegen seine Pläne aussprach, die bayerischen Streitkräfte trotz des herrschenden Friedens zu verstärken. Angesichts der wegen einer schweren Hungerkrise in den Jahren 1816/1817 rückläufigen Steuereinnahmen war eine Aufstockung der Militärausgaben undenkbar. Montgelas sah sich außerstande, eine solche Erhöhung der Militärausgaben *»auf Pflicht und Gewissen nehmen«*[7] zu können. Wrede missfiel außerdem noch die hinauszögernde Taktik des Ministers bei der Verfassungsfrage.

Montgelas hatte König Max I. Joseph Ende Dezember 1816 nicht auf dessen Reise nach Wien begleitet, da er zu dieser Zeit krank und deshalb nur eingeschränkt arbeitsfähig war. Als der Monarch am 1. Februar 1817 nach München zurückkehrte, erschien dies den Verschwörern der geeignete Moment. Noch bevor Max Joseph seinem leitenden Minister einen Besuch abstatten konnte, erschien Fürst Wrede am 2. Februar unangekündigt bei dem König und erhob schwere Vorwürfe gegen Montgelas. Nach seiner Anklagerede überreichte er dem Herrscher den Brief des Kronprinzen vom 23. Januar 1817. In dem Brief an seinen Vater warf Ludwig dem Minister vor, dass er das Vertrauen im In- und Ausland verloren habe und das Ansehen der Krone herabsetze. Er machte ihn für den Zerfall der Finanzen verantwortlich und kritisierte den autoritären Regierungsstil von Montgelas. Als der Brief des Kronprinzen Wirkung beim König zeigte, präsentierte Wrede noch einen von Zentner und anderen eingeweihten Beamten erstellten Entwurf für eine Neuordnung der Staatsspitze. Den an dem Komplott Beteiligten glückte es, den leicht beeinflussbaren König dazu zu bringen, seinen verdienten Minister zu entlassen, ohne diesem die Chance zur Rechtfertigung gegen die mehrheitlich unbegründeten Vorwürfe einzuräumen. An Letzterem war dem Kronprinzen und Wrede besonders gelegen, da sie befürchteten, dass ein klärendes Gespräch zwischen dem Herrscher und Montgelas sonst ihre Pläne zunichtemachen würde.

Im Grunde war Max I. Joseph immer die einzige Stütze von Montgelas gewesen. Der völlig überrumpelte König ließ unter dem Druck der scheinbaren Fakten seinen langjährigen Vertrauten fallen. In einem persönlichen Schreiben des Königs wurde Montgelas seine Entlassung mitgeteilt: *»Ich habe schon vor meiner Abreise nach Wien die Überzeugung erhalten, daß eine dauerhafte Wiederherstellung Ihrer Gesundheit Ruhe und eine gänzliche Entfernung von anstrengenden Geschäften erfordert. Ich habe deshalb beschlossen, die Ihnen anvertrauten Portefeuillen der drei Ministerien, welche Sie seither versehen, drei anderen Individuen aus Meinen ersten Staatsbeamten provisorisch zu übertragen. Ich gebe Ihnen davon Nachricht mit der Versicherung, daß dieser Entschluß, zu dem Ich Mich ungerne bestimmt habe, aus keiner Ungnade, sondern aus wahrer*

*Theilnahme an Ihrem eigenen Wohl hervorgegangen ist. Ich werde die Dienste, welche Sie dem Staate geleistet haben, und die Beweise, welche Sie Mir von Ihrer Anhänglichkeit an Meine Person gegeben haben, nie vergessen. (…) Ihren Austritt aus Meinem aktiven ordentlichen Dienste werde Ich als von Ihnen selbst dringend von Mir gefordert bekannt machen lassen«*[8]. In der öffentlichen Bekanntmachung vom 2. Februar 1817 hieß es daher, dass der Minister aus gesundheitlichen Gründen um seine Entlassung gebeten habe. Gegenüber dem französischen Gesandten de la Garde äußerte sich der König bei dessen Antrittsaudienz ähnlich: *»Sie sind Zeuge einer großen Veränderung in meinem Ministerium. Sie war durch die Erkrankung des Herrn Montgelas seit drei Monaten nötig geworden. Es konnte nicht so weitergehen. Übrigens habe ich ihn sehr gut behandelt und war es ihm schuldig. Er hat mir große Dienste erwiesen und lange Zeit«*[9].

Die Entlassung des bis dahin scheinbar allmächtigen Ministers sorgte vielerorts für mehr oder weniger große Überraschung. Montgelas vermerkte dazu in seinen »Denkwürdigkeiten«: *»Dieses höchst unerwartete Ereignis erregte allenthalben Staunen und Überraschung. Man konnte nicht begreifen, wie ohne Grund, ja selbst ohne jeden Vorwand, plötzlich eine Landesverwaltung beseitigt wurde, welche seit 17 Jahren denkwürdige Ergebnisse erzielt, schwere Prüfungen bestanden und große Erfolge gewonnen hatte«*[10]. Die Vorkommnisse in München kommentierte der österreichische Staatskanzler Klemens Wenzel Lothar Fürst von Metternich gegenüber Kaiser Franz I. von Österreich sehr kritisch, obwohl er früher seinem Amtskollegen Montgelas und dessen Politik wenig wohlgesonnen war: *»Dieser Gewaltstreich ist sicher durch Sukzesse über den König gewonnen worden,* *welche Fürst Wrede und der Kronprinz auf den ersten Moment nach der Ankunft des Königs vorbereitet hatten, denn ich glaube bestimmt versichern zu können, daß der König von hier mit ganz verschiedenen Absichten abging. Für die Geschäfte ist hierin kein Gewinn«*[11]. Der Wahlschweizer, liberal eingestellte Politiker und Schriftsteller Heinrich Zschokke registrierte bei seinem Besuch in München kurz nach Montgelas' Entlassung voll Missfallen: *»Schadenfrohe Bosheit oder triumphirender Neid machten sich gegen ihn Luft, und mancher ehemalige Kriecher erhob sich auf den Zehen als stolzer Höhner«*[12].

Graf Montgelas, für den sein Sturz offenbar völlig unerwartet kam, musste sich damit abfinden, dass er nicht mehr an die Schalthebel der Macht zurückkehren konnte. Kronprinz Ludwig trieb allerdings bis zum Tod von Max I. Joseph immer wieder die Sorge um, dass der König seinen früheren Minister zurückholen könnte. Seit 1819 gehörte Montgelas als erblicher Reichsrat der von der neuen bayerischen Verfassung von 1818 geschaffenen Kammer der Reichsräte an. Er sah sich dafür als besonders qualifiziert an und betrachtete dies außerdem als eine Art Kompensation für seine brüske Entlassung: *»Viel Ergebenheit für die Person und den Dienst des Königs, ein wenig Erfahrung in den Staatsgeschäften, einige Kenntnisse in der Form beratender Versammlungen, in der Theorie der Gesetzgebung und dem, was bisher unser öffentliches Recht war«*[13]. Aus Gründen der Staatsräson unterstützte er später oft sogar seinen alten Gegner, den seit 1825 regierenden König Ludwig I., in Verhandlungen. Im Juni 1828 stellte der Monarch daher zufrieden fest: *»Mir gefällt, daß dieser Minister, obgleich von mir gestürzt (...) für mich ist, während andere, die mir Dank schuldig sind, in der Opposition sind«*[14]. Zwar hatte ihn Ludwig 1827 zum Zweiten Präsidenten der

Ersten Kammer Bayerns ernannt, doch nach seinem Tod am 14. Juni 1838 in München sorgte der König dafür, dass jeder lobende Nachruf auf Montgelas in der Kammer der Reichsräte unterblieb.

Der einstmals so einflussreiche Staatsmann fühlte sich durch die wenig rücksichtsvollen Umstände seiner Entlassung zutiefst getroffen und fertigte deshalb eine fast 2000 Seiten umfassende Rechtfertigungsschrift in französischer Sprache über seine Amtszeit an. Der Bericht, in dem er alle von ihm getroffenen Maßnahmen und die Beweggründe seiner Arbeit darlegte, trägt den Titel »Compte rendu au Roi sur la gestion des départements des affaires étrangères, des finances et de l'intérieur« (= Rechenschaftsbericht an den König über die Leitung der Departements der auswärtigen Angelegenheiten, der Finanzen und des Inneren). Maximilian Joseph von Montgelas hatte die Größe, Fehler einzuräumen, aber er war sich der Bedeutung seines Werkes für die Zukunft voll bewusst. Etwa zehn Jahre später verfasste er noch ebenfalls in französischer Sprache »Denkwürdigkeiten«. Zwar wurden einige von seinen weitgehenden Reformen wieder rückgängig gemacht, doch in ihren wesentlichen Zügen haben sie den bayerischen Staat bis heute nachhaltig geprägt.

Ansonsten beschäftigte er sich seit seinem Sturz in erster Linie mit der Verwaltung seiner umfangreichen Güter und Liegenschaften, unternahm Reisen oder suchte aus Gesundheitsgründen Kurbäder auf. Ein schwerer Schlag war für ihn 1820 der Tod seiner zwanzig Jahre jüngeren Gattin Ernestine, einer geborenen Gräfin Arco, die im Alter von noch nicht einundvierzig Jahren an Tuberkulose verstarb. Montgelas war seit dem Juni 1803 mit dieser gebildeten, emanzipierten Frau verheirat gewesen, die ihre Meinung stets offen und dabei nicht immer taktvoll zu vertreten pflegte. Trotz ihrer für reichlich Klatsch sorgenden Liebschaften hatte sie in schwierigen Situationen immer zu ihrem Ehemann gehalten. Nach der Entlassung des Ministers hatte die Gräfin wegen ihrer dazu an der Hoftafel unverblümt geäußerten Kritik an den Schuldigen, die sie als *»Spitzbuben«*[15] bezeichnete, Hofverbot erhalten. Montgelas ging keine weitere Ehe mehr ein, sondern widmete seine Aufmerksamkeit in der ihm noch verbleibenden eigenen Lebenszeit verstärkt der Erziehung der acht gemeinsamen Kinder.

## Anmerkungen

1 Zit. nach Eberhard Weis, Montgelas. Band II: Der Architekt des modernen bayerischen Staates. 1799–1838, München 2005, S. 485f.
2 Zit. nach Ebd., S. 479.
3 Zit. nach Eberhard Weis, Maximilian von Montgelas – ein Lebensbild, in: Bayern entsteht. Montgelas und sein Ansbacher Mémoire von 1796. Hrsg. von Michael Henker, Margot Hamm und Evamaria Brockhoff, Augsburg 1996, S. 37–44, hier S. 38.
4 Zit. nach Weis, Montgelas, S. 785.
5 Zit. nach Ebd., S. 762f.
6 Zit. nach Heinz Gollwitzer, Ludwig I. von Bayern. Königtum im Vormärz. Eine politische Biographie, München 1986, S. 208.
7 Zit. nach Weis, Montgelas, S. 769.
8 Zit. nach Ebd., S. 793f.
9 Zit. nach Adalbert Prinz von Bayern, Max I. Joseph von Bayern. Pfalzgraf, Kurfürst und König, München 1957, S. 749.
10 Zit. nach Weis, Montgelas, S. 803.
11 Zit. nach Gollwitzer, Ludwig I., S. 207.
12 Zit. nach Weis, Montgelas, S. 488.
13 Zit. nach Ebd., S. 815.
14 Zit. nach Adalbert Prinz von Bayern, Max I. Joseph, S. 751.
15 Zit. nach Weis, Montgelas, S. 805.

## Namensgeber eines Strafparagraphen

# Harry von Arnim-Suckow

In der so genannten Arnim-Affäre, die in den Anfangsjahren des zweiten deutschen Kaiserreichs für Aufsehen sorgte, erscheinen die beiden Kontrahenten, der Reichskanzler Fürst Otto von Bismarck und der Diplomat Harry Graf von Arnim-Suckow, in einem wenig günstigen Licht. Über weite Strecken fällt es in dieser mit allen Mitteln ausgetragenen politischen Auseinandersetzung schwer, zwischen Intrigant und Opfer zu unterscheiden, ja man gewinnt manchmal sogar den Eindruck, dass der übelste Ränkeschmied gegen den hohen Beamten im Auswärtigen Amt er selbst in seinem manchmal geradezu irrational anmutenden Verhalten war. Arnim wähnte sich offenbar die ganze Zeit über subjektiv völlig im Recht. Sein Gegenspieler Bismarck schoss mit seiner gnaden- und rücksichtslosen Verfolgung des Grafen, den er als notorischen Befehlsverweigerer exemplarisch bestrafen ließ, ebenfalls weit über das Ziel hinaus. Noch nach seinem Sieg verfolgte er Arnim weiter mit seinem Hass, obwohl er später im Rückblick behauptete, dass ihn *»keine persönliche Rachsucht«*[1] getrieben habe.

Harry Carl Curd Eduard Graf von Arnim-Suckow entstammte dem preußischen Landadel. Seine Eltern waren Christian Ernst und Friederike Auguste Elisabeth von Arnim. Er wurde am 3. Oktober 1824 als jüngstes von vier Kindern auf dem Gut Moitzelfitz in Hinterpommern geboren. Nach dem Tod des Vaters entwickelte sich sein Onkel Heinrich Alexander von Arnim-Suckow, der in den vierziger Jahren als preußischer Gesandter tätig war, zu einer wichtigen Bezugsperson für Harry. Bereits als Jugendlicher lernte er daher den diplomatischen Dienst kennen. Der sehr begabte und leistungswillige, dabei aber eitle, arrogante und intrigante junge Adelige brachte schon im Alter von zwanzig Jahren sein juristisches Doktorexamen *»mit unerhörtem Glanze«*[2] hinter sich. 1846 heiratete Harry von Arnim in erster Ehe Elise von Prillwitz, eine uneheliche Tochter des Prinzen August von Preußen aus dessen Verbindung mit Auguste Arend. Drei Jahre nach dem Tod seiner ersten Ehefrau ging Arnim 1857 eine zweite Ehe mit der Gräfin Sophie von Arnim aus dem Hause Boitzenburg ein. Am 28. Juli 1870 wurde er in den preußischen Grafenstand erhoben.

Seine 1850 begonnene diplomatische Laufbahn entfaltete sich vielversprechend. Noch vor Beginn des Kulturkampfes war der preußische Diplomat 1864 Gesandter Berlins am Heiligen Stuhl in Rom geworden. Arnim verfocht während des Vatikanischen Konzils 1869/1870 eine andere Auffassung über den Umgang mit dem Papsttum und der katholischen Kirche als der preußische Ministerpräsident Otto von Bismarck, was er sehr deutlich nach außen vertrat. Während Bismarck zunächst eine zurückhaltende Position bevorzugte, ereiferte sich Arnim wegen der päpstlichen Unfehlbarkeitserklärung und befürwortete ein energisches staatliches Gegensteuern. Zu Bismarcks großem Ärger teilten Wilhelm I. und dessen Gattin Augusta die Ansichten Arnims über die Konzilsfolgen. Trotz dieser ersten ernsten Verstimmungen zwischen Vorgesetztem und Untergebenem war Arnim seit März 1871 als Bevollmächtigter für die Geschäfte des Friedensschlusses an den Verhandlungen zu dem am 10. Mai 1871 abgeschlossenen Frieden von Frankfurt beteiligt, der den Deutsch-Französischen Krieg von 1870/1871 beendete. An Anerkennung für den befähigten Diplomaten fehlte es nicht. Seine im September 1872 erfolgte Ernennung zum Wirklichen Geheimen Rat verbunden mit dem Prädikat »Exzellenz« kann als Ausdruck der Würdigung seiner erfolgreichen Arbeit gewertet werden.

Der nach Einfluss lechzende, fachlich bisher auch durchaus von Bismarck geschätzte Diplomat wurde im August 1871 als außerordentlicher Gesandter für die französische Republik nach Paris geschickt, um im Dezember 1872 zum kaiserlichen Botschafter in Paris ernannt zu werden. Das über die einzuschlagende Kirchenpolitik bereits belastete Verhältnis Arnims zu seinem Vorgesetzten Bismarck geriet wegen der unterschiedlichen Auffassungen in der Frage der künftigen Staatsform Frankreichs endgültig aus dem Lot. Angesichts des nach dem Deutsch-Französischen Krieg von 1870/1871 ausgeprägten französischen Revanchismus plädierte Bismarck für eine Republik, um Frankreich für die europäischen Monarchien als Bündnispartner zu disqualifizieren. Außerdem versprach sich der Kanzler von einem republikanischen Frankreich instabile innenpolitische Verhältnisse, die das Land schwächen und so als potenzielle Gefahr für das deutsche Kaiserreich ausschalten würden. Der Kanzler betonte daher gegenüber Arnim: *»Unsere Aufgabe ist es gewiß nicht, Frankreich durch Konsolidierung seiner inneren Verhältnisse und durch Herstellung einer geordneten Monarchie mächtig und bündnisfähig für unsere bisherigen Freunde zu machen«*[3]. Der streng konservativen Vorstellungen huldigende Arnim trat dagegen für eine Restauration der Monarchie ein. Er glaubte, dass das deutsche Kaiserreich besser mit einem monarchisch regierten Frankreich als mit einer Republik auskommen würde. Diese legitimistische Idee fand auch ein positives Echo bei dem deutschen Kaiserpaar. Trotz mehrfach erfolgter eindeutiger Anweisungen des Kanzlers setzte sich Arnim über Bismarcks Direktiven hinweg. Verständlicherweise erboste es Bismarck, dass Arnim durch die subjektive Färbung seiner Berichte *»im Gegensatz mit der von mir bei Seiner Majestät vertretenen Richtung in Bezug auf unsere Politik in Frankreich«*[4] stand. Arnims Engagement zugunsten der monarchistischen Kräfte in Frankreich trug wohl mit dazu bei, dass der konservative Präsident Adolphe Thiers im Mai 1873 gestürzt wurde.

Harry von Arnim zeigte während der zunehmenden Differenzen mit Berlin wenig Neigung, die von Bismarck von seinen Diplomaten geforderte absolute Unterordnung unter seine Anordnungen zu befolgen: *»Meine Botschafter müssen einschwenken auf Kommando, wie die Unteroffiziere, ohne zu fragen: warum?«*[5] Dem selbstherrlichen Grafen hatte Bismarck in dieser Sache am 21. Januar 1874 eigens geschrieben, dass er *»von allen Agenten des Reichs im Auslande, auch von den höchstgestellten, ein höheres Maaß von Fügsamkeit gegen meine Instruktionen und ein geringeres Maaß von selbständiger Initiative und von Fruchtbarkeit an eigenen politischen Ansichten«* beanspruchen würde, *»als dasjenige, welches Ew. Excellenz bisher Ihren Berichterstattungen und Ihrem amtlichen Verhalten zu Grunde legen«*[6]. Die uns heute selbstverständlich erscheinende Tatsache, dass sich Botschafter ganz nach der Politik des Ministers zu richten haben, entsprach nicht unbedingt der Praxis im 19. Jahrhundert, als das diplomatische Personal wie auch die Minister im Allgemeinen alle dem Adel entstammten und der Aufstieg vom Gesandten zum

Minister häufig war. Die damaligen Diplomaten waren es im Gegensatz zu ihren modernen Berufsgenossen gewohnt, sehr viel selbständiger eigene Auffassungen zu vertreten und die Außenpolitik mit zu beeinflussen. Arnim sah sich nicht als Vertreter der Politik Bismarcks, sondern seines Kaisers, auf dessen Sympathien er baute.

Nach dem Sturz der französischen Regierung Thiers im Mai 1873 verschärfte sich die Tonlage zwischen dem Kanzler und dem Botschafter. Sachlich war es natürlich nicht tragbar, dass ein Angehöriger des Auswärtigen Dienstes sich nicht an die ihm vorgegebenen Instruktionen hielt, aber in dem an Fahrt gewinnenden Konflikt zwischen den beiden Männern spielten auch andere Faktoren eine wichtige, wahrscheinlich sogar ausschlaggebende Rolle. Fürst von Bismarck entging nicht, dass Arnim in engem Kontakt zu den ihm gegenüber inzwischen feindlich eingestellten Altkonservativen stand und sich für eine Entschärfung des seit Juni 1871 geführten »Kulturkampfes« mit dem politischen Katholizismus aussprach. Angeblich spekulierte der Graf auch auf das Amt des Reichskanzlers. Der von Haus aus misstrauische Bismarck argwöhnte außerdem, dass sich der Graf auf intrigante Weise bei Kaiser Wilhelm I. und Kaiserin Augusta einschmeichelte. Es war für Bismarck nicht hinnehmbar, dass ein Botschafter mit seinen Berichten mehr Eindruck auf den Kaiser machte als er selbst mit seinen Argumenten. Die Machtposition des Reichskanzlers, die keine parlamentarische Legitimation besaß, beruhte auf der Gunst und dem Vertrauen des Kaisers. Er war nicht bereit, das Ohr des Kaisers »zu teilen« und mit seinem Untergebenen auf einer Stufe zu stehen, wie er Wilhelm I. im April 1873 schrieb: *»So gern ich Eurer Majestät Dienst auch den Rest meiner Kräfte noch* *widme, so kann ich mir doch nicht verhehlen, daß derselbe sehr schnell verbraucht sein wird, wenn ich unter dem schmerzlichen Gefühle leide, mit einem Manne, wie Graf Arnim, um Eurer Majestät Vertrauen ringen zu sollen, nachdem ich dasselbe so lange Jahre ungeschmälert besessen und meines Wissens niemals getäuscht habe«*[7]. Prinzipiell missfiel dem Kanzler, dass Arnim, auf das traditionelle Recht der Botschafter zum Immediatbericht und zum persönlichen Vortrag gestützt, den direkten Kontakt und die Einflussnahme auf den Kaiser nutzen wollte, um seine von Bismarck abweichenden politischen Auffassungen durchzusetzen. Den von dem Kanzler vertretenen Alleinanspruch auf die verantwortliche Beratung des Herrschers betrachtete Arnim dagegen als »Ministerialdespotismus«. Den Unmut des Fürsten erregten überdies noch die guten Kontakte Arnims zu der Kaiserin Augusta, einer erklärten Feindin der von Bismarck vertretenen Politik. Er witterte dahinter eine »Palastintrige«. Dass Augusta den Botschafter *»für den begabtesten unserer Gesandten«*[8] hielt, machte die Angelegenheit nicht besser. Bismarck sorgte daher dafür, dass der unbotmäßige Arnim im März 1874 aus Paris abberufen wurde. Als neuer Dienstposten war für ihn die Gesandtschaft in Konstantinopel vorgesehen. Wie diese Versetzung zu verstehen war, machte der rasch durch die Presse verbreitete Kommentar Bismarcks deutlich: *»So wie ein Gesandter nach Konstantinopel geht, wird er mit den übrigen gleich verrückt«*[9].

Arnim entschied sich nun dafür, eine Zeitungskampagne gegen Fürst Bismarck zu eröffnen, die bald zu einem regelrechten Pressekrieg mutierte, als Bismarck mit Gegenartikeln reagierte. Über verdeckte Kanäle lancierte Arnim Artikel, die ihn im Zusammenhang mit der Kirchenpolitik des

Kanzlers als den im Vergleich zu Bismarck vorausschauenderen Politiker in der Öffentlichkeit präsentieren sollten. Der Kanzler erregte sich gegenüber Wilhelm I., *»daß irgendein Beamter, ohne die Autorisation Euer Majestät Regierung über Verhältnisse und Tatsachen öffentlich sich ausspreche, von denen derselbe nur durch seinen amtlichen Charakter Kenntnis hat. Eine öffentliche Polemik eines noch im Dienste befindlichen Diplomaten gegen die Politik seiner eigenen Regierung ist aber in allen organisierten Staaten unzulässig und strafbar, und tatsächlich kaum erhört«*[10]. Arnim stritt allerdings seine Beteiligung an der journalistischen Kampagne gegen die eigene Regierung ab. Am 15. Mai 1874 wurde Arnim in den einstweiligen Ruhestand versetzt. Durch eine von Bismarck veranlasste amtliche Untersuchung über frühere Pressekontakte Arnims wurde der Botschafter einer wissentlichen Falschmeldung mittels Presse im Jahr 1872 überführt, was ihn das bisherige kaiserliche Wohlwollen kostete und generell einen schlechten Eindruck hinterließ. Bismarck stand hingegen als Sieger da.

Zu seinem und seiner Familie großen Unglück berücksichtigte Harry von Arnim in dieser kritischen Lage nicht die dringliche Empfehlung seines Schwagers Hermann Graf von Arnim-Boitzenburg, der ihm riet, einen Skandal zu vermeiden, um *»einen untadelhaften Namen und Ruf für die Zukunft in die Waagschale der Reichskanzlerkandidatur legen zu können«*. Mit dem von dem Schwager propagierten *»anständigen Rückzug«*[11] konnte er sich nicht anfreunden und verkannte total, dass er damit seinem ihm überlegenen Gegner in die Hände spielte.

Als er Paris im Mai 1874 endgültig verließ, nahm Arnim auch eine Reihe von Unterlagen aus der Botschaft mit. Angeblich hatte er bereits im Oktober 1873 geäußert: *»Ich werde meinen Abschied niemals nehmen; geben wird man ihn mir nicht und zur Disposition stellen wird man mich auch nicht, denn ich habe allerlei Schriftstücke hinter mir, deren Veröffentlichung dem Fürsten Bismarck nicht angenehm sein würde«*[12]. Auf die im Juni 1874 erfolgte Aufforderung zur Rückgabe dieser Dokumente gab er einen Teil der fehlenden Papiere an das Auswärtige Amt zurück. Über den noch ausstehenden Rest und deren Verbleib äußerte er sich dagegen nur vage und wenig glaubhaft. Bei siebzehn der wichtigsten Dokumente erklärte er, dass er sie als Teil seiner Personalakten und persönliches Eigentum betrachte, weil sie *»in dem persönlichen Konflikt, in welchen ich mit dem Herrn Reichskanzler geraten bin, ihren Ursprung haben«*[13]. Das Auswärtige Amt lehnte diese Auffassung entschieden ab und drohte dem ehemaligen Reichsbeamten, *»daß Ihr desfälliges Verhalten geeignet ist, nicht bloß ein disziplinarisches, sondern auch ein strafrechtliches Verfahren«*[14] zu bewirken.

Harry von Arnim scheint sich nicht klar darüber gewesen zu sein, welch ideale Angriffsfläche er durch sein ungeschicktes Verhalten bot. Er offerierte dem Reichskanzler geradezu die Gelegenheit, sich ein für alle Mal des lästigen Kontrahenten zu entledigen. Bismarck konnte so den Versuch Arnims, sich zum Sprachrohr der Gegner des Kanzlers aufzuwerfen und politischen Einfluss zu gewinnen, jeglichen Boden entziehen. Um dem Grafen Arnim eine Rückkehr auf die politische Bühne für immer zu verbauen, reichten dienstliche Maßnahmen und disziplinäre Mittel nicht aus. Der ihm im Machtkampf nicht gewachsene Botschafter sollte daher auch gesellschaftlich desavouiert werden. Unter dem Vorwurf der Veruntreuung von diplomatischen Aktenstücken wurde ein Strafverfahren gegen Harry von Arnim eröffnet.

Nach einer ergebnislosen Hausdurchsuchung auf seinem Gut Nassenheide in der Uckermark am 4. Oktober 1874 wurde Graf Arnim in Untersuchungshaft genommen und erst gegen Zahlung einer sehr hohen Kaution am 27. Oktober aus Gesundheitsgründen wieder freigelassen, um dann aber unter Hausarrest gestellt zu werden. Nach außen hin entstand auf diese Weise der Eindruck, dass der Spitzenbeamte aus vornehmstem Adel schwere Straftaten begangen haben musste, während er in Wirklichkeit nur wegen vorsätzlicher Beiseiteschaffung von ihm amtlich anvertrauter Urkunden angeklagt wurde. Dieser bemerkenswert rüde Umgang mit einem Mitglied der gesellschaftlichen Elite überraschte, wie die »Magdeburgische Zeitung« festhielt: *»Es ist nicht ein Sozialdemokrat, nicht ein Jesuit, sondern ein hervorragender Diplomat, der gehascht worden ist«*[15].

Der mehrtägige Prozess vor dem Stadtgericht Berlin verurteilte Arnim wegen Verwahrungsbruchs am 19. Dezember 1874 zu drei Monaten Gefängnis, wovon ein Monat durch die erlittene Untersuchungshaft für verbüßt angesehen wurde. Das Gericht erkannte die Urkundeneigenschaft der infrage stehenden Schriftstücke nicht an, wie ja generell der Urkundenbegriff zu den schwierigsten Aspekten des Strafrechts gehört. Durch den Prozess wurde zudem deutlich, dass es keineswegs klare Richtlinien für die Archivierung bei den deutschen Botschaften gab. Beide Seiten hatten während des Prozesses großen Wert auf Öffentlichkeit gelegt, um so die Meinungsbildung weiter Kreise in ihrem Interesse beeinflussen zu können. Die große Publizität des Falls sorgte in der Tat dafür, dass achtundvierzig Zeitungen Korrespondenten in den Gerichtssaal entsandten. Um den Andrang der Zuhörer regulieren zu können, mussten Einlasskarten ausgegeben werden. Das Bild, das sich die Zuhörer und Medien von dem Angeklagten machen konnten, war für Arnim nicht günstig. Er stand als der Blamierte da, der über weite Strecken hin unglaubwürdig wirkte. Für einen politisch so ambitionierten Mann wie ihn stellte der Prozess ein Desaster dar. Den damaligen Pressekommentaren nach zu urteilen, ging folglich Bismarcks Rechnung voll auf.

Den drohenden Konsequenzen aus dem Strafverfahren entzog sich Harry von Arnim, indem er seinen Aufenthaltsort ins Ausland verlegte. Bei den nachfolgenden Prozessen trat er selbst nicht mehr in Erscheinung, sondern ließ sich durch seine Anwälte vertreten. In zweiter Instanz wurde der Prozess vor dem Königlichen Kammergericht in Berlin verhandelt. Er endete am 24. Juni 1875 mit der Verurteilung des Grafen zu einer Zuchthausstrafe von neun Monaten. Außerdem hatte Arnim die Kosten beider Verfahren zu tragen. Da die fraglichen Schriftstücke dieses Mal als Urkunden bewertet wurden, wurde der ehemalige Diplomat zwar vom Vorwurf des Verwahrungsbruchs freigesprochen, aber der vorsätzlichen Beiseiteschaffung ihm anvertrauter Urkunden für schuldig befunden. In der dritten Instanz wurde Arnims Nichtigkeitsbeschwerde am 20. Oktober 1875 vom Obertribunal verworfen, und das Urteil zweiter Instanz wurde somit rechtskräftig.

Der Fall des Grafen Arnim ging auch in die Gesetzgebung ein. Unter Bezugnahme auf das Strafverfahren gegen den Ex-Diplomaten wurde im Februar 1876 der Paragraph 353a nachträglich in das deutsche Strafgesetzbuch aufgenommen. Diese inoffiziell »Arnim-Paragraph« genannte Strafvorschrift bedroht Vertrauensbruch im auswärtigen Dienst mit Strafe. Für die Beamten des Auswärtigen Amtes wurde damit im Gegensatz zu den übrigen Beamten eine Sonderregelung geschaffen, da die in dem Paragraphen unter Strafandrohung gestellten Handlungen sonst nur als typische Dienstvergehen geahndet wurden. Dass diese Strafnorm im Nachhinein eingefügt wurde, unterstreicht in mancher Hinsicht, dass die strafrechtliche Grundlage bei dem Verfahren gegen Arnim doch eher schwach und die Rechtslage bis dahin zumindest unklar gewesen war. Schon bald wurde deshalb der Verdacht geäußert, dass im Fall Arnim die Justiz missbraucht wurde, um im politischen Machtkampf einen unliebsamen Konkurrenten mundtot zu machen. Nicht selten wurde die Meinung vertreten, dass wegen der Aktenentnahme ein Disziplinarverfahren angemessener gewesen wäre. Es darf dabei aber nicht vergessen werden, dass sich Harry von Arnim wegen der von ihm erhobenen unberechtigten Anschuldigungen in der Presse und der Wegnahme und Veröffentlichung dienstlicher, teilweise sogar geheimer Akten selbst ins Unrecht setzte. Zum Märtyrer taugt er deshalb nicht.

Die Arnim-Affäre war damit durchaus nicht ausgestanden. Gegen Harry von Arnim wurde noch ein Disziplinarverfahren angestrengt. Er wurde von der Disziplinarkammer Potsdam verschiedener Dienstvergehen für schuldig befunden, was seine Entlassung nach sich zog. Dieses Urteil vom 27. April 1876, gegen das Arnim Berufung einlegte, wurde in der nächsten Instanz vom Deutschen Reichs-Disziplinarhof in Leipzig im März 1877 bestätigt. Arnim verlor dadurch alle seine Gehalts- und Pensionszahlungen sowie seine Titel.

Arnim führte vom Ausland aus seinen publizistischen Kampf gegen Bismarck weiter, der amokartige Züge annahm. Im November 1875 gelangten erste Exemplare der anonymen Broschüre »Pro Nihilo. Vorgeschichte des Arnim'schen Processes« zum Versand. Höchstwahrscheinlich war Arnim ihr Verfasser oder kann doch zumindest als ihr intellektueller Urheber gelten. Die einhundertfünfundsiebzig Seiten umfassende Broschüre enthielt in einzelnen Passagen heftige Attacken auf Bismarck und Kaiser Wilhelm I., außerdem stützte sie sich auf bisher noch nicht publiziertes diplomatisches Schriftgut. Eine französische und eine englische Übersetzung der als Rehabilitierung Arnims gedachten Broschüre folgten. Zwar erregte diese Schrift viel Aufmerksamkeit, aber dem ramponierten Ruf des früheren Diplomaten schadete sie eher und wurde überwiegend als endgültiger moralischer Selbstmord des Adeligen gewertet.

Die Broschüre »Pro Nihilo« forderte prompt ein neues Gerichtsverfahren vor dem Urteilssenat für Staatsverbrechen beim Königlichen Kammergericht in Berlin heraus. In dem geheimen Strafprozess wurde Harry von Arnim wegen Landesverrats und Majestätsbeleidigung sowie Beleidigung des Fürsten Bismarck und des Auswärtigen Amtes angeklagt. Der Vorwurf des Landesverrats stützte sich auf Aktenzitate in der Broschüre und einige Amtshandlungen in der Pariser Zeit. Ob Arnims Verhalten als bewusst »reichsschädlich« einzuschätzen ist, ist schwer zu beurteilen. Das Nichterscheinen des Angeklagten wurde jedenfalls als Schuldeingeständnis aufgefasst. Seinen Verteidigern war das Wort in der nur einstündigen Verhandlung entzogen. Am 5. Oktober 1876 wurde er in Abwesenheit zu fünf Jahren Gefängnis und zur Übernahme der Gerichtskosten verurteilt. Die Broschüre wurde verboten, deren bereits erschienene Exemplare waren einzuziehen. Die gegen das Urteil eingelegte Beschwerde wurde zurückgewiesen. Verfahren und Urteil waren in der Öffentlichkeit nicht unumstritten. Bismarck focht dies nicht an. Er vertrat gegenüber dem englischen Botschafter die Meinung, dass Arnim ein Mann sei, *»der seinen eigenen Vater vergiften könnte. Er ist reif für den Galgen und hätte schon lange daran hängen müssen«*[16].

Harry von Arnim war immer noch nicht gewillt, seinen Kampf aufzugeben. Geradezu manisch versuchte er, eine Wende herbeizuzwingen. Er publizierte weitere Broschüren, die im Ton zwar zurückhaltender ausfielen, in der Sache aber weiterhin den Reichskanzler und seine Politik angriffen. Die neuen Schriften zogen keine weitere Strafverfolgung nach sich, aber sie provozierten mehrere Gegendarstellungen und sorgten dafür, dass es in der Arnim-Affäre zu keiner wirklichen Beruhigung kam. Erreichen konnte Arnim damit jedoch nichts.

Ein Gnadengesuch der weitverzweigten, hoch angesehenen und sich um das Haus Hohenzollern verdient gemachten Familie von Arnim, die sich durch die ganze Affäre zutiefst brüskiert sah und deshalb zum größten Teil scharf Position gegen Bismarck und das in ihren Augen willkürliche Verfahren bezogen hatte, wurde am 19. Februar 1876 durch den Kaiser abgelehnt. Diese Abweisung verwundert nicht, da gerade die Broschüre »Pro Nihilo« erschienen war. Aus Solidarität mit ihrem Angehörigen und aus Protest gegen dessen Behandlung reichten einige Familienmitglieder Rücktrittsangebote vom Staatsdienst ein. Besonders weit ging dabei Harry von Arnims Freund und Schwager Hermann Graf von Arnim-Boitzenburg, der sich zu einem bismarckfeindlichen Artikel in der Zeitschrift »Die Reichsglocke« hinreißen ließ, was ihm im November 1877 in zweiter Instanz eine Gefängnisstrafe von vier Wochen eintrug. Ein Gnadengesuch von Arnims Schwiegermutter vom 12. Juni 1877 sowie eine Eingabe von Arnim selbst wurden von Wilhelm I. unter dem Hinweis auf dessen mangelndes Schuldeingeständnis bzw. Reue abgelehnt.

Harry von Arnim-Suckow kehrte nie mehr nach Deutschland zurück. Sein Lebensende war geprägt von einer tiefen Verbitterung und gestaltete sich daher wenig erfreulich. Er war nicht bereit zu akzeptieren, dass er selbst ein gerütteltes Maß Schuld an seiner verfahrenen Situation trug. Er beharrte darauf, sich bis zuletzt einzig als Opfer eines Rachefeldzugs von Bismarck zu sehen. Die Schriftstellerin und Wegbereiterin der frühen Frauenbewegung Malwida von Meysenburg, die ihn im Frühjahr 1881 in Sorrent traf, zeichnet in ihren Erinnerungen ein trauriges Bild von dem gescheiterten Frondeur: *»Da entlud sich das Herz des schwer Gekränkten in bitteren Äußerungen über das Unrecht, das ihm nach seiner Ansicht geschehen war, und in Ausdrücken des tiefsten, unversöhnlichen Hasses gegen den, welchen er für den Urheber der erlittenen Verfolgungen hielt. Er war ein gebrochener, schwer leidender Mann, konnte nichts tun, um sich zu rächen, und das Gefühl seiner Ohnmacht lastete schwer auf ihm«*[17]. Am 19. Mai 1881 verstarb er im Alter von sechsundfünfzig Jahren an den Folgen seiner schweren Zuckererkrankung im südfranzösischen Nizza.

## Anmerkungen

1 Zit. nach Gerhard Kratzsch, Harry von Arnim. Bismarck-Rivale und Frondeur. Die Arnim-Prozesse 1874–1876, Göttingen, Frankfurt am Main, Zürich (1974), S. 1.

2 Zit. nach Ebd., S. 6.
3 Zit. nach Heinz Wolter, Harry von Arnim. Rivalisierender Diplomat und konservativer Frondeur, in: Gustav Seeber (Hrsg.), Gestalten der Bismarckzeit, Berlin 1978, S. 286–305, hier S. 289.
4 Zit. nach Franz Herre, Bismarck. Der preußische Deutsche, Köln 1991, S. 381.
5 Zit. nach Kratzsch, Harry von Arnim, S. 9.
6 Zit. nach Fritz Münch, Bismarcks Affäre Arnim. Die Politik des Diplomaten und die Verantwortlichkeit des Staatsmannes, Berlin 1990, S. 54.
7 Zit. nach Ebd., S. 52.
8 Zit. nach Wolter, Harry von Arnim, S. 288.
9 Zit. nach Ebd., S. 296.
10 Zit. nach Kratzsch, Harry von Arnim, S. 57.
11 Zit. nach Ebd., S. 63.
12 Zit. nach Wolter, Harry von Arnim, S. 298.
13 Zit. nach Ebd., S. 299.
14 Zit. nach Ebd., S. 299.
15 Zit. nach Ebd., S. 286.
16 Zit. nach Herre, Bismarck, S. 382.
17 Malwida von Meysenburg, Der Lebensabend einer Idealistin, Berlin und Leipzig 1910, S. 144.

## Entmachtung eines Märchenkönigs

# Ludwig II. von Bayern

*»Ein ewiges Rätsel bleiben will ich mir und anderen«*[1]. Kaum ein anderer Ausspruch des als »Märchenkönig« in die Geschichte eingegangenen Königs Ludwig II. von Bayern sollte sich mehr bewahrheiten. Ludwig wurde am 25. August 1845 als ältester Sohn des bayerischen Kronprinzen Maximilian und der preußischen Prinzessin Marie in Schloss Nymphenburg bei München geboren. Bereits mit achtzehneinhalb Jahren folgte er seinem unerwartet früh verstorbenen Vater, König Maximilian II., auf den bayerischen Thron. Als er am 10. März 1864 zum König ausgerufen wurde, war der übertrieben ichbezogene, noch unreife Prinz nur ungenügend auf sein Amt als Herrscher eines deutschen Mittelstaates vorbereitet. Im Gegensatz zu vielen seiner europäischen Fürstenkollegen hatte Ludwig bei seinem Regierungsantritt weder ein Universitätsstudium absolviert noch konnte er Auslandserfahrungen vorweisen oder auf Kenntnisse aus der Verwaltungs- und Regierungspraxis zurückgreifen. Bei seiner Eidesleistung am 11. März im Sitzungssaal der Münchner Residenz beeindruckte Ludwig II. die Anwesenden mit seinen Worten: *»Groß und schwer ist die mir gewordene Aufgabe. Ich baue auf Gott, daß er mir Licht und Kraft schicke, sie zu erfüllen. Treu dem Eid, den ich soeben geleistet und im Geist unserer fast ein halbes Jahrhundert bewährten Verfassung will ich regieren. (...) Unterstützen Sie mich alle in meinen inhaltsschweren Pflichten«*[2].

Bei den Trauerfeiern für seinen verstorbenen Vater trat der neue König erstmals in der Öffentlichkeit auf und faszinierte seine Untertanen durch sein gutes Aussehen. *»Zunächst gewann der neue Fürst die Menge durch seine Schönheit«*[3], konnte der Dichter Karl August Heigel daher feststellen. Zu Beginn seiner Regierungszeit widmete sich Ludwig II. voll Eifer seinen staatsmännischen Pflichten und Aufgaben. Bald schon sollten ihm aber seine persönlichen Interessen und Leidenschaften wichtiger werden, denn er musste erkennen, dass er als konstitutioneller Monarch nicht unbeschränkt herrschen konnte. Seine gegenüber dem Großvater, dem abgedankten König Ludwig I. von Bayern, geäußerte Meinung über seine königliche Machtfülle stimmte nicht mehr mit dem Zeitgeist überein: *»Ich bin der König, und was mir zu tun gefällt, ist wohl getan, so muß jeder gute Untertan denken und sich dem Herrscherwillen unterwerfen«*[4]. Im Königreich Bayern war die Staatsbürokratie im Besitz der eigentlichen Macht und zog den autokratischen Bedürfnissen des Königs enge Grenzen. Die meist dem liberalen Umfeld entstammenden Minister Ludwigs konnten weitgehend die Politik des Königreichs bestimmen. An einer Weiterentwicklung des Parlamentarismus zeigte Ludwig daher keinerlei Interesse. Er ging dazu über, nur noch schriftlich mit den Ministern über seinen Kabinettssekretär zu kommunizieren. Seinen politischen und administrativen Regierungspflichten kam er trotzdem immer bis zu seinem letzten Regierungstag am 8. Juni 1886 nach. In der Öffentlichkeit entstand allerdings der Eindruck, dass er seinen herrscherlichen Pflichten nicht mehr Genüge tat, weil er sich zunehmend den von ihm als lästig empfundenen Repräsentationspflichten entzog und für sein Volk kaum noch in der Öffentlichkeit präsent war. Die Art und

Weise, wie er sich nach Möglichkeit von seinem Königsamt absonderte, entsprach nicht den Normen seiner Zeit. Sein Besuch bei der Generalprobe der Bayreuther Festspiele im Jahr 1876 war sein letzter halbwegs öffentlicher Auftritt. Ludwig entfloh tunlichst der in seinen Augen traurigen, profanen Gegenwart und tauchte in eine Welt der Fantasie ab. Aus tiefstem Herzen lehnte er *»das mir sehr zuwidere 19. Jahrhundert«*[5] ab. Seine Residenzstadt München mit der dort lebenden höfischen und bürgerlichen Gesellschaft suchte der wie sein Vater an Angstkrisen leidende König so selten wie möglich auf. Sein Credo war: *»Auf den Bergen ist Freiheit und überall, wo der Mensch nicht hinkommt mit seiner Qual«*[6].

Der an militärischen Fragen wenig interessierte König, der auch zeitlebens zivile Kleidung bevorzugte, musste innerhalb relativ kurzer Zeit sein Land in zwei Kriege führen. Mit seinen Friedensvorstellungen stand Ludwig II. im so genannten Deutschen Krieg von 1866 ziemlich isoliert da. Nach der bayerischen Niederlage an der Seite Österreichs und der anderen deutschen Mittelstaaten im deutschen Bruderkrieg näherte er sich, durch die äußeren Umstände gezwungen, im Reichsgründungsprozess Preußen an. Trotz seines Friedenswunsches beteiligte er sich 1870 wegen des Schutz- und Trutzbündnisses mit Preußen am Deutsch-Französischen Krieg. Gegen die Zusicherung von Sonderrechten trat Bayern 1871 dem Deutschen Reich bei, und Ludwig II. akzeptierte die unvermeidbar gewordene Kaisererhebung des preußischen Königs Wilhelm I., was er als *»Akt von politischer Klugheit, ja von Notwendigkeit im Interesse der Krone und des Landes«*[7] hinnahm. Am 30. November 1870 schrieb er den von dem preußischen Ministerpräsidenten Otto von Bismarck entworfenen so genannten Kaiserbrief an den preußischen König, in dem er als zweitgrößter Bundesfürst Wilhelm I. aufforderte, den Titel eines Deutschen Kaisers anzunehmen. Bismarck ließ ihm dafür seit 1873 geheime Geldzahlungen aus dem von ihm verwalteten »Welfenfonds« zukommen, jener 1866 von Preußen erbeuteten Kasse des Königreichs Hannover. Insgesamt erhielt Ludwig im Lauf der Jahre fünf Millionen Mark. König Ludwig II. fand sich nur ungern mit dem Kaiserreich ab, weshalb er zeitweise erwog, zugunsten seines zwei Jahre jüngeren Bruders Otto abzudanken. Er war sich nur zu bewusst, dass dies das Ende des alten Bayern war: *»Wehe, daß gerade ich zu solcher Zeit König sein mußte, selbst genötigt war, um gerade im bayrischen Interesse, jene schmerzlichen Opfer zu bringen«*[8].

Neben seinem großen Interesse an aktuellen wissenschaftlichen Fragen galt seine Aufmerksamkeit in erster Linie dem musikalischen Schaffen des Komponisten Richard Wagner, den er bereits wenige Monate nach seiner Thronbesteigung nach München holte und großzügig förderte. Als Ludwig im Alter von fünfzehn Jahren im Februar 1861 erstmals die Oper »Lohengrin« von Wagner gehört hatte, war er zutiefst ergriffen. Die Gesamtkunstwerke Wagners sprachen die romantischen Saiten Ludwigs an. Wagner stellte allerdings nüchtern fest: *»Der König ist ganz unmusikalisch und nur mit einem poetischen Gemüt begabt«*[9]. Auf ausdrücklichen Wunsch der Staatsregierung, seiner eigenen Familie, der Hofgesellschaft und des Großteils des Münchner Bürgertums musste er sich von dem unbeliebten Wagner im Dezember 1865 trennen. Trotz dieser Trennung erlebten mehrere bedeutende Wagner-Opern ihre Uraufführung im Münchner Nationaltheater, obwohl sich das Verhältnis zwischen »Meister« und »Jünger« eintrübte. Ungeachtet der Tatsache, dass er ursprünglich von diesem Plan nicht angetan war, leistete Ludwig II. trotz der eigenen angespannten finanziellen Kassenlage für das zwischen 1872 und 1875 erbaute Richard-Wagner-Festspielhaus in Bayreuth eine Bürgschaft. Seit 1872 ließ sich der öffentlichkeits- und menschenscheue König die Opern von Wagner, aber auch Schauspiele und Opern anderer Komponisten in teuren Separatvorstellungen ohne Publikum vorführen: *»Ich will selbst schauen, aber kein Schauobjekt für die Menge sein!«*[10]

Seiner außerordentlichen Bauleidenschaft verdankt Bayern die Schlösser Linderhof, Neuschwanstein und Herrenchiemsee, die heute beliebte Touristenmagnete sind. Unter den Wittelsbacher Fürsten zählt er zu den größten Bauherren. In diesen Bauten wurden seine Vorstellungen vom Grand Siècle Frankreichs, von der germanisch-mittelalterlichen Mythenwelt Richard Wagners und vom Märchenzauber des Orients Wirklichkeit. Bei Ludwigs Schlossbauten, die dem allseits bevorzugten eklektischen und pompösen Schlossbaustil der zweiten Hälfte des 19. Jahrhunderts entsprachen, kamen modernste Technologien wie etwa Stahlbau oder Zentralheizung zur Anwendung. Das Münchner Kunstgewerbe verdankt seinen enormen Aufschwung den königlichen Aufträgen. Durch die umfangreichen Bauarbeiten wurde außerdem die Bevölkerung in den strukturschwachen Gebieten, in denen die Schlösser entstanden, in Lohn und Brot gesetzt. Ludwig II. entwickelte selbst die Konzeptionen für seine Bauten. Bis ins kleinste Detail überwachte er die Ausführung. *»Oh, es ist notwendig, sich solche Paradiese zu schaffen, solche poetischen Zufluchtsorte, wo man auf einige Zeit die schauderhafte Zeit, in der wir leben, vergessen kann«*[11], schrieb er 1869. Bauen wurde für ihn Daseinszweck. Ludwigs Schlösser waren ausschließlich ihm vorbehalten, sie sollten nicht vom Blick des Volkes »besudelt« werden. Dass seine Schlösser schon bald nach seinem Tod der Öffentlichkeit zugänglich gemacht wurden, hätte nie seine Zustimmung gefunden. Abgesehen von den Schlössern ließ sich der König auf dem Schachen im Wettersteingebirge das so genannte Königshaus, ein alpines Holzhaus, errichten. Daneben entstanden in seinem Auftrag mehrere Berghütten nach dem Vorbild von Bühnenbildern aus Wagners Opern. In seinen letzten Lebensjahren plante er noch die im gotischen Stil gehaltene Burg Falkenstein bei Pfronten und ein Chinesisches Sommerschloss am Plansee.

*»Du bist ein glücklicher Mensch, Dir kann kein Weib widerstehen«*[12]. Mit dieser neidvollen Feststellung seines Großvaters Ludwig I. konnte der umschwärmte junge bayerische König nur wenig anfangen. Seine aus einem persönlich-spontanen Entschluss heraus geschlossene Verlobung mit seiner Verwandten Herzogin Sophie Charlotte in Bayern löste er im Oktober 1867 zur großen Empörung seiner Verwandtschaft und des Hochadels auf. Aufgebracht schrieb Sophie Charlottes ältere Schwester, Kaiserin Elisabeth von Österreich: *»Es gibt keinen Ausdruck für ein solches Benehmen. Ich begreife nur nicht, wie er sich wieder sehen lassen kann in München, nach allem, was vorgefallen ist. Ich bin nur froh, daß Sophie es so nimmt, glücklich hätte sie weiß Gott mit so einem Mann nicht werden können«*[13]. Wegen seiner streng religiösen, bigotten Erziehung litt Ludwig unter seinen homoerotischen Neigungen, die er zu überwinden versuchte. Der narzisstisch veranlagte König wollte wie die Wagner'schen Bühnenhelden sein: keusch, wahr und schön.

Ludwigs Verhalten nahm in seinen letzten Lebensjahren immer sonderbarere Züge an: Er lebte völlig zurückgezogen, ja vereinsamt auf seinen Schlössern, trank Unmengen von Champagner und Cognac. Seine einstmals eindrucksvolle Erscheinung und sein schönes Gesicht gingen verloren. Ludwig wurde aufgedunsen und unförmig. Seine schadhaft gewordenen Zähne, die er nicht durch ein künstliches Gebiss ersetzen lassen wollte, beeinträchtigten zusätzlich sein Äußeres und bereiteten ihm häufig Schmerzen. Er ließ sich immer mehr gehen und vernachlässigte seine Kleidung. Durch seine Neigung, die Nacht zum Tag zu machen, gestaltete sich der Umgang mit ihm schwierig. Seine Dienerschaft behandelte der impulsive, cholerische Monarch demütigend. Sein Verhalten und seine Stimmungen konnten innerhalb kürzester Zeit völlig umschlagen.

Vor allem seine exzessive Bautätigkeit und die dadurch herbeigeführte totale Verschuldung seiner privaten Kabinettskasse lösten Ludwigs Sturz aus. Anfang 1884 waren die Schulden auf 8,25 Millionen Mark angestiegen. Um sich einen besseren Eindruck von den königlichen Finanzproblemen verschaffen zu können, ist zu berücksichtigen, dass Ludwig jährlich rund 4,2 Millionen Mark aus der königlichen Zivilliste zustanden. Der Herrscher hatte damit Anspruch auf 1,38 Prozent des Gesamtbudgets des Königreichs. Der gesamte bayerische Staatshaushalt betrug in der Finanzperiode 1882 insgesamt rund 228,7 Millionen Mark. Da der Großteil der Gelder aus der königlichen Zivilliste bereits von vornherein gebunden war, blieben dem Monarchen in seinen letzten Regierungsjahren etwa 800 000 Mark jährlich zur freien Verfügung. Die vorhandenen Gelder reichten demnach nicht aus, die Unkosten für die Schlossbauten zu decken. Aus Sorge, nicht mehr weiterbauen zu können, wandte sich der König deshalb an den bayerischen Finanzminister Emil von Riedel, den er mit einer Schuldenregelung beauftragte. »*Die Lage der k. Kabinettskasse ist eine sehr ernste*«, berichtete am 19. April 1884 der Finanzminister an das Hofsekretariat. »*Wenn nicht baldigst die vorhandenen Schuldverbindlichkeiten getilgt werden, so ist zu befürchten, daß Hunderte, ja vielleicht noch mehr Existenzen dem ökonomischen Ruine verfallen, und dieser Umstand allein bringt schon eine große Gefahr, da die berechtigten Klagen der Betroffenen nicht bloß in ganz Bayern, sondern weit über dessen Grenzen hinaus einen Widerhall finden werden, welcher durch kein Mittel von den Stufen des Thrones ferne zu halten sein dürfte, was in einer Zeit, wie die gegenwärtige, wo die sozialen Verhältnisse mehr und mehr unterwühlt werden, doppelt bedenklich erscheint*«[14]. Riedel schlug daher vor, dass ein möglichst rasch zu tilgender Kredit aufgenommen, die Gläubiger schnell befriedigt und neue Schulden strikt vermieden werden sollten. Das Ministerium vermittelte eine Anleihe von 7,5 Millionen Mark durch ein bayerisches Bankenkonsortium. Da zur Sicherung des Darlehensvertrags die Mitunterzeichnung der nächsten Verwandten erforderlich war, fanden sich Prinz Luitpold und seine Söhne, wenn auch widerwillig und trotz großer Bedenken, dazu bereit. Reichskanzler Bismarck wies aus dem Welfenfonds eine zusätzliche Million an. Statt nun zu sparen, ordnete Ludwig II. die Fortsetzung der Baumaßnahmen an und häufte neue Schulden an. Schon Ende Juni 1884 schrieb deshalb der preußische Gesandte Graf Werthern an Bismarck, dass man »*sich bald auf ernste Verwicklungen gefaßt machen*«[15] müsste. Im Sommer 1885 waren neue Schulden in Höhe von über 6 Millionen Mark aufgelaufen. Die königliche Zivilliste war damit um das Dreifache verschuldet.

Ende August 1885 wandte sich Ludwig erneut an den Finanzminister, der nötige Schritte zur Regelung der Finanzen treffen und so seine Bauunternehmungen fördern sollte. Als Riedel ihm empfahl, seine Finanzen durch Einschränkungen in Ordnung zu bringen, reagierte der König ungehalten und wollte den Minister entlassen. Daraufhin drohte das Ministerkollegium dem Monarchen, dass in diesem Fall alle Minister zurücktreten würden. Ludwig war über diese »Majestätsbeleidigung« zwar verärgert, lenkte aber ein. Interessanterweise setzte zu diesem Zeitpunkt ein regelrechter Presserummel über die Geldkalamitäten des Königs ein, den man durchaus als passende Ouvertüre für das inzwischen offensichtlich bereits im Geheimen geplante Verfahren gegen den Herrscher verstehen kann. Die Öffentlichkeit sollte so wohl auf die kommenden Ereignisse eingestimmt werden, denn derartige Veröffentlichungen waren früher nicht geduldet worden. Der von Ludwig II. im Dezember 1885 wegen der Sanierung der königlichen Finanzen angegangene Ministerpräsident Johann Freiherr von Lutz, der seit 1880 den Vorsitz im bayerischen Ministerrat innehatte, verhielt sich sehr vorsichtig. Er wies daraufhin, dass die Kasse des Königs und jene des Staates getrennt gehalten werden müssten: *»Die Minister halten die Vorlage an die Kammer behufs Erlangung irgendeiner Summe, sei es auch nur des zur Schuldenzahlung nötigen Betrags für unmöglich und würden die Verantwortung dafür, auch wenn sie befohlen werden sollte, nicht übernehmen können«*[16]. Auf einen weiteren Bankkredit wäre auch nicht zu hoffen. Der König müsste seine Bauunternehmungen wenigstens so lange einstellen, bis die bisherigen Schulden zurückbezahlt wären. Ähnliches legte dem König auch der Innenminister Max von Feilitzsch nahe. Der unter einem regelrechten Bauzwang stehende Ludwig lehnte dies mit dem Hinweis ab, dass ihm damit die *»Hauptlebensfreude genommen«*[17] würde.

Wegen seiner finanziellen Probleme trat Ludwig II. wieder an den Reichskanzler Bismarck heran, der ihm am 14. April 1886 den Rat gab, dass er seinem Ministerium befehlen sollte, *»die Bewilligung der erforderlichen Summen bei dem Landtage unter offener Darlegung des Sachverhältnisses zu beantragen«*[18]. Am 17. April befahl Ludwig dies seinem Ministerium. Aus Sorge davor, dass aus der Königskrise eine Staatskrise werden könnte, beschlossen die Minister einzuschreiten. Eine geschickt vom Ministerpräsidenten Lutz gesteuerte Besprechung mit führenden Abgeordneten der oppositionellen Patriotenpartei am 30. April 1886 erbrachte das gewünschte Resultat, dass die vom König gewünschte Einschaltung des Landtags zur Ordnung seiner Vermögensverhältnisse auch von der Opposition nicht für opportun betrachtet wurde. Am 5. Mai ließen die Minister den König demzufolge wissen, dass eine Finanzvorlage an den Landtag nicht zum gewünschten Erfolg führen, sondern das Ansehen der Krone nachhaltig beschädigen würde. Wahrscheinlich befürchtete das liberale Kabinett, dass eine Geldbewilligung durch den Landtag in Anbetracht der ungünstigen Mehrheitsverhältnisse mit entsprechenden Rücktrittsforderungen an die Minister verbunden worden wäre. Bismarck gewann dadurch den Eindruck, *»daß unsere bayerischen Minister, weil sie sich nicht mehr halten könnten, den König ›schlachten wollten‹«*[19]. Diese Befehlsverweigerung brachte Ludwig sowohl gegen das Ministerium wie auch den Landtag auf. Er steigerte sich in eine bedenkliche Geistesverfassung hinein und sprach gegenüber seinem Personal von einem nötigen Staatsstreich und mehrfach von einer Entlassung der bisherigen Minister. Er zeigte sich in keinerlei Hinsicht bereit, irgendwelche Abstriche an seinen Projekten hinzunehmen. Durch die in der Zwischenzeit vom Gesamtministerium gegen den König verhängte Postzensur war Ludwig II. bereits stark in seinen Handlungsmöglichkeiten eingeschränkt.

Angesichts der verfahrenen und aussichtslosen Lage sahen sich die Minister zum Durchgreifen genötigt und schlossen sich gegen den König zusammen. Vorsichtig hatten sie schon in den letzten Monaten begonnen, die Möglichkeiten zu sondieren, die ihnen zur Verfügung standen, um Ludwig II. seines Amtes zu entheben. Die Zustimmung zum König war in den Hofkreisen, im Bürgertum und in der Presse gering. Sein Rückhalt bei der Opposition im Landtag, der katholisch-konservativen Mehrheitspartei, war ebenfalls nicht sehr groß. Bereits im Februar 1886 hatte Ministerpräsident Lutz mit Prinz Luitpold, Ludwigs Onkel, der bekanntermaßen kein sehr gutes Verhältnis zu seinem königlichen Neffen hatte, Rücksprache genommen und sich dessen Zusicherung eingeholt, dass er im Falle einer Verweserschaft bereit sei, das bisherige Kabinett beizubehalten. Da die persönlichen Schulden des Monarchen aus verfassungsrechtlicher Sicht keinen Grund boten, ihn abzusetzen, musste man zur Erreichung dieses Zwecks den Gesundheitszustand des Königs instrumentalisieren. Im März fanden erste vertrauliche Gespräche des Ministerpräsidenten mit dem Psychiater Professor Dr. Bernhard von Gudden statt.

Der bayerische Gesandte Hugo Graf Lerchenfeld-Köfering, der am 23. und 24. Mai 1886 zwei Unterredungen mit

Bismarck hatte, erklärte diesem, dass das bayerische Gesamtministerium eine Regentschaft wegen des geistigen Zustands des Königs einzusetzen plane und dass *»die finanzielle Frage zwar den Anstoß gegeben habe, eine baldige Abhilfe ins Auge zu fassen, daß aber an sich dieser Punkt der nebensächliche gegenüber anderen traurigen Dingen sei«*[20]. Angesichts dieser staatsstreichartigen Vorgehensweise in München verwundert es nicht, dass Bismarck, der über die dortigen Vorgänge gut informiert war, von einer *»Palastrevolution von Übelwollenden«*[21] sprach. Sie bedienten sich hierfür der noch jungen medizinischen Disziplin Psychiatrie.

Mithilfe einer psychiatrischen Expertise sollte der Regierungsentzug »objektiv« begründet und legitimiert werden. Immerhin galt es, einen regierenden König von Gottes Gnaden abzusetzen. Dem für diesen Zweck eingeschalteten Obermedizinalrat und Lehrstuhlinhaber für Psychiatrie in München, Professor Gudden, wurde deutlich vermittelt, dass ein zweifelsfreies Urteil hinsichtlich der Geisteskrankheit und der Regierungsunfähigkeit des Königs erwartet wurde. Das auf diese Weise in die Wege geleitete Gutachten entstand, ohne dass Gudden oder ein anderer Psychiater der hierfür eingesetzten ärztlichen Kommission den Monarchen persönlich untersuchte und befragte, was eine Missachtung der Regeln korrekter psychiatrischer Begutachtung darstellte. Ebenso wurde auf das Zeugnis der Hofärzte verzichtet, die Ludwig jahrelang ärztlich beraten hatten. Gudden verfasste sein Gutachten zum Geisteszustand des Königs nur auf der Grundlage von einseitigen, ausschließlich negativen Zeugenaussagen und Dokumenten. Positive Aussagen zur Person des Monarchen wurden von vornherein nicht in das Gutachten aufgenommen. Auch nach der »Königskatastrophe« durften sich Ludwig II. wohlgesonnene Zeugen nicht vor den Ausschüssen der Kammern äußern. Das von Gudden erstellte Gutachten wurde von den anderen Psychiatern der Kommission, Hofrat Dr. Friedrich Wilhelm Hagen, Universitätsprofessor Dr. Hubert von Grashey und Direktor Dr. Max Hubrich, mitunterschrieben. Das im Eilverfahren angefertigte und am 8. Juni 1886 vorgelegte Gutachten über den königlichen Geisteszustand enthielt Belege von wirren Bemerkungen und merkwürdigen Verhaltensweisen, die als sichere Anzeichen von Verrücktheit interpretiert wurden. Ludwig II. wurde in einer »Ferndiagnose« fortgeschrittene, unheilbare Paranoia attestiert. Da keine freie Willensbestimmung mehr gewährleistet war, war er demnach regierungsunfähig.

Bei einer längeren Verhinderung des Monarchen sah die bayerische Verfassung von 1818 die Einsetzung einer Regentschaft vor. Der Nächste in der Erbfolgeordnung wäre eigentlich König Ludwigs jüngerer Bruder Otto gewesen, der aber bereits seit 1875 als unheilbar geisteskrank in Fürstenried interniert war. Der nächste Agnat war daher Ludwigs Onkel Prinz Luitpold, der sich aus Sorge um das Ansehen des bayerischen Königshauses nach einer Konferenz mit dem Ministerium am 9. Juni bereitfand, der Entmündigung seines Neffen zuzustimmen und die Regentschaft zu übernehmen. Die Proklamation der Regentschaft erfolgte am 10. Juni 1886.

Eine Staatskommission, an deren Spitze Friedrich Krafft Freiherr von Crailsheim als der für das Königliche Haus zuständige Ressortminister stand, wurde am 9. Juni nach Schloss Neuschwanstein geschickt, um Ludwig II. ein Handschreiben des Prinzen Luitpold zu überbringen, das ihm seine Entmündigung und die Einsetzung der Regentschaft mitteilte. Außerdem sollte ihn die Kommission nach Schloss Linderhof, an seinen neuen Aufenthaltsort, verbringen. Die Kommission traf mitten in der Nacht in Hohenschwangau ein. Als Ludwigs geistesgegenwärtiger Leibkutscher Wind von der geplanten Aktion bekam und den König umgehend warnte, war dieser zwar nicht ernstlich beunruhigt, ließ aber vorsorglich das Schloss absperren und Gendarmen aus Füssen und die Feuerwehren aus den umliegenden Dörfern herbeirufen. Ludwigs Flügeladjutant Alfred Graf Dürckheim-Montmartin wurde per Telegramm aufgefordert, sofort zum König zu kommen. Die Kommission musste unverrichteter Dinge abziehen. Bis auf den Protokollführer wurden alle ihre Mitglieder auf Befehl Ludwigs von der Gendarmerie verhaftet. Die Mittel- und Unterbehörden auf dem Land waren nicht rechtzeitig vom Gesamtministerium über die Proklamierung der Regentschaft verständigt worden. Ohne Wissen des Königs wurden die Kommissionsmitglieder um die Mittagszeit des 10. Juni wieder vom Füssener Bezirksamtmann freigelassen.

Der nach der Freilassung der Kommissionsmitglieder in Schloss Neuschwanstein eingetroffene Flügeladjutant Dürckheim-Montmartin gab dem König den Rat, sofort nach München zu fahren und sich dem Volk zu zeigen. Dies lehnte Ludwig II. ebenso ab wie den Vorschlag, in das nahe gelegene österreichische Tirol zu fliehen. Der per Telegraf um Hilfe gebetene Reichskanzler Bismarck empfahl ebenfalls, dass sich der König umgehend nach München begeben sollte, um vor das Volk und die Volksvertretung zu treten. Den Reichskanzler bestimmte dabei die Überlegung: »*Entweder ist der König gesund, dann befolgt er meinen Rat. Oder er ist wirklich verrückt, dann wird er seine Scheu vor der*

*Öffentlichkeit nicht ablegen«*[22]. Der seinem König treu ergebene Dürckheim-Montmartin erhielt inzwischen vom Kriegsministerium den Befehl, umgehend nach München zurückzukehren. Der bereits resignierende Ludwig II. schickte seinen Flügeladjutanten schließlich in die Landeshauptstadt zurück. Noch am Bahnhof wurde er verhaftet. Die gegen ihn eröffnete Untersuchung wegen Hochverrats wurde nach vier Wochen eingestellt und Dürckheim-Montmartin nach Metz versetzt.

Zwar versuchte König Ludwig II., noch einen Aufruf an die bayerische Bevölkerung zu erlassen, in der er von hochverräterischen Handlungen an König und Vaterland sprach, doch ansonsten blieb er trotz vieler Hilfsangebote seltsam passiv. Als er erkennen musste, dass mittlerweile Gendarmen auf Anordnung von München das Schloss umstellt hatten, wollte er unnötiges Blutvergießen vermeiden. Voll Bitterkeit äußerte er: *»Man schleudert mich von der höchsten Höhe in das Nichts, man vernichtet mein Leben, man erklärt mich lebend für tot, das halte ich nicht aus. Wenn man mir die Krone aberkannt hätte, das würde ich ertragen haben. Aber daß man mir den Verstand aberkennt, mir die Freiheit nimmt und mich wie meinen Bruder behandelt, nein, das ertrage ich nicht, ich will diesem Schicksal entgehen, man treibt mich in den Tod«*[23].

Von München aus wurde eine neue »Fangkommission«, die lediglich aus Ärzten und Irrenpflegern bestand, ins Allgäu geschickt. Dieses Mal fand sich kein Vertreter des Hofes und des Staates bereit, an der unerfreulichen Aktion teilzunehmen. Die Kommission unter Führung von Professor von Gudden traf am 11. Juni 1886 gegen Mitternacht in Neuschwanstein ein. Der dieses Mal erfolgreich in Gewahrsam genommene, scheinbar gelassen wirkende Ludwig II. stellte dem Professor die mehr als verständliche Frage, wie er ihn denn für geisteskrank erklären könnte, wenn er ihn vorher nicht einmal angesehen und untersucht hätte. Auf dessen Antwort, dass dies nicht nötig gewesen wäre, da das Aktenmaterial gegen ihn geradezu erdrückend gewesen wäre, meinte der König nur: *»So? So? Also Prinz Luitpold hat es jetzt glücklich so weit gebracht, dazu hätte er nicht so einen Aufwand von Schlauheit gebraucht, hätte er nur ein Wort gesagt, dann hätte ich die Regierung niedergelegt und wäre ins Ausland gezogen«*[24].

Wegen der erregten, die Partei des Königs ergreifenden Stimmung unter den Alpenbewohnern wurde der entmündigte Monarch vorsorglich anstelle in das ursprünglich für ihn als Internierungsort vorgesehene Schloss Linderhof nach Schloss Berg am Starnberger See gebracht. Am 12. Juni traf er dort gegen Mittag ein. Das Schloss war vorher noch rasch zu einer geschlossenen Privatirrenanstalt umfunktioniert worden. Der auf Freiheit und Freizügigkeit bedachte scheue König sah sich hier auf Schritt und Tritt beobachtet und ständig von Ärzten und Pflegern umgeben, die seinen Tagesablauf streng reglementierten. Was ihn in Berg für ein Leben erwarten würde, war Ludwig nur zu klar, da er ja die monatlichen Berichte über seinen in Fürstenried internierten jüngeren Bruder Otto kannte.

Am nächsten Tag, es war Pfingstsonntag, unternahm Professor Gudden vor dem Mittagessen einen Spaziergang mit seinem Patienten. Bevor der Psychiater, mit dem bisherigen Verhalten des Königs recht zufrieden, zu dem für diesen Tag geplanten zweiten Spaziergang mit Ludwig II. in dem weiträumigen Park aufbrach, telegrafierte er noch nach München: *»Hier geht es bis jetzt wunderbar gut«*[25]. Von diesem Abendspaziergang sollten beide nicht lebend zurückkehren.

Gudden hatte im Vorfeld ausdrücklich auf die Begleitung eines Pflegers verzichtet, da keine Gefahr bestünde, *»der König sei wie ein Kind«*[26]. Als die beiden Spaziergänger zu der angegebenen Uhrzeit nicht zurückkamen, wurde eine Suchaktion gestartet. Gegen 23 Uhr wurden ihre Leichen im Wasser des Sees treibend gefunden. Bis heute sind die genauen Umstände, die zum Tod des Königs und des Professors am 13. Juni 1886 führten, nicht geklärt. Das Mysterium des königlichen Todes bietet deshalb Stoff für unzählige, zum Teil höchst fragwürdige Theorien. Die offizielle Version, dass der Psychiater Ludwig von einem Selbstmordversuch abhalten wollte und dabei selbst ums Leben kam, stieß nicht überall auf Glauben. Seitdem gibt es Behauptungen, dass der frühere Monarch bei einem Fluchtversuch bzw. einer Entführung zu Tode kam. In diesem Zusammenhang wird immer wieder die These erörtert, dass er dabei erschossen wurde. Vielleicht würde all diesen Spekulationen um die Todesumstände der Boden entzogen, wenn das Haus Wittelsbach einer Sargöffnung mit Untersuchung des königlichen Leichnams zustimmen würde.

Als am 14. Juni der Tod Ludwigs in München bekannt gemacht wurde, zeigten sich die Bewohner der bayerischen Haupt- und Residenzstadt erschüttert. Der zu Lebzeiten wenig populäre Monarch fing als Toter an, volkstümlich zu werden. Der Mythos vom »Märchenkönig« nahm seinen eigentlichen Anfang. Der Leichnam des Königs wurde am 15. Juni in München obduziert. Wie zu erwarten war, bestätigten die daran beteiligten Ärzte die Diagnose der Psychiater in vollem Maße. Nach der Sektion wurde die Leiche einbalsamiert und danach für drei Tage auf dem »Paradebett« in der Hofkapelle aufgebahrt. Am 19. Juni 1886 wurde Ludwig II. in einem pompösen Staatsbegräbnis in der Gruft der St. Michaels-Hofkirche in München beigesetzt. Sein Herz wurde nach alter wittelsbachischer Tradition in einer Urne in die Altöttinger Gnadenkapelle verbracht. Das offizielle Bayern nahm nach der Königskatastrophe jene Haltung ein, die sich adäquat in den Worten des ehemaligen bayerischen Ministerpräsidenten Chlodwig Fürst zu Hohenlohe-Schillingsfürst ausdrückte: *»Im allgemeinen machte sich das Gefühl geltend, daß es gut sei, daß diese Regierung ihr Ende erreicht habe«*[27]. Anstatt für Ludwig II. führte Prinzregent Luitpold die Regierungsgeschäfte für seinen geisteskranken Neffen König Otto I., die tatsächliche Herrschaft lag aber bei den Ministern.

## Anmerkungen

1 Zit. nach Franz Herre, Ludwig II. von Bayern. Sein Leben – Sein Land – Seine Zeit, Augsburg 1995, S. 376.
2 Zit. nach Martha Schad, Ludwig II., München 2000, S. 23.
3 Zit. nach Herre, Ludwig II., S. 78.
4 Zit. nach Heinz Häfner, Ein König wird beseitigt. Ludwig II. von Bayern, München 2008, S. 41.
5 Zit. nach Herre, Ludwig II., S. 271.
6 Zit. nach Ebd., S. 273.
7 Zit. nach Schad, Ludwig II., S. 81.
8 Zit. nach Häfner, Ein König wird beseitigt, S. 146.
9 Zit. nach Herre, Ludwig II., S. 75.
10 Zit. nach Schad, Ludwig II., S. 98.
11 Zit. nach Herre, Ludwig II., S. 308.
12 Zit. nach Schad, Ludwig II., S. 51.
13 Zit. nach Ludwig Hüttl, Ludwig II. König von Bayern, München 1990, S. 117.
14 Zit. nach Herre, Ludwig II., S. 349.
15 Zit. nach Hüttl, Ludwig II., S. 345.
16 Zit. nach Herre, Ludwig II., S. 352.

17 Zit. nach Hüttl, Ludwig II., S. 356.
18 Zit. nach Herre, Ludwig II., S. 355.
19 Zit. nach Häfner, Ein König wird beseitigt, S. 251.
20 Zit. nach Hüttl, Ludwig II., S. 379.
21 Zit. nach Ebd., S. 381.
22 Zit. nach Herre, Ludwig II., S. 368.
23 Zit. nach Häfner, Ein König wird beseitigt, S. 415.
24 Zit. nach Herre, Ludwig II., S. 370.
25 Zit. nach Häfner, Ein König wird beseitigt, S. 326.
26 Zit. nach Hüttl, Ludwig II., S. 422.
27 Zit. nach Herre, Ludwig II., S. 383.

## Unfreiwilliger Mittelpunkt einer Staatsaffäre

# Alfred Dreyfus

Die so genannte Dreyfus-Affäre entwickelte sich Ende des 19. Jahrhunderts in Frankreich zur größten innenpolitischen Krise der Dritten Republik. Die nach der französischen Niederlage im Deutsch-Französischen Krieg von 1870/1871 entstandene Republik hatte bereits mehrere tiefgehende Krisen hinter sich gebracht, doch keine dieser Affären polarisierte und spaltete die ganze französische Gesellschaft dermaßen wie die Dreyfus-Affäre. Zunehmend verselbständigte sich dabei der Skandal um den auf Grund gefälschter Dokumente verurteilten Offizier Alfred Dreyfus, so dass seine Person hinter den Zielen, die seine Anhänger und Gegner verfolgten, verschwand. Eine prinzipielle Diskussion über die Grundwerte der Nation trat stattdessen in den Vordergrund. Die Affäre trieb Frankreich zeitweise sogar an den Rand eines Bürgerkriegs.

Die Dreyfus-Affäre gilt als ein Höhepunkt des Antisemitismus in Frankreich, der mit genereller Republikfeindlichkeit und reaktionärer Einstellung verschmolz. Tiefgreifende politische, soziale und wirtschaftliche Veränderungen hatten zu einer Destabilisierung der französischen Gesellschaft geführt. Die noch junge Republik wurde in weiten Kreisen deshalb als kapitalistisch, verjudet und katholikenfeindlich diffamiert. Vor allem die katholische Kirche sollte in Frankreich im Verlauf der Dreyfus-Affäre durch ihre judenfeindliche und reaktionäre Haltung Schaden nehmen. Am 9.

Dezember 1905 wurde das so genannte »Lois Combes« verabschiedet, das zu einer strikten Trennung von Religion und Staat in Frankreich führte. An diesem Prinzip des Laizismus hält Frankreich noch heute fest. Ein weiteres bis in die Gegenwart nachwirkendes »Ergebnis« der Dreyfus-Affäre ist die Begründung des Zionismus. Unter dem Eindruck des ersten Prozesses gegen Dreyfus publizierte der österreichische Journalist Theodor Herzl 1896 sein programmatisches Buch »Der Judenstaat« und wurde damit zum Initiator des politischen Zionismus. Die heute immer noch aktive »Liga für Menschenrechte« verdankt ebenfalls ihre Entstehung der Dreyfus-Affäre. In der 1898 in Paris gegründeten Liga schlossen sich Anhänger von Dreyfus zusammen, um die Revision seines Prozesses zu erreichen.

Alfred Dreyfus kam am 9. Oktober 1859 im elsässischen Mülhausen als neunter Sohn des wohlhabenden jüdischen Textilunternehmers Raphael Dreyfus und seiner Ehefrau Jeannette, einer geborenen Libman, zur Welt. Als Folge des verlorenen Kriegs gegen Deutschland siedelten seine Eltern 1872 mit einem Teil der Familie nach Paris über, woran sich Dreyfus später erinnerte: *»Mein erstes trauriges Erlebnis, das mir schmerzlich in Erinnerung blieb, ist der Krieg 1870. Mein Vater entschied sich nach dem Friedensschluss für die französische Nationalität; wir mussten daher das Elsass verlassen. Ich begab mich nach Paris, um dort meine Studien fortzusetzen«*[1]. Nach seinem Studium an der traditionsreichen École Polytechnique, die vor allem technische Offiziere ausbildete, begann der patriotisch eingestellte Dreyfus 1880 eine militärische Laufbahn bei der Artillerie. Im September 1889 wurde er zum Hauptmann befördert, nur wenige Monate später heiratete er 1890 die Tochter eines begüterten Diamantenhändlers, Lucie-Eugénie Hadamard. Aus der Ehe stammten zwei Kinder. 1893 wurde der intelligente, begabte und strebsame Dreyfus zum Generalstab versetzt, um dort an einer zweijährigen Schulung teilzunehmen: »*Meine Karriere lag glänzend und vielversprechend vor mir, die Zukunft stand unter den besten Vorzeichen. (...) Alles im Leben schien mir freundlich gesonnen*«[2]. Dreyfus war der erste Jude, der trotz des Widerstands hoher Offiziere in den exklusiven, von Adel und christlichem Großbürgertum dominierten Generalstab aufgenommen wurde. Er blieb dort stets ein Außenseiter.

Seit der als nationales Trauma empfundenen Niederlage Frankreichs im Krieg von 1870/1871 und dem Friedensvertrag mit dem Deutschen Kaiserreich waren die Beziehungen zwischen den beiden Ländern von einem unüberbrückbaren Nationalismus und Revanchismus zerrüttet. Irrationale Ängste vor einer Bedrohung von außen durch Deutschland und einer Bedrohung von innen durch Juden erfassten die französische Gesellschaft. Vor diesem Hintergrund nahm die Dreyfus-Affäre ihren unheilvollen Anfang, als am 25. September 1894 die an der Deutschen Botschaft in Paris tätige, aber heimlich im Sold des französischen Geheimdienstes stehende Putzfrau Marie Bastian im Papierkorb des deutschen Militärattachés, Oberstleutnant Maximilian von Schwartzkoppen, ein zerrissenes, handgeschriebenes Schriftstück fand und an das Nachrichtenbüro weiterleitete. Dieses anonyme Bordereau (= Begleitschreiben) gehörte offensichtlich zu einer Sendung von fünf militärischen Dokumenten, vor allem über die französische Artillerie, die ein offenbar gut informierter französischer Offizier dem deutschen Militärattaché anbot. Rasch richtete sich der Verdacht auf den Artilleristen Alfred Dreyfus, den seine Herkunft als elsässischer Jude von vornherein zum passenden Verräter stempelte. Die Offiziere des Generalstabs teilten nämlich alle dieselben klerikal-nationalistischen Überzeugungen und antisemitischen Einstellungen. Hinzu kam noch der Druck, schnell einen Schuldigen zu finden. Am 15. Oktober wurde Dreyfus unter einem Vorwand in Zivilkleidung zum Generalstabschef bestellt und musste dort einzelne Worte und Satzfetzen nach Diktat schreiben. Eine erste oberflächliche Ähnlichkeit der Handschrift reichte den Offizieren aus, um ihn als Spion und Vaterlandsverräter zu verhaften. Danach ließ man Dreyfus einige Minuten mit einem Revolver allein im Zimmer, aber er tat ihnen nicht den Gefallen, sich zu erschießen. Unter großer Geheimhaltung wurde er im Militärgefängnis in der Rue du Cherche-Midi in Paris gefangen gehalten, wo er in den nächsten zwei Wochen weder mit seiner Ehefrau noch mit einem Anwalt sprechen durfte. Am 31. Oktober wurden die Voruntersuchungen abgeschlossen. Ein mögliches Motiv für den Verrat konnten die Untersuchungsoffiziere nicht entdecken. Da man außer dem Bordereau kein weiteres belastendes Material gegen Dreyfus gefunden hatte, wurde es zur Unterstützung der Anklage sicherheitshalber »fabriziert«. Unter der Federführung von Major Joseph Henry wurden diese Dokumente in einem Geheimdossier zusammengestellt. Schon am 1. November wurde Alfred Dreyfus in der Presse als Verräter gebrandmarkt und eine exemplarische Verurteilung gefordert. Vor allem die antisemitisch eingestellten Zeitungen verwiesen dabei ausdrücklich auf seine jüdische Herkunft, wodurch die judenfeindlichen Ressentiments in der Bevölkerung angestachelt wurden. Diffamierende Karikaturen wurden verbreitet. Das öffentliche Klima in Frankreich war bereits vor dem Prozess völlig vergiftet. Aus diesem Grund wurde auch einer Protestnote der Deutschen Botschaft keinerlei Beachtung geschenkt, die am 10. November 1894 im »Le Figaro« veröffentlicht wurde: *»Nie erhielt Oberstleutnant von Schwartzkoppen Briefe von Dreyfus. Weder hatte er eine direkte noch indirekte Verbindung zu ihm. Selbst wenn dieser Offizier des Verbrechens, für das er angeklagt wird, schuldig sein sollte, ist die Deutsche Botschaft nicht in diese Affäre verwickelt«*[3]. Die französische Presse sah darin nur einen weiteren Beweis für Dreyfus' Schuld, da Deutschland seinen Spion dadurch lediglich decken wollte. Der deutsche Kaiser Wilhelm II., der von Anfang an von der Unschuld des französischen Hauptmanns überzeugt war, verfolgte die Entwicklung der Dreyfus-Affäre aufmerksam.

Am 19. Dezember 1894 wurde vor dem Obersten Kriegsgericht in Paris der Prozess gegen Hauptmann Alfred Dreyfus wegen Landesverrats eröffnet. Aus Sicherheitsgründen wurde ein nichtöffentliches Verfahren gewählt. Die Verhandlung entpuppte sich als reine Farce, denn kurz vor der Urteilsfindung wurde den Richtern das Geheimdossier mit den manipulierten Beweisen präsentiert. Der Verteidigung und dem Angeklagten wurden diese Unterlagen hingegen nicht zugänglich gemacht, was ein eklatanter Verstoß gegen französisches Recht und daher strafbar war. Diese Ungesetzlichkeit wurde von den Richtern allerdings stillschweigend hingenommen. Wegen angeblichen Verrats militärischer Geheimnisse an eine fremde Macht wurde Dreyfus trotz seiner Unschuldsbeteuerungen am 22. Dezember 1894 auf der Grundlage des gefälschten Beweismaterials einstimmig von den Richtern für schuldig befunden. Er wurde zur Aberkennung seines militärischen Dienstgrads und zu lebenslänglicher Haft im Straflager auf der abgelegenen Teufelsinsel verurteilt. Das war das höchstmögliche Strafmaß, da die Todesstrafe für politische Verbrechen einschließlich Landesverrats abgeschafft worden war.

Die Öffentlichkeit reagierte auf dieses Urteil überwiegend positiv, da ihr die offensichtlichen Mängel des Verfahrens unbekannt geblieben waren. Die jüdische Gemeinde hielt sich aus Angst vor Vergeltungsmaßnahmen auffällig zurück. Alfred Dreyfus schrieb am Tag nach der Urteilsverkündung an seine Frau: »*Unschuldig sein, hinter sich ein Leben ohne Makel zu haben und wegen des schlimmsten Verbrechens, das ein Soldat begehen kann, verurteilt zu werden, was kann es Schrecklicheres geben? (...) Was vor allem not tut – gleichgültig was aus mir wird – ist, die Wahrheit zu suchen. Unser ganzes Vermögen muss, wenn es not tut, daraufgehen, damit mein Name, der in den Staub gezogen ist, wieder hergestellt wird. Dieser unverdiente Flecken muss um jeden Preis weggewischt werden*«[4]. Sein Antrag auf Wiederaufnahme des Verfahrens wurde am 31. Dezember abschlägig beschieden, denn »*der Prozeß verlief rechtmäßig und die Strafe ist angemessen*«[5].

Am 5. Januar 1895 degradierte man Dreyfus auf erniedrigende Weise öffentlich im Hof der École Militaire vor abgeordneten Offizieren und neuen Rekruten aller Pariser Regimenter. Der junge französische Diplomat Maurice Paléologue, der dieser Degradierungszeremonie beiwohnte, schilderte seine damaligen Eindrücke: »*Falls ich während der Verhandlung noch Zweifel an Dreyfus' Schuld hatte, sind sie jetzt vorbei. Nach meiner Meinung hat sein Verhalten während der Degradierungsparade das Urteil besiegelt. Ein Mann, der sich einer derartigen Tortur so gefügig, so passiv unterwirft, kann kein Moralgefühl haben. Keine einzige Geste der Auflehnung, kein Entsetzensschrei, keine Träne, nicht einmal ein gemurmeltes Wort! Es ist richtig, daß er mehrere Male erklärte, er sei unschuldig. Aber seine Beteuerungen klangen falsch; sie waren vollkommen seelenlos, als höre man die Stimme eines Automaten«*[6]. Am 13. April traf Dreyfus auf der Teufelsinsel vor der südamerikanischen Küste Französisch-Guyanas ein, einer ehemaligen Lepra-Kolonie. Er erhielt dort Einzelhaft, wobei er den Großteil der Zeit in Ketten gelegt war und rund um die Uhr bewacht wurde. Die Bedingungen an diesem Ort mit Malaria-Klima waren unmenschlich und kamen praktisch einem Todesurteil gleich. Sein Gesundheitszustand verschlechterte sich innerhalb kürzester Zeit rapide.

Seine Frau Lucie und vor allem sein ältester Bruder Mathieu Dreyfus, der von seiner Unschuld überzeugt war, sorgten dafür, dass sein Fall nicht, wie von Generalstab und Regierung gewünscht, in der Versenkung verschwand und nahmen dafür allerlei Repressalien in Kauf. Im März 1896 stieß der neue Geheimdienstchef, Oberstleutnant Georges Picquart, durch eine abgefangene Nachricht auf erste Hinweise, die dafür sprachen, dass ein anderer Generalstabsoffizier, Major Marie-Charles-Ferdinand Walsin-Esterházy, in Wirklichkeit der Verräter gewesen war. Der hoch verschuldete Esterházy hatte sich in der Tat erstmals im Sommer 1894 an den deutschen Militärattaché von Schwartzkoppen gewandt, um mittels Spionage seinen aufwendigen Lebensstil mit Glücksspiel und Mätressen zu finanzieren. Der deutsche Militärattaché notierte damals über das Angebot von Esterházy in seinem Tagebuch verächtlich: *»Ein aktiver französischer Offizier, welcher sich nicht entblödet, zum Verräter an seinem Vaterland zu werden«*[7]. Als Oberstleutnant Picquart, der bisher keinerlei Sympathie für Alfred Dreyfus aufgebracht hatte, dank des jetzt in den Besitz des Nachrichtenbüros gelangten Schreibens anfing, an der Schuld des Verurteilten zu zweifeln, untersuchte er daraufhin das belastende Material gegen Dreyfus und verschaffte sich auch Einblick in die »Geheimakte«, wobei er feststellte, dass sich die Akte auf Fälschungen stützte. Dem französischen Generalstab war jedoch nicht an der Wahrheit gelegen, wie Picquart erfahren musste. Die an der Verschwörung gegen Dreyfus beteiligten hochrangigen Offiziere fürchteten um ihre Karriere und sahen außerdem die Glaubwürdigkeit der Armee gefährdet. Oberstleutnant Picquart, der sich für eine Revision des Prozesses ausgesprochen hatte, wurde deshalb zum Schweigen genötigt: *»Wenn Sie nichts sagen, wird es niemand wissen«*[8]. Picquart konnte diese Haltung nicht mit seinem Gewissen vereinbaren: *»Ich weiß nicht, was ich tun werde, aber keinesfalls werde ich dieses Geheimnis mit ins Grab nehmen«*[9]. Dass Picquart keinerlei Bereitschaft zeigte, die Wünsche seiner Vorgesetzten zu akzeptieren, wurde als unerhörtes Verhalten betrachtet, da es nicht mit den militärischen Traditionen der Disziplin und des Korpsgeistes vereinbar war. Der »Nestbeschmutzer« wurde daher seines bisherigen Amtes enthoben und schließlich nach Tunesien und nach Algerien versetzt. Major Henry »bastelte« nun nicht nur ein weiteres Dreyfus noch deutlicher belastendes Beweisstück, sondern auch belastendes Material über Picquart, was diesem nicht entging. Jetzt begann sich die Angelegenheit Dreyfus zu einer Affäre beachtlichen Ausmaßes zu entwickeln. Picquarts streng vertrauliche Informationen wurden an den angesehenen Vizepräsidenten des Senats, Auguste Scheurer-Kestner, weitergeleitet, dessen diskrete Versuche, eine Revision des Prozesses zu erreichen, am

Widerstand der Generäle und der Regierung scheiterten. Im Herbst 1897 erfuhr Mathieu Dreyfus durch einen Börsenmakler von der Identität der Handschrift auf dem Bordereau mit derjenigen eines Kunden des Maklers, nämlich mit Major Esterházy, woraufhin er am 15. November 1897 Esterházy öffentlich beschuldigte, der Verräter zu sein.

Die antisemitische Presse erging sich daraufhin in Hetztiraden gegen all jene, die es wagten, einen ehrenhaften französischen Offizier zu beschuldigen, um ihn gegen einen jüdischen Landesverräter austauschen zu können. Das gegen Esterházy eingeleitete Disziplinarverfahren endete ohne Ergebnis wie auch der Anfang 1898 pro forma gegen diesen Offizier angestrengte Prozess, da Esterházy höchste Protektion genoss. Als Esterházy am 11. Januar 1898 einstimmig freigesprochen wurde, löste dies im Lager der Dreyfusards, der Anhänger von Dreyfus, einen Entrüstungssturm aus. Die anschließende Verhaftung Picquarts, dem man Dienstvergehen vorwarf, und dessen unehrenhafte Entlassung aus der Armee sorgte für weiteren Unmut.

Während konservative Politiker, Katholiken und Angehörige der Armee unbeirrbar darauf beharrten, dass Dreyfus schuldig sei, warfen Republikaner, Sozialisten und linke Intellektuelle der Justiz eine von Antisemitismus geprägte Rechtsprechung vor. Der bekannte Romancier Émile Zola publizierte am 13. Januar 1898 deshalb in der Zeitung »L'Aurore« einen offenen Brief an den französischen Präsidenten Félix Faure unter dem Titel »J'accuse«, in dem er sich für die Rehabilitierung von Dreyfus starkmachte und auf das Unrecht gegenüber Dreyfus hinwies. Zola forderte seine Gegner unmissverständlich heraus: *»Man soll ruhig wagen, mich vor ein Schwurgericht zu stellen und die Untersuchung am* *hellichten Tag durchzuführen!«*[10] Dieser offene Brief, in dem der Generalstab als Drahtzieher des Komplotts angeklagt wurde, bewirkte einen innenpolitischen Sturm und antisemitische Krawalle. Zola wurde wenig später wegen Verleumdung angeklagt und wegen Beleidigung des Kriegsgerichts am 23. Februar zu einem Jahr Haft und 3000 Francs Strafe verurteilt. Wegen eines verfahrenstechnischen Fehlers wurde seine Verurteilung zwar wieder aufgehoben, doch in einem neuen Verfahren wurde er am 18. Juli abermals schuldig gesprochen, was ihn zu einer vorübergehenden Flucht nach England bewog.

Als die von Major Henry ausgeführten Fälschungen im Juli 1898 aufgedeckt wurden, erklärte dieser: *»Ich sah, daß meine Chefs sich Sorgen machten. Ich wollte sie beruhigen. Ich wollte ihnen die Sorgen nehmen«*[11]. In der Haft beging er Selbstmord. Im September 1898 zog es Esterházy deshalb vor, sich nach Großbritannien abzusetzen. Dass er der Verfasser des Bordereau war, räumte er in einem Zeitungsartikel ein.

Der französische Kassationsgerichtshof wurde am 26. September 1898 mit einer Revision des Verfahrens von 1894 beauftragt. Trotz heftiger nationalistischer Agitation hob er das Urteil im Juni 1899 auf und verwies den Fall an das Kriegsgericht in Rennes. Noch vor Prozessbeginn wurde die Freilassung Picquarts verfügt. *»Nach fünf Jahren der Folter«*, bekannte Alfred Dreyfus später, *»kam ich zurück, um Gerechtigkeit zu suchen«*[12]. Am 7. August 1899 wurde der Prozess in Rennes eröffnet. Auf den Straßen der bretonischen Stadt kam es zu wilden Demonstrationen gegen Dreyfus. Auf Fernand-Gustave-Gaston Labori, einen der Anwälte von Dreyfus, wurde ein Anschlag verübt, was in der völlig aufgeheizten Atmosphäre jedoch fast keine Beachtung fand. Die Revisionsverhandlung endete am 9. September mit einer erneuten Verurteilung von Dreyfus und einer Bestätigung seiner Degradierung. Unter Zubilligung »mildernder Umstände« wurde seine Strafe jetzt auf zehn Jahre Festungshaft reduziert. Die Richter in Rennes wollten oder konnten nicht die ehemalige Armeeführung desavouieren. Um ein Ende der unerfreulichen Angelegenheit zu erreichen, wurde Dreyfus vom neuen französischen Präsidenten Émile Loubet unter internationalem Druck begnadigt, denn es drohte ein Boykott der Weltausstellung 1900 in Paris. Die Begnadigung war allerdings an die Bedingung geknüpft, dass Dreyfus darauf verzichtete, Berufung einzulegen, und ein Gnadengesuch einreichte. Zur großen Enttäuschung vieler seiner Sympathisanten akzeptierte der zermürbte und enttäuschte Dreyfus am 15. September dieses Angebot, um seinen Leidensweg zu beenden. Am 19. September 1899 verließ er das Gefängnis als freier Mann. Er zog sich zu seiner Familie zurück und verfasste seine Erinnerungen, die 1901 unter dem Titel »Cinq années de ma vie« (= Fünf Jahre meines Lebens) erschienen. Zwar waren die ungesetzlichen Handlungen und der Machtmissbrauch des Generalstabs und einer Reihe von Kriegsministern offengelegt worden, sie blieben aber folgenlos für die daran Beteiligten, da ein 1900 erlassenes Amnestiegesetz ihnen Strafverfolgung ersparte.

Alfred Dreyfus war weiterhin daran gelegen, seine Unschuld zu beweisen, wie er in seinen Erinnerungen erklärte: *»Ich will, dass ganz Frankreich durch ein endgültiges Urteil erfahre, dass ich unschuldig bin. Mein Herz wird erst Ruhe und Frieden finden, wenn kein einziger Franzose mich mehr des verabscheuungswürdigen Verbrechens, das ein anderer begangen hat, für schuldig hält«*[13]. Er beharrte auf der These vom Justizirrtum. Dass Antisemitismus eine wichtige Rolle bei seiner Verurteilung gespielt hatte, wollte er offensichtlich nicht wahrhaben, denn er thematisierte dies in seiner Publikation nicht. Sein Bruder Mathieu hatte dies anders gesehen, denn er schrieb: *»Wenn Alfred kein Jude gewesen wäre, hätte man ihn nicht auf die Teufelsinsel geschickt«*[14].

Nach dem Sieg der Linken bei den Wahlen 1902 wurde der Fall von Alfred Dreyfus erneut aufgerollt. Erst 1906 allerdings wurde er vom französischen Kassationshof voll rehabilitiert. Das Urteil von Rennes aus dem Jahr 1899 wurde aufgehoben. Dreyfus wurde in einem feierlichen Akt in der École Militaire wieder ehrenvoll in die Armee aufgenommen, zum Major befördert und mit dem »Kreuz der Ehrenlegion« ausgezeichnet. Picquart wurde als Brigadegeneral ebenfalls wieder in die Armee aufgenommen. Dreyfus konnte allerdings nicht seine Karriere als Generalstabsoffizier fortsetzen. Er wurde lediglich Kommandant zweier Artillerie-Depots in Vincennes und Saint-Denis. Im Sommer 1907 ließ er sich verbittert aus gesundheitlichen Gründen in den vorzeitigen Ruhestand versetzen. In seinem Tagebuch notierte er: *»Ich tröste mich selbst (...), wenn ich über meine Prozesse nachdenke (...), dass die Ungeheuerlichkeit, an der ich so außerordentlich gelitten habe, der Menschlichkeit dienen (...) und zur Entwicklung von Gefühlen einer sozialen Solidarität beitragen konnte«*[15].

Während des Ersten Weltkriegs kämpfte der als Oberstleutnant reaktivierte Dreyfus wie auch sein Sohn an der französischen Front. Nach dem Krieg zog sich Alfred Dreyfus aus der Öffentlichkeit zurück und starb am 12. Juli 1935 in Paris an einem Herzinfarkt.

## Anmerkungen

1 Zit. nach Michael Berger, Der Fall Dreyfus. Frankreichs Armee und der neue Antisemitismus, in: J'Accuse ...! ... ich klage an! Zur Affäre Dreyfus. Eine Dokumentation. Hrsg. von Elke-Vera Kotowski und Julius H. Schoeps, Berlin 2005, S. 47–58, hier S. 50.
2 Zit. nach Ebd., S. 51.
3 Zit. nach Vincent Duclert, Die Dreyfus-Affäre. Militärwahn, Republikfeindschaft, Judenhaß, Berlin 1994, S. 16.
4 Zit. nach Berger, Der Fall Dreyfus, S. 57.
5 Zit. nach Duclert, Die Dreyfus-Affäre, S. 18.
6 Zit. nach Louis Begley, Der Fall Dreyfus. Teufelsinsel, Guantánamo, Alptraum der Geschichte, Frankfurt am Main 2009, S. 31.
7 Zit. nach Elke-Vera Kotowski, Das corpus delicti. Das Bordereau und sein Weg in die deutsche Botschaft Paris, in: J'Accuse ...! ... ich klage an! Zur Affäre Dreyfus. Eine Dokumentation. Hrsg. von Elke-Vera Kotowski und Julius H. Schoeps, Berlin 2005, S. 29–32, hier S. 29.
8 Zit. nach Detlev Zimmermann, Eine Bewährungsprobe für die Republik. Frankreich und die Dreyfus-Affäre, in: J'Accuse ...! ... ich klage an! Zur Affäre Dreyfus. Eine Dokumentation. Hrsg. von Elke-Vera Kotowski und Julius H. Schoeps, Berlin 2005, S. 33–46, hier S. 38.
9 Zit. nach Duclert, Die Dreyfus-Affäre, S. 40.
10 Zit. nach Begley, Der Fall Dreyfus, S. 148.
11 Zit. nach Ebd., S. 119.
12 Zit. nach Ebd., S. 168.
13 Zit. nach Elke-Vera Kotowski und Julius H. Schoeps (Hrsg.), J'Accuse ...! ... ich klage an! Zur Affäre Dreyfus. Eine Dokumentation, Berlin 2005, S. 183.
14 Zit. nach Esther Benbassa, Risse im Franco-Judaismus. Die Dritte Republik und der Antisemitismus, in: J'Accuse ...! ...ich klage an! Zur Affäre Dreyfus. Eine Dokumentation. Hrsg. von Elke-Vera Kotowski und Julius H. Schoeps, Berlin 2005, S. 19–26, hier S. 24.
15 Zit. nach Kotowski und Schoeps, J'Accuse ...!, S. 187.

## Der Letzte seines Hauses

# Alexander I. Obrenović

Der Zerfall des Osmanischen Reichs hatte im Lauf des 19. Jahrhunderts zur Entstehung von sechs unabhängigen Staaten auf dem Balkan geführt, die ehemals türkische Provinzen gewesen waren. Während die Mehrzahl der Balkan-Monarchien ihre Herrscher aus europäischen Fürstenfamilien »importierte«, verfügten Serbien und Montenegro über einheimische Dynastien. Nachdem der Zweite Serbische Aufstand unter der Führung von Miloš Obrenović gegen das Osmanische Reich 1815 erfolgreich beendet war und Serbien Verwaltungsautonomie erhalten hatte, regierte das Haus Obrenović seit 1817 mit nur einer Unterbrechung von sechzehn Jahren über Serbien. Das Fürstentum Serbien, dem 1878 auf dem Berliner Kongress unter Gebietszuwächsen seine volle völkerrechtliche Souveränität zugesprochen wurde, war 1882 zum Königreich aufgestiegen. Das Land blieb allerdings weiterhin Spielball der beiden großen miteinander rivalisierenden Schutzmächte Österreich-Ungarn und Russland.

Der letzte Vertreter des Hauses Obrenović, Alexander, kam am 14. August 1876 als Sohn von König Milan I. und Königin Nathalie von Serbien in Belgrad zur Welt. Seine Jugend wurde von dem skandalösen Privatleben seines Vaters überschattet. Bereits wenige Jahre nach der aus Neigung eingegangenen Ehe mit der schönen und charmanten Nathalie Keško, der Tochter eines russischen Kavallerieobersten, hatte König Milan Mätressen, was heftige Meinungsverschiedenheiten zwischen dem Königspaar auslöste. Differenzen über den gegenüber Russland und der Donaumonarchie einzuschlagenden politischen Kurs verschlechterten noch zusätzlich das Klima in der königlichen Familie. Zunehmend spitzte sich der Streit um das Erziehungsrecht für den Thronerben Alexander zu. Genüsslich schlachtete die europäische Presse die Misshelligkeiten im serbischen Königshaus aus. Um ihren Sohn dem verderblichen Einfluss des Vaters in Belgrad zu entziehen, reiste die Königin 1888 zusammen mit Alexander nach Wiesbaden, wo sie die Villa Clementine anmietete. Da Königin Nathalie trotz eines großzügigen Vorschlags Milans zu keiner offiziellen Trennung bereit war, intervenierte der serbische König, der jeden russischen Einfluss auf die Erziehung seines Sohnes ausschalten wollte, bei dem deutschen Reichskanzler Fürst Otto von Bismarck. Am 13. Juli 1888 wurde Kronprinz Alexander mit Polizeigewalt aus der Villa Clementine abgeholt, dem Bevollmächtigten seines Vaters übergeben, zum Bahnhof gebracht und in einen dort bereitstehenden Zug nach Belgrad gesetzt. Die Entführung des Kronprinzen sorgte als politischer Skandal für Aufsehen und ging als »Wiesbadener Prinzenraub« in die Geschichte ein. Am 12. Oktober wurde ein Dekret über die Auflösung der Ehe des serbischen Königspaars veröffentlicht.

Nach der überraschenden Abdankung seines unpopulär gewordenen Vaters wurde Kronprinz Alexander zwar im März 1889 zum König von Serbien proklamiert, doch stand er bis 1893 unter der Vormundschaft eines dreiköpfigen Regentschaftsrates. Um seinem Sohn die Krone zu sichern, hatte König Milan noch im Januar 1889 eine neue Verfassung für Serbien erlassen, die der Nationalversammlung, der Skupština, mehr Kompetenzen zugestand und die bürgerlichen Grund- und Freiheitsrechte einführte. Durch geheime Abkommen mit den Regenten hatte sich der abgedankte König weiterhin einen entscheidenden Einfluss auf die serbische Politik gewahrt, die unter den Obrenovići traditionell an Österreich-Ungarn ausgerichtet war. Der junge König Alexander führte während der Regentschaft ein beinahe vollständig von der Außenwelt abgeschlossenes Leben im Konak, dem Königspalast in Belgrad. Er fing an, verschlossen und misstrauisch zu werden. Seine Erziehung war streng geregelt und umfasste neben den Gymnasialfächern auch Musik-, Reit- und Turnunterricht. Überschattet wurde diese Zeit durch den wieder aufflammenden Streit von Alexanders Eltern um das Erziehungsrecht für den Sohn, in den auch die Regierung und die Skupština hineingezogen wurden. Verzweifelt rief der junge Monarch deshalb aus: »*Ich bin ein Waisenkind, dessen Eltern noch leben!*«[1]

Durch einen Putsch mit Hilfe der Armee setzte der sechzehn Jahre alte Alexander I. den Regentschaftsrat ab und erklärte sich für volljährig. Am 13. April 1893 eröffnete er den völlig überrumpelten Regenten und Ministern bei der abendlichen Hoftafel: »*Meine Herren! Vier Jahre lang haben Sie in meinem Namen die königliche Gewalt ausgeübt. Ich danke Ihnen herzlich für Ihre Mühewaltung. Nunmehr fühle ich mich persönlich befähigt und berufen, die königliche Gewalt selbst auszuüben! Ich übe sie von diesem Augenblick an aus! Ich bitte die Herren Regenten, sich in das Nebenzimmer zu begeben und mir dort ihre schriftliche Rücktrittserklärung zu übergeben!*«[2] Bemerkenswerterweise ging dieser Staatsstreich ohne Blutvergießen über die Bühne. Das Echo im Land fiel positiv aus, dem jungen Monarchen gehörte die allgemeine Sympathie. In einer Proklamation an die Bevölkerung verkündete Alexander, dass er, *»auf den Glücksstern der Obrenović vertrauend«*[3], die Regierung in seine Hände genommen habe. Am Anfang seiner Herrschaft war der König, erfüllt von jugendlichem Idealismus, wirklich um Frieden und Aussöhnung bemüht. Es dauerte allerdings nicht lange, da traten bei dem charakterschwachen Alexander erste Anzeichen einer despotischen Verhaltensweise auf, die ihn im Laufe der Zeit immer unbeliebter machte. In den politischen Kreisen verfestigte sich der Eindruck, dass es keine wirklich leitende Hand in Serbien gäbe. Der junge eigensinnige König ließe sich zu leicht ablenken und sei unzuverlässig. Ein Problem für Alexander war weiterhin, dass seine Eltern den jeweils maßgeblichen Einfluss auf ihn gewinnen wollten und ihn in ihrem Machtkampf zu instrumentalisieren versuchten, wie der österreichische Botschafter Franz von Schiessl-Perstorff 1897 berichtete: *»Was den Einfluß anlangt, den die Eltern auf den Sohn ausüben, so ist nicht zu verkennen, daß der Vater eher einen bildenden Eindruck hervorbringt, insofern er in allen Fragen Bescheid weiß und belehrend wirkt. Andererseits mag der Sohn die Superiorität des Vaters fühlen und Angst empfinden, bei längerer Anwesenheit desselben eliminiert oder wenigstens in seinen Kreisen gestört zu werden. Die Mutter wirkt durch Unterhaltung und behandelt ihn noch als Kind, was er eigentlich noch größtenteils ist. Ihr lebhaftes und unverträgliches Temperament äußert sich zunächst in Personalfragen, indem sie alle jene lebhaft verfolgt, die wirklich oder angeblich zu König Milan halten. König Milan tut eigentlich dasselbe, nur hängt er seinen Handlungen ein politisches Mäntelchen der Freundschaft zu Österreich-Ungarn um, an deren Ernst ich nicht zweifeln will, die aber zu vielem herhalten muß, was den Beziehungen der beiden Länder gerade nicht zum Vorteil gereicht«*[4].

Während sein Vater König Milan meist geschickt zwischen den streitenden Parteien, den immer wiederkehrenden Regierungskrisen und gewaltsamen Auseinandersetzungen zu lavieren verstand, ging König Alexander dieses Talent weitgehend ab. Durch seine an Wien ausgerichtete Politik, seine seit 1894 zunehmend autoritäre Regierungsweise und vor allem durch seine als Mesalliance empfundene Heirat mit der verwitweten und skandalumwitterten Draga Mašin verlor er die Unterstützung durch die politischen und militärischen Eliten des Königreichs.

Draga Mašin hatte der junge König bei einem Besuch bei seiner Mutter in Biarritz Anfang 1895 kennengelernt. Die neun Jahre ältere Witwe, die aus dem Fischerdorf Milanovac an der Donau stammte, gehörte zum kleinen Hofstaat der ehemaligen Königin Nathalie. Die Tochter des Präfekten des Landstädtchens Šabac, Panta Lunjevica, war mit Svetozar Mašin verheiratet gewesen, einem dem Trunk und Spiel ergebenen Bergwerksingenieur. Spätere Gegner von Draga Mašin behaupteten, dass die mittellose Witwe, bevor sie als Hofdame bei der serbischen Exkönigin lebte, das Leben einer nymphomanischen Halbweltdame mit Affären geführt hatte. Der noch unreife, liebesbedürftige und linkische König Alexander fühlte sich von der attraktiven und lebenserfahrenen Draga Mašin angezogen und wurde ihr regelrecht hörig. Der österreichische Gesandtschaftsbeamte Rudolf von Coronini berichtete ironisch nach Wien, *»daß König Aleksandar es für das größte Glück auf Erden hielt, der Hofdame höchsteigner Mutter im Garten des Konaks Lektionen im Vélocipède-Fahren zu geben, wobei die Fortschritte in der Kunst, zu fahren, Nebensache, die Erhaltung im Gleichgewicht durch Seine Majestät die Hauptsache gewesen sein soll«*[5].

Nach einer fünf Jahre andauernden Liaison verkündete Alexander I. am 19. Juli 1900, dass er Madame Mašin heiraten werde. Nicht nur seine Minister zeigten sich von dieser Idee entsetzt, ausnahmsweise waren sich auch die Eltern des Königs einig in ihrer Ablehnung dieses Heiratsplans. Der Exkönig schrieb seinem Sohn: *»Bei bestem Willen kann ich Dir zu der unmöglichen Heirat, zu der Du Dich entschlossen hast, meine Einwilligung nicht geben. Du mußt wissen, daß Du durch das, was Du Dir vorgenommen hast, Serbien direkt in den Abgrund stürzt. Unsere Dynastie hat so manche Schicksalsschläge ausgehalten und überlebt; dieser Schlag aber wäre so furchtbar, daß sich die Dynastie von ihm nie mehr erholen würde. Du hast noch Zeit zu überlegen. Wenn aber Dein Entschluß, wie Du sagst, unabänderlich ist, dann bleibt mir nichts anderes übrig, als für das Vaterland zu Gott zu beten. Diejenige Regierung, welche Dich nach einer so leichtsinnigen Tat aus dem Land jagen würde, würde ich als erster begrüßen«*[6]. Mit diesem Brief kam es zum endgültigen Bruch zwischen Vater und Sohn, was politische Gegner als ersten für sie günstigen Schritt zur endgültigen Beseitigung der Dynastie Obrenović werteten. Es waren nicht allein moralische Bedenken wegen des zweifelhaften Rufs der Braut, die zur Ablehnung der als unheilvoll angesehenen Verbindung führten, noch mehr empörte viele Serben die beinahe vollständige Hörigkeit des Königs gegenüber Draga Mašin. Die Landbevölkerung brachte außerdem kein Verständnis dafür auf, dass der König eine über dreißig Jahre alte Frau heiraten wollte, in ihren Augen war Draga Mašin ein »altes Weib«. Als alle Einwände der Minister nichts fruchteten, demissionierten sie geschlossen. Alexander I. hatte große Schwierigkeiten, acht Beamte zu finden, die als so genanntes »Hochzeitskabinett« bereit waren, diese

Heirat zu sanktionieren. Viele serbische Politiker zogen es nämlich vor, ins Ausland zu reisen, um nicht zu einer Kabinettsbildung aufgefordert werden zu können. Am 5. August 1900 fand die feierliche Trauung in der Belgrader Kathedrale statt. Durch seine allgemein als unstandesgemäß betrachtete Eheschließung isolierte sich der König fast völlig in Europa, da ihm dadurch der Zutritt zu allen Fürstenhöfen unmöglich gemacht wurde. Selbst am russischen Hof war sein Erscheinen nicht erwünscht, obwohl Zar Nikolaus II. als Trauzeuge fungiert und Draga ein wertvolles Kollier mit Brillanten und Smaragden geschenkt hatte, was zu einer zeitweisen politischen Annäherung an Russland führte. Die Serben fühlten sich dadurch in ihrem Stolz beleidigt.

Seit aus Madame Mašin die Königin Draga wurde, entwickelte die frischgebackene Fürstin den Ehrgeiz, ihre eigene Dynastie zu gründen. Da die Ehe des Königspaars trotz einer bekannt gegebenen Schwangerschaft der Königin kinderlos blieb, was zu der Unterstellung führte, dass die Schwangerschaft von Anfang an nur vorgetäuscht worden war, kamen in Belgrad allerhand Gerüchte darüber auf, wie Königin Draga die Nachfolgefrage in ihrem Sinne regeln wollte. Für heftige Reaktionen sorgte die Überlegung, den im Offizierskorps äußerst unbeliebten Bruder von Königin Draga, Nikodem Lunjevica, zum Thronfolger zu bestimmten. Durch ihre politischen Aktivitäten erregte sie in wachsendem Maße die Feindschaft der Armee. Unglücklicherweise ließ sich der ihr völlig ergebene König dahingehend beeinflussen, dass jeglicher Widerstand gegen sie oder ihre Verwandten von ihm als Hochverrat betrachtet wurde. Solcherart beschuldigte Kabinettsminister und Hofbeamte wurden entlassen oder sogar ins Gefängnis geworfen. Als auch das Heer von solchen Übergriffen bedroht wurde, spitzte sich die Situation dramatisch zu. Schon die Benennung eines der Eliteregimenter auf »Königin Draga« stieß auf Ablehnung. Seit dem Bruch zwischen Alexander I. und seinem im Februar 1901 verstorbenen Vater Milan, der noch immer über einen starken Rückhalt in der Armee verfügt hatte, war die Kluft zwischen dem »unmilitärischen« König und der Armee ständig größer geworden. Dass die Löhnung unpünktlich gezahlt wurde, verbitterte die Offiziere zusätzlich. Dass die pro-russische, panslawistische Radikale Partei, die der regierenden Familie Obrenović und deren auf die Donaumonarchie ausgerichteten Politik feindlich gegenüberstand, an den Zahlungsrückständen schuld war, war den Offizieren nicht bewusst. Den Rückhalt durch die Armee zu verlieren, die in allen Balkanstaaten stets den Angelpunkt der Macht bildete, sollte sich als tödlich für das Königspaar erweisen.

Nachdem ein erster Attentatsplan von sieben jungen Offizieren fehlgeschlagen war, weil das Königspaar nicht wie erwartet auf dem dafür vorgesehenen Fest erschien, wuchs die Anzahl der Verschwörer im Laufe des Jahres 1902 an. Überwiegend handelte es sich dabei um Offiziere, aber auch Zivilisten, darunter einige frühere Minister, schlossen sich dem Komplott an. Den Mittelpunkt dieser Verschwörergruppe bildete Generalstabshauptmann Dragutin Dimitrijević, der wegen seiner bulligen Statur Apis (= der Stier) genannt wurde und 1914 auch das Attentat auf den österreichischen Thronfolger Franz Ferdinand und seine Gemahlin in Sarajevo organisieren sollte. Bis 1903 war die Verschwörergruppe auf zweihundert Mitglieder angewachsen, einhundertvierzehn davon waren Offiziere. Bei den meisten Verschwörern dürften weniger patriotische Gründe denn Rachegedanken und egoistische Motive ausschlaggebend für ihre Teilnahme gewesen sein. Auf ihrem letzten Treffen am 8. Juni 1903 entschieden sich die Verschwörer für die Nacht vom 10. auf den 11. Juni als Termin für den Anschlag.

Dass sich die Situation in Serbien kritisch für sie entwickelte, entging dem Königspaar nicht. Am Abend des 10. Juni äußerte sich die Königin besorgt zu Pavle Marinković, dem serbischen Gesandten in Sofia: *»Wir wissen, daß etwas gegen uns vorbereitet wird. Wir wissen, daß Rußland gegen den König schürt. Es ist ein furchtbares Verhängnis, und alle unsere Freunde sollen uns doch um Himmelswillen beistehen und helfen!«*[7] Während nach Mitternacht alle Zugänge zum Konak durch Militär abgesperrt wurden, wurde das Attentat selbst von insgesamt etwa vierzig jungen Offizieren unter der Führung von Hauptmann Dimitrijević durchgeführt. Ein Offizier der Palastwache war für den Anschlagsplan gewonnen worden und ließ die Verschwörer durch den Hintereingang in den Garten ein. Da eigentlich auch das schwere Eichentor des Konaks durch einen Mitverschwörer geöffnet werden sollte, dieser aber seinen Rausch ausschlief, musste das Portal mit Dynamitpatronen aufgesprengt werden. Durch die Explosion, die eine halbe Stunde nach Mitternacht erfolgte, und den Schusswechsel mit einigen pflichttreuen Wachsoldaten wurden Alexander I. und Draga im Schlaf aufgeschreckt. Das Königspaar versteckte sich in einem kleinen alkovenartigen Nebenraum, der Garderobe der Königin, dessen unauffällige Tapetentür die Verschwörer erst nach etwa zweistündiger Suche entdeckten. Durch die Sprengung war das elektrische Licht im Konak ausgefallen, weshalb nur Kerzenlicht zur Verfügung stand. Nach der Entdeckung des Königspaars feuerten die vordersten Offiziere erst ihre Armeerevolver auf es ab, bevor sie dann die in einer Blutlache liegenden Körper mit ihren Säbeln wie im Blutrausch zerhackten. Im Anschluss daran warfen sie ihre verstümmelten Opfer unter den Rufen »*Lang lebe Peter Karadjordjević!*«[8] aus den Fenstern in den Garten. Es gibt aber keinerlei Hinweise darauf, dass das im Genfer Exil lebende Oberhaupt des serbischen Hauses Karadjordjević in die Ereignisse des Juni 1903 verwickelt war.

Außer dem Königspaar wurden in jenen Nachtstunden am 11. Juni 1903 in Belgrad noch der Ministerpräsident, der Kriegsminister und die beiden Brüder von Königin Draga, Nikodem und Nikola Lunjevica, ermordet. Insgesamt wurden vierundfünfzig Personen umgebracht oder schwer verletzt. Da die Leichen des ermordeten Königspaars am nächsten Tag noch immer auf dem Rasen des Königspalastes lagen, verwandte sich der russische Botschafter bei den Verschwörern dafür, dass man die Toten doch wenigstens menschenwürdig bestatten sollte. Die Verschwörer, die eine Art improvisierte Siegesfeier abhielten, sagten dies zu. Zunächst führten Militärärzte eine Obduktion an den Leichen des Königspaars durch. Der Befund diente dazu, das Andenken des Königs und der Königin noch weiter zu schädigen. Angeblich hatten die Ärzte festgestellt, dass der tote Alexander eine anormal dicke Schädeldecke und ein ungewöhnlich kleines Gehirn hatte. Außerdem sollten beide Leichen Symptome venerischer Krankheiten aufgewiesen haben. Nach Einbruch der Dunkelheit wurden die Särge der beiden Toten auf einem Karren zu dem alten St. Markus-Friedhof gebracht. Nach der Einsegnung erinnerten nur mehr zwei in den Boden gerammte, roh gezimmerte Kreuze an das Königspaar. Das Schicksal des unpopulären Herrscherpaars erregte keine große Betroffenheit in der Bevölkerung, während einige europäische Großmächte ihre diplomatischen Beziehungen zu Serbien wegen des Blutbads zeitweise abbrachen.

Mit Alexander I. endete nicht nur die Herrschaft des Hauses Obrenović in Serbien, sondern auch die österreichfreundliche Orientierung der Außenpolitik dieses Balkanstaates. Die Nachfolge trat das Haus Karadjordjević an, das seit dem Beginn des 19. Jahrhunderts mit dem Geschlecht der Obrenovići um die serbische Krone konkurriert hatte. Bis zum Jahr 1945 regierte diese Familie in Serbien. Mit der Rückkehr der Karadjordjevići wurde die parlamentarische Regierungsform wieder eingeführt. Als Peter I. den serbischen Thron bestieg, brachte der österreichische Kaiser Franz Joseph I. in seiner offiziellen Gratulation die Hoffnung zum Ausdruck, dass es dem neuen Herrscher gelingen möge, sein Land *»wieder aus dem Zustande des tiefsten Verfalles hochzuheben, in den es infolge des in den Augen der zivilisierten Welt höchst unbilligen und vor allem besonders verdammenswerten Verbrechens geraten ist«*[9].

## Anmerkungen

1 Zit. nach Gordon Brook-Shepherd, Monarchien im Abendrot. Europas Herrscherhäuser bis 1914, Wien 1988, S. 53.
2 Zit. nach August Heinrich Kober, Europäische Fürstenhöfe – damals. Zwischen Donau und Bosporus, Frankfurt am Main 1938, S. 27.
3 Zit. nach Karl Gladt, Kaisertraum und Königskrone. Aufstieg und Untergang einer serbischen Dynastie, Graz, Wien, Köln 1972, S. 201.
4 Zit. nach Ebd., S. 266.
5 Zit. nach Ebd., S. 460, Anm. 106.
6 Zit. nach Ebd., S. 469, Anm. 150.
7 Zit. nach Ebd., S. 410f.
8 Zit. nach Brook-Shepherd, Monarchien im Abendrot, S. 62.
9 Zit. nach Ebd., S. 65.

## Sturz eines Kaiserfreundes

# Philipp zu Eulenburg und Hertefeld

Die vielschichtige Problematik der Eulenburg-Affäre, die die wilhelminische Gesellschaft in Deutschland in den Jahren 1907 bis 1909 in ihren Grundfesten erbeben ließ und als einer ihrer größten Skandale gilt, umriss der Diplomat, Schriftsteller und Mäzen Harry Graf Kessler in einem Tagebucheintrag vom 29. Oktober 1907 in einigen prägnanten Sätzen: »*Denn für Einen, der die Dinge kühl und ohne Vorurteil betrachtet, ist nicht einzusehen, warum es verwerflicher sein soll, sich mit jungen Burschen als mit jungen Mädchen zu amüsieren; (...). Es fragt sich also, wie weit man berechtigt ist, ein Vorurteil, das man selber nicht teilt, zu benutzen, um einen politischen Gegner zu vernichten, und zwar nicht blos politisch, sondern überhaupt menschlich von Grund aus zu ruinieren*«[1].

Philipp Friedrich Alexander zu Eulenburg und Hertefeld wurde am 12. Februar 1847 in Königsberg in ein altes ostpreußisches Adelsgeschlecht hineingeboren. Sein Vater war der Berufsoffizier Philipp Konrad Graf zu Eulenburg, seine Mutter Alexandrine war eine geborene Freiin von Rothkirch und Panthen. Seit einer Erbschaft im Jahr 1867 gehörten die Eulenburgs zu den reichsten Familien Preußens. Entsprechend der Familientradition durchlief Philipp zu Eulenburg eine militärische Ausbildung, die er als Gardeoffizier im Potsdamer Eliteregiment Garde du Corps abschloss. Dem gebildeten und feingeistig veranlagten jungen Adeligen behagte allerdings der Dienst in der Armee nicht, weshalb er 1869 sein Abitur nachholte: *»Ich lernte sattsam den Dienst und – die eleganteste der eleganten Garden kennen; auch alle Vorurteile, alle Fehler, allen Mangel an Bildung, aber, um gerecht zu sein, auch alle Schneidigkeit, Ritterlichkeit und militärische Tugend. Ich kam mir jedoch mit meinen weitabliegenden Kenntnissen, Interessen und, ich kann wohl sagen, meiner Bildung wie eine rechte Hand vor, die verurteilt war, einen linken Handschuh zu tragen, und das war nichts für meinen unabhängigen Geist«*[2]. Zwar nahm er noch am Deutsch-Französischen Krieg von 1870/1871 teil, wo er mit dem Eisernen Kreuz ausgezeichnet wurde, doch im Herbst 1871 schied er endgültig aus dem Militärdienst aus. Sein danach aufgenommenes Jurastudium schloss Eulenburg 1875 in Kassel mit dem Referendarexamen und wenige Tage später mit einer Promotion an der Universität Gießen ab. Im selben Jahr heiratete er am 20. November in Stockholm die schwedische Gräfin Augusta Sandels, mit der er acht Kinder haben sollte.

Nach seiner Referendarzeit am Kreisgericht Neu-Ruppin wechselte Eulenburg 1877 zum Auswärtigen Amt und begann seine diplomatische Berufslaufbahn. Im April 1886 lernte er den zwölf Jahre jüngeren Prinzen Wilhelm von Preußen, den zukünftigen deutschen Kaiser Wilhelm II., auf einer Jagdgesellschaft bei dem Grafen Eberhard Dohna im ostpreußischen Prökelwitz kennen. Rasch entwickelte sich eine enge Freundschaft zwischen den beiden Männern. Der weltgewandte und unterhaltsame Graf bot dem unsicheren Prinzen sowohl emotionalen Halt als auch intellektuelle Zerstreuung, denn Eulenburg huldigte nicht nur wie zahlreiche Standesgenossen dem Waidwerk, sondern dilettierte überdies auf dem Gebiet der bildenden Künste. Neben Schauspielen und Gedichten umfasste sein künstlerisches Œuvre auch Kompositionen. Seine »Skaldengesänge« und seine »Rosenlieder« erfreuten sich zu seinen Lebzeiten einiger Popularität. Voll Begeisterung schrieb Wilhelm im August 1886 an den Grafen: *»Bei Ihnen habe ich nicht lange gebraucht, um zu sehen, dass Sie ein sympathischer, warm fühlender Charakter sind, wie man deren wenig in der Welt trifft, und deren besonders die Fürsten so sehr bedürfen. Leider ist unsereins so oft dazu verdammt, nichts als Schmeicheleien oder Intrigen zu hören, dass einem die Menschen meist widerlich oder verächtlich vorkommen. Da ist es denn doppelt angenehm, eine solche Ausnahme gefunden zu haben«*[3]. Um die beiden Freunde bildete sich ein Zirkel preußischer Aristokraten, der sich bevorzugt auf Eulenburgs Herrensitz Liebenberg in der Uckermark traf. Der bereits in jungen Jahren auf den Kaiserthron gelangte Wilhelm fühlte sich in der männerbündlerischen Geselligkeit des Liebenberger Kreises ausgesprochen wohl. Die enge Verbindung zwischen Wilhelm II. und »Phili«, wie Eulenburg von Freunden genannt wurde, bestand bis zum Ausbruch der Eulenburg-Affäre 1906.

Nach dem Regierungsantritt von Wilhelm II. nahm Eulenburgs diplomatische Karriere an Fahrt auf. Er wurde zunächst Gesandter an den Höfen in Oldenburg, Stuttgart und München, bevor er 1894 den prestigeträchtigen Posten als Botschafter in Wien antrat. Dank seiner persönlichen Freundschaft mit dem Kaiser gewann Eulenburg als dessen im Hintergrund agierender politischer Berater großen Einfluss. Bei dem Sturz des altgedienten ersten Reichskanzlers Otto von Bismarck spielte er 1890 eine wichtige Rolle und half auf diese Weise mit, das »Persönliche Regiment«

Wilhelms II. zu etablieren. In den Neunzigerjahren übernahm er eine Vermittlerrolle zwischen dem Auswärtigen Amt und dem Herrscher. Im Zusammenspiel mit dem als Graue Eminenz geltenden Diplomaten Friedrich August von Holstein fädelte der Graf wichtige politische Weichenstellungen ein. Die laut Verfassung verantwortliche Regierung musste so des Öfteren hinnehmen, dass hinter ihrem Rücken Entscheidungen bei Wilhelm II. durchgesetzt wurden. Außerdem bewirkte Eulenburg, dass sein Freund, der ehrgeizige Bernhard von Bülow, 1897 erst zum Staatssekretär im Auswärtigen Amt und 1900 schließlich zum Reichskanzler berufen wurde. Aufschlussreich ist die von Eulenburg 1897 verfasste »Gebrauchsanweisung« für den Kaiser, die er seinem Wunschkandidaten Bülow an die Hand gab: »*Wilhelm II. nimmt alles persönlich. Nur persönliche Argumente machen ihm Eindruck. Er will andere belehren, läßt sich aber ungern belehren. Er verträgt keine Langeweile; schwerfällige, steife, allzu gründliche Menschen gehen ihm auf die Nerven und erreichen nichts bei ihm. Wilhelm II. will alles selbst machen und entscheiden. Was er selber machen will, geht leider oft schief aus. Er ist ruhmliebend, ehrgeizig und eifersüchtig. Um einen Gedanken bei ihm durchzusetzen, muß man tun, als ob der Gedanke von ihm käme. Man muß Wilhelm II. alles bequem machen. Er ermutigt andere gern zu forschem Vorgehen, läßt sie aber im Graben liegen, wenn sie dabei hereinfallen. Vergiß niemals, daß S. M. ein Lob hin und wieder braucht. Er gehört zu den Naturen, die ohne eine Anerkennung hin und wieder, aus bedeutendem Munde, mißmutig werden. Du wirst immer Zugang zu allen Deinen Wünschen haben, wenn Du nicht versäumst, Anerkennung zu äußern, wo S. M. sie verdient. Er ist dankbar dafür wie ein gutes, kluges Kind*«[4]. Am 1. Januar 1900 wurde Eulenburgs glanzvolle Karriere durch die Erhebung in den erblichen Fürstenstand gekrönt. Er war sich allerdings nur zu klar darüber, dass dieser Titel *»den vorhandenen Gift- und Gallenstoff zu bedenklichen Wirkungen entwickeln«*[5] würde. Die Erhebung des kaiserlichen Günstlings war in der Berliner Gesellschaft tatsächlich nicht unumstritten. 1902 zog sich Eulenburg aus gesundheitlichen Gründen in den einstweiligen Ruhestand zurück. Dass er weiterhin als Ratgeber des Kaisers fungierte, wurde vor allem während der Ersten Marokkokrise 1905/1906 deutlich, als Eulenburg durch seine konsensorientierte Haltung dazu beitrug, dass der internationale Konflikt friedlich beigelegt wurde. Seine Gegner reagierten entsprechend erbost, als er im April 1906 mit dem Schwarzen-Adler-Orden, der höchsten Auszeichnung Preußens, dekoriert wurde.

Als ein großer Kritiker der sich in die Politik einmengenden Hofschranzen, vor allem speziell des »Strippenziehens« durch Fürst Eulenburg, entpuppte sich der politische Publizist und Journalist Maximilian Harden, der sich als großer Verehrer Otto von Bismarcks darüber erregte, dass im Deutschen Reich *»eine viel zu süßliche und weichliche Politik«*[6] betrieben würde. Der einflussreiche Publizist, der eigentlich als Felix Ernst Witkowski geboren wurde und sich später den Künstlernamen Maximilian Harden zulegte, hatte 1892 die Wochenzeitschrift »Die Zukunft« gegründet, in der er zu wichtigen Themen aus Politik und Kunst Stellung bezog.

Ausgelöst durch den jährlichen Jagdausflug Wilhelms II. nach Schloss Liebenberg im November 1906, hinter dem Maximilian Harden erneute politische Umtriebe des Fürsten Eulenburg argwöhnte, veröffentlichte er ab dem 17. November 1906 eine Artikelserie, in der er Eulenburg und seine

»Liebenberger Tafelrunde« eines negativen Einflusses auf die deutsche Außenpolitik beschuldigte. Zudem machte er noch unmissverständliche Andeutungen über die homoerotische Ausrichtung dieses Freundeskreises, der den Kaiser umgab. Dies verursachte einen Riesenskandal, da Homosexualität in der wilhelminischen Gesellschaft verpönt war und in bestimmten Aspekten überdies dem Strafparagraphen 175 unterlag. Nach damals weitverbreiteter Auffassung standen Männer mit homoerotischen Neigungen in dem Ruf, Weichlinge zu sein, die nicht zum kraftvollen und entschlossenen Machtgebrauch taugten. Außer gegen Eulenburg fielen Hardens Anspielungen besonders deutlich gegen Generalleutnant Kuno von Moltke aus, den einstigen Flügeladjutanten Wilhelms II. und jetzigen Berliner Stadtkommandanten. Der Kaiser, der nur den »Berliner Lokalanzeiger« las und sich ansonsten Presseausschnitte vom Auswärtigen Amt vorlegen ließ, erfuhr zunächst nichts von der sich anbahnenden Katastrophe. Weder fand sich bei Hof jemand, der ihn informierte, noch konnte sich der Reichskanzler Bernhard von Bülow zu einem klärenden Gespräch aufraffen. Diese unerfreuliche Aufgabe fiel schließlich dem Kronprinzen Wilhelm zu. Erst Anfang Mai 1907 erfuhr der Kaiser durch seinen ältesten Sohn von den Vorwürfen gegen seine persönliche Umgebung: *»Niemals im Leben werde ich das verzweifelte, entsetzte Gesicht meines Vaters vergessen, das mich fassungslos anstarrte, als ich ihm im Garten des Marmorpalais von den Verfehlungen seiner nahen Freunde sprach«*[7]. Kaiser Wilhelm II. distanzierte sich daraufhin umgehend von den belasteten Personen. Seine Forderung nach der Suspendierung der Betroffenen und einer gerichtlichen Klärung der Vorwürfe sorgte letztendlich für eine großangelegte Berichterstattung und damit für eine Ausweitung des Skandals.

Bis heute ist es umstritten, was genau Maximilian Harden zur Veröffentlichung seiner Artikel trieb. Auf jeden Fall musste ihm gezielt belastendes Material zugespielt worden sein. Manche Historiker sehen in dem Bismarck-Verehrer das Instrument eines Personenkreises, der um die politische Erbschaft Bismarcks fürchtete. Andere vertreten die Auffassung, dass Geheimrat von Holstein, der sich im Zuge der Marokkokrise 1906 zum unfreiwilligen Rückzug aus der wilhelminischen Außenpolitik genötigt sah, Harden aus Rache die kompromittierenden Indiskretionen zuspielte, da der Publizist dessen Missbilligung der deutschen Außenpolitik teilte. Holstein hatte schon seit längerem einen Widerwillen gegen das von Eulenburg etablierte persönliche Regiment Wilhelms II. entwickelt. Ihn störte Eulenburgs Neigung, *»daß jede militärische, politische, juristische Frage am besten durch den Kaiser direkt entschieden wird«*[8]. Auch Reichskanzler von Bülow ist als Zuträger Hardens ins Spiel gebracht worden. Ihn soll der Wille angetrieben haben, gefährliche politische Gegenspieler am Kaiserhof zu eliminieren und Eulenburgs Einmischung in die deutsche Außenpolitik zu beenden. In dem Machtkampf zwischen Reichskanzler und unverantwortlichen kaiserlichen Ratgebern sei es Bülows erklärtes Ziel gewesen, als Sieger daraus hervorzugehen. Einiges spricht sicherlich dafür, dass der Kanzler ein doppeltes Spiel spielte und nicht mit allen Kräften versuchte, den Skandal zu verhindern.

Fürst Eulenburg zeigte sich gemäß Paragraph 175 des Strafgesetzbuches bei dem für ihn zuständigen Staatsanwalt an, was aber keine größeren Konsequenzen für den rasch an Fahrt gewinnenden Skandal hatte. Das Vorgehen des Grafen Moltke löste dagegen wesentlich mehr Aufsehen aus. Nachdem Kuno von Moltke beim Kaiser in Ungnade gefallen war, hatte der hohe Militär umgehend seinen Abschied eingereicht. Der sich an den Pranger gestellt fühlende Graf forderte Harden im Mai 1907 zum Duell, was dieser prompt ablehnte. Am 7. Juni stellte deshalb Moltke bei dem Amtsgericht Berlin-Mitte Strafantrag gegen Harden. Durch diesen Schritt wurde aus der reinen »Hofaffäre« ein medienwirksamer Gesellschaftsskandal mit politischen Auswirkungen. Die Presse versprach sich davon *»pikant-politische Enthüllungen«*[9]. Das Interesse der Journalisten konzentrierte sich dabei vornehmlich auf das Privatleben der Betroffenen und weniger auf die politischen Dimensionen der Affäre, obwohl auch die Vorstellung von einer durch eine fragwürdige Clique bei Hof ausgeübte Nebenregierung die Fantasie der Presse beflügelte.

Das erste Verfahren »Moltke gegen Harden« ging unter großem Publikumsandrang als regelrechtes Medienspektakel vor dem Amtsgericht Berlin-Mitte vom 23. bis 29. Oktober 1907 über die Bühne. Der Prozess deckte dabei eklatante Missstände in den Potsdamer Eliteregimentern und am Kaiserhof auf. Am 29. Oktober befand das Gericht, dass es erwiesen sei, dass Graf Moltke homosexuell veranlagt sei und Harden damit unschuldig. Der Graf musste die Gerichtskosten tragen. In seiner Verteidigungsrede vor dem Urteil hatte Harden eigens betont, dass es ihm überhaupt nicht um die homophile Ausrichtung Moltkes ging, sondern er habe mit seinen Artikeln *»einzig und allein einen politischen Zweck verfolgt«*. Ihm sei es darum gegangen, *»Leute, deren Einfluß auf den Kaiser ihm verderblich zu sein schien, aus dieser ihrer*

*Position zu entfernen«*[10]. Er gab zu, dass er in erster Linie den Fürsten Eulenburg ins Visier genommen hatte, dessen Einflussnahme er beenden wollte. Bei Kaiser und Hofgesellschaft erregte das Urteil größte Empörung. Graf Moltke legte unverzüglich Berufung ein, was sich als unnötig erwies, da der preußische Justizminister das Urteil wegen Verfahrensfehlern aufhob. Der Prozess musste deshalb neu aufgerollt werden.

Am 6. November 1907 wurde der Prozess »Bülow gegen Brand« verhandelt. Es ging dabei um ein Flugblatt, das Adolf Brand, der Gründer der ersten Homosexuellen-Zeitschrift »Der Eigene«, angeregt durch die Artikel von Harden, veröffentlicht hatte. Das Flugblatt hatte unter der Überschrift »Fürst Bülow und die Abschaffung des § 175« behauptet, dass der Kanzler wegen seiner homosexuellen Veranlagung erpresst worden sei. Bülow sei daher moralisch verpflichtet, gegen den Paragraphen 175 des Strafgesetzbuches anzugehen. Bülow gedachte nicht, diese Angelegenheit in der bereits durch die Eulenburg-Affäre aufgeheizten Atmosphäre auf sich beruhen zu lassen und verklagte Brand wegen Beleidigung. Da Brand vor Gericht keine handfesten Beweise präsentieren konnte, wurde er wegen Verleumdung zu achtzehn Monaten Haft verurteilt. Für den weiteren Verlauf der Eulenburg-Affäre war jedoch vor allem die Tatsache bedeutsam, dass Fürst Eulenburg, der in diesem Prozess als Zeuge auftrat, unter Eid bestritt, jemals sexuelle Beziehungen zu Männern unterhalten zu haben. Ihm entging wohl damals die Brisanz seiner Aussage, die mit den Anstoß zu dem späteren Meineidverfahren gegen ihn liefern sollte.

Das zweite, zu einem großen Teil nicht öffentliche Verfahren »Moltke gegen Harden«, das vom 16. Dezember 1907 bis zum 3. Januar 1908 dauerte, endete mit der Verurteilung des Publizisten wegen Verleumdung. Es wurde eine Haftstrafe von vier Monaten über ihn verhängt. Außerdem hatte er die Kosten des Verfahrens zu übernehmen. Moltke wurde dagegen voll rehabilitiert. Bei diesem eindeutig politischen Prozess wurde von vornherein ein Schuldspruch gegen Harden angestrebt. Während des Prozesses wurde auch Fürst Eulenburg vernommen. Er versicherte dabei auf seinen Eid, dass er nie gegen den Paragraphen 175 des Strafgesetzbuches verstoßen hatte. Auf die Nachfrage des gewieften Anwalts von Harden, Max Bernstein, ob er damit gesagt haben wollte, dass er niemals homosexuelle Handlungen begangen habe, auch keine straflosen, erklärte Eulenburg: *»Ich habe niemals Schmutzereien getrieben. Ich bin stets ein warmer Freund meiner Freunde gewesen, die Freundschaft ist das Edelste, was wir Deutschen haben«*[11]. Auf erneutes Nachhaken des Anwalts blieb Eulenburg bei seiner Aussage. Der Fürst hatte keine Ahnung, dass dem bayerischen Staranwalt bereits in dieser Sache eine protokollierte Aussage aus Starnberg vorlag und er ihn mit dieser Antwort eines Meineids überführen konnte.

Harden empfand dieses Urteil als Kampfansage. Er hatte nicht vor, den Richterspruch hinzunehmen, da er um seine journalistische Reputation fürchtete. Um Eulenburg an den Pranger stellen zu können, inszenierte er deshalb eine skrupellose Intrige. Er überredete den verantwortlichen Redakteur der in München erscheinenden »Neuen Freien Volkszeitung«, Anton Städele, dazu, in einem Artikel die Falschmeldung zu veröffentlichen, dass Harden Schweigegeld von Eulenburg erhalten habe. Bei dem daraufhin von Harden angestrengten Verfahren wegen Verleumdung am

21. April 1908 in München wurde Städele erwartungsgemäß zu einer Geldstrafe von einhundert Mark verurteilt, die ihm Harden selbstverständlich erstattete. Von entscheidender Bedeutung für Harden war nämlich, dass im Verlauf des Prozesses auch zwei ehemalige Starnberger Fischer zu Wort kamen, die einräumten, dass sie in ihrer Jugend in den Achtzigerjahren sexuelle Beziehungen zu Eulenburg unterhalten hätten, der damals Legationssekretär an der preußischen Gesandtschaft in München gewesen war. Auf diese Weise war scheinbar der Beweis für Eulenburgs Homosexualität und damit für seinen Meineid im vorausgegangenen Berliner Prozess erbracht. Als Eulenburgs alter Freund, der württembergische Gesandte in Berlin, Axel Freiherr von Varnbüler, von diesen Zeugenaussagen hörte, vertrat er zu Recht die Meinung: »*Er ist verloren rettungslos*«[12].

Die Folge des Münchner Prozesses war, dass sich der Fürst in Berlin wegen Meineides verantworten musste. Der Eulenburg-Skandal nahm dadurch gewaltige Dimensionen an. Nicht nur im Inland, sondern auch im Ausland verfolgte man den gegen den ehemaligen Kaiserintimus eingeleiteten Prozess mit größter Spannung. Eulenburg vermerkte dazu am 30. April 1908 in seinem Tagebuch: »*Welches Schicksal! Ich gewöhne mich langsam an den Gedanken, umgebracht zu werden. Wie ist es denn anders möglich? Ich werde durch falsche Zeugen, Presse, Regierung, Judengeld umgebracht. Sehe keine Rettung!*«[13] Vorsorglich wurde vom Berliner Hof der Schwarze-Adler-Orden von ihm zurückgefordert. Eulenburg gab daraufhin auch alle anderen, ihm vom Kaiser verliehenen Ehrenzeichen zurück. Der Meineidprozess, der fast vollständig unter Ausschluss der Öffentlichkeit verlief, begann am 29. Juni 1908. Nachdem die ersten Zeugen verhört worden waren, musste die Verhandlung wegen Eulenburgs schlechten Gesundheitszustands in den Konferenzsaal der Charité, Berlins berühmtem Krankenhaus, verlegt werden. Am 17. Juli musste der Prozess *»wegen Verhandlungsunfähigkeit des Angeklagten«*[14] auf unbestimmte Zeit vertagt werden. Der Fürst hielt daraufhin eine pathetische Rede, in der er betonte, dass ihm seine Gesundheit nicht wichtig wäre: *»Ich kann und will weiterverhandeln. Es ist schade, daß die Ärzte sich gegen meinen festen Willen erklärt haben. Aber, meine Herren bedenken Sie, ein Unschuldiger kämpft um seine Ehre!«*[15] Kaiser Wilhelm II., dem nicht klar zu sein schien, dass eine Fortsetzung des Verfahrens die Gefahr beinhaltete, dass auch seine Person durch weitere Enthüllungen Schaden nehmen könnte, reagierte zunächst wie viele Zeitgenossen auf die Verfahrenseinstellung mit Unverständnis: *»Einerseits erklären die Ärzte ihn für nicht vernehmungsfähig, andererseits hält er eine lange Verteidigungsrede! Wie geht das zusammen? (...) Die Justizbehörde ist mir unbegreiflicher als je in dieser Sache!«*[16] Gegen Zahlung einer hohen Kaution durfte Eulenburg auf sein Schloss Liebenberg zurückkehren. Im Juli 1909 wurde der Prozess gegen den Fürsten zwar wieder aufgenommen, doch musste er bereits nach kurzer Zeit nach einem Zusammenbruch Eulenburgs erneut auf unbestimmte Zeit ausgesetzt werden. Wiederholt wurde der Fürst, den man des Simulantentums verdächtigte, in den kommenden Jahren auf seine Verhandlungsfähigkeit hin untersucht, doch bis zum Ende des Kaiserreichs 1918 konnte kein Urteil erfolgen. Es entstand deshalb bei manchem Beobachter der Eindruck von Klassenjustiz zugunsten einer einstigen Schlüsselfigur des wilhelminischen Establishments. Es wurde daher gemunkelt, dass sich Eulenburg den Staatsorganen entziehen konnte, weil er mit der Veröffentlichung intimer Kaiserbriefe drohen würde. Die als bestens informiert geltende Baronin Hildegard Spitzemberg notierte am 9. Juni 1909: *»Die Sorge, daß er [Eulenburg] könnte bedenkliche Briefe S. M's. veröffentlichen, wenn man ihm zu scharf zu Leibe ginge, ist es ja, die den Leuten hier die Hände lähmt«*[17]. Nach dem Ende der Monarchie wurde der Fall Eulenburg wieder auf die Tagesordnung gesetzt, doch die am 9. September 1920 vom preußischen Justizminister veranlasste medizinische Untersuchung des Fürsten endete wieder mit der Bescheinigung der Verhandlungsunfähigkeit. Als Eulenburg 1921 verstarb, war die Frage seiner Homosexualität und der damit in Verbindung stehende Meineid immer noch nicht gerichtlich geklärt.

Nachdem das Reichsgericht als höchste Instanz das Urteil vom zweiten Moltke-Prozess gegen Harden am 23. Mai 1908 kassiert hatte, war deshalb ein weiterer Prozess nötig. Im April 1909 wurde abermals in Sachen »Moltke gegen Harden« verhandelt. Wiederum fand das Verfahren weitgehend unter Ausschluss der Öffentlichkeit statt. Obwohl er sich zuvor außergerichtlich mit Moltke geeinigt hatte, wurde Harden ein weiteres Mal wegen übler Nachrede verurteilt. Er erhielt eine Geldstrafe von sechshundert Mark und musste für die aufgelaufenen Gerichtskosten aus allen drei Verfahren aufkommen. Moltke galt damit gegenüber der Öffentlichkeit als rehabilitiert. Im Juni zog Harden seine schon eingereichte Revisionsklage zurück, nachdem er 40 000 Reichsmark Schweigegeld erhalten hatte.

Die Eulenburg-Affäre ist ein bezeichnendes Beispiel dafür, wie verheerend es sich auswirken konnte, wenn Vorurteile und Scheinheiligkeit als Mittel für politische Ziele eingesetzt wurden. Das Ansehen des deutschen Kaisers und des Kaisertums generell hatten durch den Skandal stark gelitten, große Teile des Hofs und der gesellschaftlichen Eliten sahen sich in ihrer Reputation empfindlich bloßgestellt und beschädigt. Wilhelm II. wandte sich in der Folge von den politisch eher moderaten Kreisen ab und bevorzugte militärisch ausgerichtete Berater. Letztlich trug die ganze Affäre auf diese Weise zum Zusammenbruch des Kaiserreichs mit bei. Der unerfreuliche Verlauf der Eulenburg-Affäre löste in der ziemlich prüden wilhelminischen Gesellschaft ein Klima absoluter Intoleranz sowie rigorose Ablehnung gegenüber Homosexuellen aus und steuerte dazu bei, dass diese in den Untergrund getrieben wurden.

Fürst Eulenburg, den Kaiser Wilhelm II. aus Gründen des Selbstschutzes und der Staatsräson unwiderruflich fallen gelassen hatte, zog sich völlig ins Privatleben zurück. Menschlich und politisch war er vernichtet. Da ihn die Mehrheit seiner Freunde *»wie einen Verbrecher und Aussätzigen mied«*[18], verbrachte Eulenburg sein restliches Leben in weitgehender gesellschaftlicher Isolation. Verbittert konstatierte er: *»Das Häuflein der mir Gebliebenen, oder besser gesagt, die es gewagt haben, ihre Treue öffentlich zu dokumentieren, besteht aus etwa fünf bis sechs Köpfen!!«*[19] Am 17. September 1921 verstarb Philipp Fürst zu Eulenburg und Hertefeld auf seinem Schloss Liebenberg. Zwei Jahre später erschienen postum seine Erinnerungen unter dem Titel »Aus 50 Jahren«.

## Anmerkungen

1 Zit. nach Peter Winzen, Das Ende der Kaiserherrlichkeit. Die Skandalprozesse um die homosexuellen Berater Wilhelms II. 1907–1909, Köln, Weimar, Wien 2010, S. 346.
2 Zit. nach Peter Jungblut, Famose Kerle. Eulenburg – Eine wilhelminische Affäre, Hamburg 2003, S. 123.
3 Zit. nach Ebd., S. 32.
4 Zit. nach Sebastian Haffner, Philipp zu Eulenburg, in: Preußische Profile. Hrsg. von Sebastian Haffner und Wolfgang Venohr, Frankfurt am Main und Berlin 1986, S. 197–218, hier S. 209.
5 Zit. nach Jungblut, Famose Kerle, S. 57.
6 Zit. nach Haffner, Philipp zu Eulenburg, S. 218.
7 Zit. nach Jungblut, Famose Kerle, S. 83.
8 Zit. nach John C. G. Röhl, Kaiser, Hof und Staat. Wilhelm II. und die deutsche Politik, München 2002, S. 54.
9 Zit. nach Jungblut, Famose Kerle, S. 89.
10 Zit. nach Winzen, Ende der Kaiserherrlichkeit, S. 145.
11 Zit. nach Ebd., S. 194.
12 Zit. nach Röhl, Kaiser, Hof und Staat, S. 67.
13 Zit. nach Jungblut, Famose Kerle, S. 223.
14 Zit. nach Winzen, Ende der Kaiserherrlichkeit, S. 293.
15 Zit. nach Ebd., S. 293.
16 Zit. nach Ebd., S. 296.
17 Zit. nach Ebd., S. 332.
18 Zit. nach Röhl, Kaiser, Hof und Staat, S. 68.
19 Zit. nach Jungblut, Famose Kerle, S. 262.

## Albanisches Intermezzo

# Wilhelm zu Wied

Nach dem Ende der jahrhundertelangen Türkenherrschaft über Südosteuropa erhielten die Albaner im Vergleich zu den anderen Balkanvölkern erst sehr spät, nämlich 1912, einen eigenen Nationalstaat. Die europäischen Großmächte nahmen dabei für sich in Anspruch, über die Köpfe der Albaner hinweg einen in ihren Augen geeigneten Fürsten als neuen Landesherren für sie zu bestimmen. Dem Prinzen Wilhelm zu Wied war allerdings nur eine zweihundert Tage dauernde Regierungszeit in Albanien vergönnt. Entgegen mancher unfreundlichen Prophezeiung musste er dieses politische Wagnis nicht mit seinem Leben bezahlen. Seine undankbare Rolle als Spielball widerstreitender Interessen vor dem Hintergrund des heraufziehenden Ersten Weltkriegs beurteilte der albanische Bischof und Politiker Fan Noli folgendermaßen: *»Man kann Prinz Wilhelm eigentlich nur ankreiden, daß es ihm nicht gelang, Wunder zu vollbringen«*[1].

Wilhelm Friedrich Heinrich Prinz zu Wied war Rittmeister in der preußischen Armee und gehörte seit 1909 dem Großen Generalstab in Berlin an, als er von seiner Tante, Königin Elisabeth von Rumänien, einer geborenen Prinzessin zu Wied, als geeigneter Fürst für Albanien vorgeschlagen wurde. Der Prinz war am 26. März 1876 als zweiter Sohn von Fürst Wilhelm zu Wied und Fürstin Marie, einer niederländischen Prinzessin, im Schloss zu Neuwied bei Koblenz auf die Welt gekommen. Seine militärische Laufbahn in preußischen Diensten begann zunächst bei der Garde du Corps, bevor er nach drei Jahren Generalstabsausbildung als Rittmeister zum 3. Garde-Ulanen-Regiment in Potsdam abkommandiert wurde. Am 30. November 1906 heiratete er, von der rumänischen Königin dazu angeregt, die kunstinteressierte Prinzessin Sophie von Schönburg-Waldenburg. Aus dieser Ehe stammten zwei Kinder, Prinzessin Marie Eleonore und Prinz Carol Viktor.

Nach einer mehr als vier Jahrhunderte andauernden Zugehörigkeit zum Osmanischen Reich war Albanien im Verlauf der Balkankriege von 1912/1913 als selbständiger Staat entstanden. Im Juli 1913 hatten die europäischen Großmächte den albanischen Staat nach langwierigen Verhandlungen auf einer Botschafterkonferenz in London anerkannt. Die Wünsche und Interessen des albanischen Volkes spielten indes auf dieser Konferenz keine große Rolle. Es standen vielmehr die strategischen Interessen der in der Adria konkurrierenden Staaten und die bündnispolitischen Erwägungen der Großmächte im Mittelpunkt aller Erörterungen und Beschlüsse. Im Grunde ging es den Großmächten vor allem darum, sich die internationale Kontrolle über Albanien zu sichern. Allein die Grenzziehung bot schon reichlich Stoff für Differenzen. Während Österreich-Ungarn den Standpunkt einnahm, dass kein ausschließlich von Albanern bewohntes Gebiet an die bereits bestehenden Balkanstaaten abgetreten werden sollte, wollte Russland seinem Verbündeten Serbien etwa einen Zugang zur Adria verschaffen. Die sechs an der Konferenz beteiligten Großmächte Großbritannien, Frankreich, Deutschland, Österreich-Ungarn, Italien und Russland entschieden, dass Albanien ein neutrales, souveränes und erbliches Fürstentum werden sollte.

Die Entscheidung über die Besetzung des Fürstenthrons behielten sich selbstverständlich die Großmächte vor. Generell hegten die Großmächte keine allzu hohe Meinung über die Albaner, so vertrat etwa der russische Außenminister Sergej Dimitrijewitsch Sasonow die Auffassung, dass die Albaner *»alle Mörder«*[2] seien. Die Kür des geeigneten Fürsten erwies sich als schwierig. Es gab neunzehn Thronkandidaten, bevor man überhaupt Wilhelm zu Wied als Fürsten in Betracht zog. Zeitweise stand sogar zu befürchten, dass es wegen der Kandidatenfrage zum offenen Konflikt zwischen der Donaumonarchie und Italien kommen könnte. Die von Kaiser Wilhelm II. geäußerte Meinung, dass man angesichts der muslimischen Mehrheit unter der Bevölkerung möglichst einen mohammedanischen Fürsten *»unter Berücksichtigung einer vollen Börse«*[3] wählen sollte, hatte keine Aussicht auf Zustimmung. Als sich Wien und Rom auf den Prinzen zu Wied als akzeptablen Kandidaten einigten, sprach für ihn in ihren Augen, dass er als Protestant keiner der drei in Albanien vertretenen Religionsgemeinschaften angehörte. Bei ihm war daher nicht zu befürchten, dass er eine von diesen bevorzugen würde. Da außerdem von den beteiligten Großmächten Deutschland am wenigsten Interesse an den Balkanfragen besaß, konnte damit gerechnet werden, dass ein deutscher Kandidat am ehesten die Zustimmung aller Mächte erlangen würde. Dass der Prinz zusätzlich über enge Verwandtschaftsbeziehungen zu den herrschenden Häusern in Europa verfügte, war ein weiteres Plus. Der so ausersehene Kompromisskandidat zögerte mit seiner Antwort auf das Angebot. Später bekannte der Prinz zu Wied: *»Ich verkannte die ungeheuren Schwierigkeiten nicht, die sich dem neuen Fürsten dieses noch vielfach auf mittelalterlicher Kulturstufe stehenden*

*Landes entgegentürmten. Alles, aber auch alles, was ein Staat benötigt, mußte neu, fast aus dem Nichts geschaffen werden. Erst auf wiederholtes Bitten und Drängen von seiten der beiden am meisten interessierten Großmächte Oesterreich-Ungarn und Italien, sowie im festen Vertrauen auf die Garantieerklärungen und Versprechungen aller an der Londoner Konferenz beteiligten Großmächte und in der Hoffnung, zur Beruhigung des neu errichteten albanischen Staates und hiermit zu der des Balkan beizutragen, erklärte ich mich Anfang Dezember 1913 zur Thronannahme unter gewissen Bedingungen bereit. Von diesen waren die wichtigsten: die Anerkennung durch die Großmächte, Zustimmung des albanischen Volkes durch eine Deputation und die Garantie einer Anleihe von 75 Millionen Franken durch die Großmächte, welche die Mittel zu den notwendigsten öffentlichen Arbeiten und Einrichtungen des neuen Staates gewähren sollte«*[4]. Am 1. November 1913 nahm er die Kandidatur offiziell an. Offensichtlich hatte ihn seine ehrgeizige und willensstarke Ehefrau zur Einwilligung in diese Herausforderung bewogen. Sie erhoffte sich davon wohl eine vielfältigere Lebensaufgabe als Landesmutter von Albanien. Auch der Onkel des Prinzen, König Carol I. von Rumänien, hatte dem Neffen zugeredet, die Herrschaft in Albanien anzutreten.

Weder der deutsche Kaiser Wilhelm II. noch der Reichskanzler Theobald von Bethmann Hollweg zeigten sich über diese Entscheidung des Prinzen erfreut und versuchten ihm eindringlich von der Annahme der albanischen Krone abzuraten. Wilhelm II. befürchtete wegen der mangelnden Eignung des Prinzen für den Balkan dessen Scheitern. Der Gedanke, *»daß ein deutscher Fürst sich dort blamieren sollte«*, war ihm, wie er später bekannte, *»überhaupt unsympathisch«*[5]. Als sich der offenbar keineswegs über die bevorstehende

Aufgabe enthusiastische Prinz im Neuen Palais in Potsdam von dem Kaiser verabschiedete, meinte dieser: »*Weißt Du, ich an Deiner Stelle wäre lieber Rittmeister bei den Garde-Ulanen geblieben*«[6]. Auch der österreichische Außenminister Leopold Graf Berchtold beklagte bei dem Prinzen das Fehlen von »*rücksichtsloser Willenskraft und Energie*«[7]. Wie von dem Prinzen gewünscht, reisten 1914 achtzehn Vertreter Albaniens, die die verschiedenen Bezirke des Landes vertraten, nach Neuwied, um ihm in einer feierlichen Zeremonie am 21. Februar die albanische Krone anzubieten. Über die Frage, wer dieser Delegation angehören sollte, hatte es im Vorfeld in Albanien viele Streitigkeiten gegeben. An der Spitze der Delegation stand Essad Pascha Toptani, der mächtigste Mann in Mittelalbanien. Wilhelm zu Wied schloss seine feierliche Ansprache an die Delegation mit den Worten: »*Gern und dankbar vernehme ich von Ihnen die Versicherung Ihrer Treue, dieser Treue, die in Albanien von jeher heilig und in der ganzen Welt berühmt ist. Im Vertrauen auf die Unterstützung aller Albaner und in gemeinsamer, treuer Arbeit wird es uns gelingen, Albanien einer glücklichen und glorreichen Zukunft entgegenzuführen. Hoch Albanien!*«[8]

In Begleitung von seiner Frau Sophie und seinen beiden Kindern reiste Wilhelm zu Wied von Triest aus an Bord des österreichischen Schlachtschiffs »Taurus« in sein neues Fürstentum. Am 7. März 1914 betrat Fürst Wilhelm I. in der albanischen Hafenstadt Durrës erstmals albanischen Boden, wo ihn eine Gruppe von Albanern begeistert begrüßte. Diese Stadt an der Adria hatte der Fürst zu seiner Hauptstadt bestimmt. Als königliche Residenz war ein zweistöckiges Haus, eine ehemalige türkische Kaserne, mitten in Durrës vorgesehen.

Albanien, die neue Heimat des Fürsten und seiner Familie, war ein armes Land ohne nennenswerte Infrastruktur, Verwaltung oder Industrie. In den verschiedenen Landesteilen gab es unterschiedliche lokale Herrschaften. Die Grenzziehung war noch nicht endgültig geklärt und wurde von den benachbarten Staaten nicht anerkannt. Der neue Fürst war völlig von der finanziellen, politischen und militärischen Unterstützung durch ausländische Staaten abhängig. Als verhängnisvoll sollte es sich für ihn auswirken, dass er ohne eine Finanzgarantie aller Mächte nach Albanien ging. Kaiser Wilhelm II. wies später daraufhin, dass er *»dem Prinzen noch dringend ans Herz gelegt«* habe, *»Albanien nicht vor der Regelung der Finanzfrage zu betreten«*[9].

Der neue Landesherr besaß nur geringe Kenntnisse über das Land und die lokalen Verhältnisse, so dass er auf Berater angewiesen war. Er konnte zwar auf eine militärische Ausbildung verweisen, verfügte aber über kein vertieftes Wissen in Fragen der Volkswirtschaft, des Staatsrechts und der internationalen Diplomatie. Als weiteres schwerwiegendes Manko kam hinzu, dass das neue Fürstenpaar noch nicht die Landessprache beherrschte, wodurch es keinerlei Kontakt zur Bevölkerung aufbauen konnte. Negativ wirkte sich aus, dass sich der Fürst nur selten in der Öffentlichkeit zeigte und abgesondert vom Volk in seinem streng bewachten Palais lebte. Dass er im Stil eines konstitutionellen Herrschers alle Regierungsangelegenheiten den albanischen Ministern überließ, passte auch nicht zu dem Erscheinungsbild eines Machthabers, wie ihn die Albaner kannten. Sie waren von ihren Herrschern einen offeneren, aktiveren Herrschaftsstil gewohnt. Führungsschwäche wurde nicht goutiert. Hier mögen sich die von Herzogin Viktoria Luise von Braunschweig-Lüneburg beobachteten Anlagen des Fürsten ausgewirkt haben. Sie beschrieb ihn *»als einen bescheidenen, vornehmen Charakter mit einer eher zurückhaltenden denn aktiven Natur«*[10]. Zu seinem Ansehensverlust in der Bevölkerung trug auch das als exaltiert empfundene Verhalten seiner Frau bei, die im Mondschein Konzerte veranstaltete.

Nach der am 10. April 1914 verabschiedeten Verfassung war Albanien ein konstitutionelles, souveränes und erbliches Fürstentum *»unter der Garantie der sechs Großmächte«*[11]. Das Land war allerdings kein wirklich selbständiger Staat. Die Zivil- und Finanzverwaltung sollte für die Dauer von zehn Jahren unter der Kontrolle einer Kommission von Vertretern der Großmächte stehen. Dadurch verfügten die Großmächte über einen direkten Einfluss auf die albanische Regierung, und die Internationale Kontrollkommission bildete eine Art Nebenregierung. Zu einer Umsetzung der Bestimmungen der Verfassung kam es nicht. Das Statut, das kurzerhand europäische Vorstellungen auf Albanien übertrug, berücksichtigte nahezu überhaupt nicht die Geschichte und Mentalität der Albaner.

Als Premierminister der ersten Regierung unter Fürst Wilhelm I. fungierte der fünfundsiebzig Jahre alte Turhan Pascha Përmetti, ein ehemaliger osmanischer Würdenträger und Diplomat, der die letzten Jahrzehnte fast ausschließlich im Ausland verbracht hatte und keinerlei innenpolitische Erfahrung vorweisen konnte. Auch die Mehrzahl der übrigen Minister hatte kaum in Albanien gelebt. Als der mächtigste Mann im Kabinett, der zugleich aber auch der gefährlichste für den Fürsten war, galt Essad Pascha Toptani, der 1913 Präsident einer eigenen Regierung in Durrës gewesen war und selbst mit der Fürstenstellung geliebäugelt hatte. Er wurde Innen- und Verteidigungsminister der neuen Regierung. Wilhelm zu Wied erhoffte sich, auf diese Weise seine Loyalität zu gewinnen. In der Zusammensetzung ihrer Mitglieder wies die Regierung wegen des Überwiegens der Großgrundbesitzer einen feudalen Charakter auf.

Die dem neuen Fürsten von den Großmächten versprochene Finanzhilfe floss nur zäh, gegen Ende seiner nur kurzen Regierungszeit blieb sie ganz aus. Schnell zeichnete sich ab, dass es dem Fürsten Wilhelm nicht gelang, in der Bevölkerung und bei den albanischen Lokalherren Geltung und Respekt zu gewinnen. Im Süden des Landes unternahmen die Griechen Versuche, Gebietsansprüche geltend zu machen. Einige albanische Machthaber strebten selbst nach dem Thron. Als größte Bedrohung für die noch ungefestigte Herrschaft des Fürsten erwies sich jedoch die im Mai 1914 in Mittelalbanien ausgebrochene bewaffnete Bauernrevolte. Da dieser Aufstand von mohammedanischen Albanern getragen wurde, die keinen christlichen Fürsten als Landesherrn akzeptieren wollten, stellte er eine nicht zu unterschätzende Gefahr für die neue albanische Regierung dar, weil die Bevölkerungsmehrheit dem moslemischen Glauben angehörte. Der »Haxhi-Qamil-Aufstand« wurde von Serbien, Montenegro, den Jungtürken und vermutlich auch von Essad Toptani angestiftet. Ob der Verteidigungsminister tatsächlich mit den revoltierenden Bauern konspirierte, ist nicht eindeutig nachzuweisen. Auf jeden Fall zeigte Essad Pascha Toptani nur wenig Engagement im Kampf gegen die Aufständischen. Wied vermutete deshalb schon sehr bald, dass sein Minister hinter dem Aufstand steckte. Als es zu einer Schießerei zwischen Soldaten und der privaten Miliz von Essad Toptani kam, ließ der Fürst seinen Minister verhaften. Auf Druck der italienischen Regierung, die eigene machtpolitische Ziele in Albanien verfolgte und deshalb offensichtlich gegen den Fürsten Wilhelm intrigierte, durfte Essad Toptani nach Italien ausreisen. Bitter vermerkte Wied dazu später in seiner Denkschrift: »*Alle Ereignisse ließen auf einen geplanten verräterischen Handstreich Essads schließen. Schriftliche Beweise irgendwelcher Art wurden nicht gefunden und konnten auch kaum vorhanden sein, da Essad ja gar nicht lesen, nur seinen Namen mühsam schreiben kann. Es widerstrebte mir, ihn allein auf mündliche Beschuldigungen hin, deren Richtigkeit sich nicht einwandfrei feststellen ließ, den Prozeß zu machen. Außerdem hatte er sich sofort unter den Schutz Italiens gestellt, den dieses ihm sogleich versprach*«[12]. Am meisten erboste den Fürsten, dass man Essad in Italien wie einen »*Märtyrer*«[13] feierte. Fürstin Sophie berichtete dazu in einem Brief vom 31. Mai 1914: »*Alle Verwandten Essads – die ganzen Toptanis – schwören drauf, dass Essad die Sache angeregt habe – die meisten anderen auch. (…) Dass Italien diesen Mann uns gegenüber so verherrlicht ist nicht gerade freundlich. Es sind uns leider sehr viele Lichter aufgegangen, von wo uns dieser Aufstand überall geschürt worden ist*«[14]. Zwar hatte sich der Fürst auf diese Weise den gefährlichen Rivalen vom Hals geschafft, doch der Aufstand in Mittelalbanien war damit nicht beendet, sondern griff weiter um sich, da die früheren Gefolgsleute von Essad zu den Aufständischen übergingen. Als die Aufständischen sich in den Außenbezirken von Durrës mit der Gendarmerie Gefechte lieferten, ließ sich Wied von dem italienischen Botschafter Baron Aliotti, einem intriganten Quertreiber, der mit aller Macht auf den Anschluss Albaniens an Italien hinarbeitete, dazu überreden, sich am 23. Mai mit seiner Familie zur Sicherheit auf das italienische Kriegsschiff »Misurata« zu begeben. Zwar blieb er nur einige Stunden an Bord des Schiffes und kehrte noch am selben Tag nach Durrës zurück, doch sein Ansehen hatte durch diese überstürzt und unüberlegt wirkende Flucht noch mehr gelitten, denn bei den Albanern spielten traditionell Mut und Tapferkeit eine große Rolle. Im Rückblick auf diesen Vorfall bekannte Wied: *»Bis zu diesem Tage hatte ich immer noch mit einer ehrlichen Unterstützung durch die italienische Regierung in meiner schwierigen Lage gerechnet. Von da ab war mir klar, daß man von seiten Aliottis jedenfalls auf jede Niedertracht gefaßt sein mußte«*[15]. Die Aufständischen erhoben nun die Forderung, dass der Fürst abdanken und Albanien in die Türkei rückgegliedert werden sollte.

Nach der Verhaftung von Essad Pascha war die gesamte albanische Regierung zurückgetreten. Dem Fürsten gelang es, bald ein neues arbeitsfähiges Kabinett aufzustellen. Wied änderte jetzt auch sein bisheriges Führungsprinzip und griff zeitweilig selbst in die Kämpfe ein. Seine Position wurde trotzdem immer schlechter, nur noch der massive Einsatz von internationalen Truppen hätte ihn halten können. Bitter konstatierte der Fürst: *»Die Vertreter der Großmächte standen sich fast stets mit ihren Vorschlägen und Ansichten diametral gegenüber, Entente und Italien gegen Deutschland und Oesterreich-Ungarn«*[16]. Anfang Juli 1914 herrschte er nur noch über die Hauptstadt. Er konnte sich nicht gegen den Bürgerkrieg in seinem Land behaupten. Die Großmächte gewährten ihm nur unzureichend Hilfe. Nicht zu Unrecht fragte sich der Fürst, *»ob die Mächte noch ein Albanien wollen«*[17]. Mit Ausbruch des Ersten Weltkriegs wurde die Lage für Fürst Wilhelm I. noch auswegloser, weil alle Mitglieder der Internationalen Kontrollkommission der Reihe nach ihre Truppenkontingente abzogen. Da außerdem die Anleihe nicht weiter ausbezahlt wurde, verfügte Wied über keine Mittel mehr, die ihm verbliebenen, noch weitgehend ungeschulten albanischen Truppen zu finanzieren. Nachdem der Fürst den Kriegseintritt seines Landes, das laut den Londoner Beschlüssen Neutralität zu wahren hatte, an der Seite Österreich-Ungarns ablehnte, verlor er seinen bisher stärksten Rückhalt. Als er am 3. September 1914 das Land zusammen mit seiner Familie und einem Teil der Regierung auf einem italienischen Kriegsschiff verließ, vertraten einige Beobachter die Auffassung, dass er sich länger als gedacht gehalten habe. Bereits am Tag zuvor hatte Fürst Wilhelm die Regierungsgewalt den verbliebenen Delegierten der Internationalen Kontrollkommission übergeben. Das albanische Abenteuer war für den deutschen Prinzen wenig glanzvoll zu Ende gegangen. Fürstin Sophie fiel der Abschied von Albanien schwer. Nach den Worten des österreichischen Botschafters war die Fürstin *»sichtlich den Thränen nahe und trachtete mit Anstrengung über relativ fernliegende Themen zu sprechen«*[18].

Wilhelm zu Wied dankte nie als Fürst von Albanien ab. 1917 pochte er noch immer auf seine Wiedereinsetzung, weshalb er auch eine »Denkschrift über Albanien« publizierte, die seinen Anspruch untermauern sollte: *»Bei meiner Abreise (...) habe ich versprochen, zurückzukehren, sobald ich könnte, und wo ich auch sein würde, für das Wohl meines Landes zu arbeiten«*[19]. Sein Wiedereintritt in die deutsche Armee als Offizier unter dem Namen eines Grafen von Kruja im Oktober 1914 sollte sich im Hinblick auf seine albanischen Ambitionen als wenig glückliche Entscheidung erweisen. Nach dem Ende des Ersten Weltkriegs war er als aktiver Kriegsteilnehmer auf Seiten der unterlegenen Mittelmächte für die Siegermächte völlig indiskutabel geworden. Seit 1925 lebte er, meist getrennt von seiner Frau, in München und in Rumänien, wo er am 18. April 1945 im Schloss Predeal verstarb, drei Wochen vor Ende des Zweiten Weltkriegs.

## Anmerkungen

1 Zit. nach Peter Bartl, Albanien. Vom Mittelalter bis zur Gegenwart, Regensburg 1995, S. 181.
2 Zit. nach Hanns Christian Löhr, Die Gründung Albaniens. Wilhelm zu Wied und die Balkan-Diplomatie der Großmächte. 1912–1914, Frankfurt am Main 2010, S.115.
3 Wilhelm II., Ereignisse und Gestalten aus den Jahren 1878–1918, Leipzig und Berlin 1922, S. 136.
4 Wilhelm, Fürst von Albanien, Prinz zu Wied, Denkschrift über Albanien, (Berlin 1917), S. 15.
5 Wilhelm II., Ereignisse und Gestalten, S. 136.
6 Viktoria Luise, Herzogin zu Braunschweig und Lüneburg, Im Glanz der Krone, 3. Aufl., Göttingen 1968, S. 262.
7 Zit. nach Löhr, Gründung Albaniens, S 182.
8 Zit. nach Viktoria Luise, Im Glanz der Krone, S. 261.
9 Wilhelm II., Ereignisse und Gestalten, S. 137.
10 Viktoria Luise, Im Glanz der Krone, S. 261.
11 Zit. nach Michael Schmidt-Neke, Entstehung und Ausbau der Königsdiktatur in Albanien (1912–1939). Regierungsbildungen, Herrschaftsweise und Machteliten in einem jungen Balkanstaat, München 1987, S. 36.
12 Wilhelm, Fürst von Albanien, Denkschrift, S. 18f.
13 Ebd., S. 19.
14 Zit. nach Robby Joachim Götze, Sophie Fürstin von Albanien, Prinzessin zu Wied, Prinzessin von Schönburg-Waldenburg. Eine Bildbiographie, Waldenburg 2009, S. 80.
15 Wilhelm, Fürst von Albanien, Denkschrift, S. 21.
16 Ebd., S. 25.
17 Zit. nach Löhr, Gründung Albaniens, S. 232.
18 Zit. nach Götze, Sophie Fürstin von Albanien, S. 65.
19 Wilhelm, Fürst von Albanien, Denkschrift, S. 41.

# Matthias Erzberger

In der Zeit der Weimarer Republik belasteten politisch motivierte Morde durch links- oder rechtsextremistische Gruppen oder Täter das öffentliche Leben in Deutschland. Politische Gegner sollten durch physische Gewalt und Mord beseitigt und auf diese Weise ein politischer Umsturz herbeigeführt werden. Der aus Württemberg stammende Zentrumspolitiker und Reichsfinanzminister Matthias Erzberger ist einer dieser namhaften Repräsentanten der ersten deutschen Republik, der sich den Hass rechtsradikaler Kreise zugezogen hatte und einem brutalen Mordanschlag zum Opfer fiel.

Matthias Erzberger wurde am 20. September 1875 in dem Dorf Buttenhausen auf der Schwäbischen Alb geboren. Er wuchs in einem streng katholischen Elternhaus unter bescheidenen Verhältnissen auf. Seine Eltern waren der Schneider, nebenberufliche Postbote und Gemeindepfleger Josef Erzberger und dessen Ehefrau Katharina Flad, die aus einer Bauernfamilie stammte. Nach dem Besuch der Präparandenanstalt in Schwäbisch Gmünd und des katholischen Lehrerseminars in Saulgau, wo er 1894 die Volksschullehrerprüfung mit bestem Erfolg ablegte, arbeitete Matthias Erzberger zwei Jahre im Schuldienst. Kurzzeitig nahm er das Studium von Staatsrecht und Nationalökonomie im schweizerischen Fribourg auf. Hauptsächlich bildete er sich aber autodidaktisch in Finanz-, Wirtschafts- und Sozialpolitik fort. Von 1896 bis 1903 verdiente er seinen Lebensunterhalt als Schriftsteller und Redakteur bei dem »Deutschen Volksblatt« in Stuttgart, der führenden katholischen Tageszeitung in Württemberg. Etwa zur gleichen Zeit setzte sein Engagement in katholischen Arbeitervereinen und in der Zentrumspartei ein. 1899 gehörte Erzberger zu den Mitbegründern der interkonfessionellen Christlichen Gewerkschaften in Mainz. Im Jahr darauf heiratete er die Kaufmannstochter Paula Eberhard. Aus der Ehe stammten drei Kinder.

Seit 1903 saß Matthias Erzberger als Abgeordneter des Zentrums im Berliner Reichstag, wo er den neuen Typ des Berufspolitikers verkörperte. Er verstand sich als »Anwalt der kleinen Leute« und wurde dem linken Flügel seiner Partei zugerechnet. Da es im Honoratioren-Parlament des frühen 20. Jahrhunderts noch keine festen Diäten für Abgeordnete gab, musste er eine finanzielle Absicherung für seine Existenz finden. Erzberger baute sich deshalb in Berlin eine politische Pressekorrespondenz als Herausgeber und Journalist auf. Vor allem die katholischen Regional- und Lokalzeitungen gehörten zu seinen Abnehmern. Außerdem setzte er seine publizistische Tätigkeit fort. Bereits 1904 gehörte der ehrgeizige, selbstbewusste und arbeitsfreudige junge Abgeordnete der einflussreichen Budgetkommission an. Er entwickelte sich dabei zum Finanzexperten in Kolonial- und Haushaltsfragen. Ab 1906 wurde er auch noch Berichterstatter für die Militärvorlagen und avancierte bald zu einem der bestinformierten Zivilisten in Sachen Militärfragen in Deutschland. 1912 kam er in die Fraktionsführung. Als Gegner der Sozialdemokraten setzte er sich 1912/1913 in seinen Reichstagsreden zur Wehrvorlage für eine starke deutsche Aufrüstung ein.

Zu Beginn des Ersten Weltkriegs befürwortete er weitgehende Annexionen, so sprach er sich etwa für eine vollständige Angliederung Belgiens aus. Er hatte maßgeblichen Anteil an der Auslandspropaganda des Deutschen Reichs und bemühte sich als Sonderbotschafter vergebens, Italien und Rumänien vom Kriegseintritt gegen die Mittelmächte abzuhalten. War er zu Beginn des Kriegs noch ein eifriger Verfechter eines »Siegfriedens« gewesen, bewirkte die realistische Einschätzung der militärischen Entwicklung einen Wandel bei ihm, so dass er sich für einen »Verständigungsfrieden« einzusetzen begann. 1917 forderte Erzberger deshalb in einer Debatte im Reichstag, dass Deutschland auf Annexionsforderungen verzichten müsse. Am 19. Juli stimmte die Mehrheit des Reichstags der von ihm initiierten und von den Mehrheitsparteien eingereichten Resolution zu, in der ein Frieden ohne Annexionen gefordert wurde. Er selbst erklärte Ende August 1917, »*nur ein politischer Idiot kann im Jahre 1917 das Kriegsziel noch so stecken wie 1914/15*«[1]. Im August/September 1918 verfasste er die in mehrere Sprachen übersetzte Schrift »Der Völkerbund. Der Weg zum Weltfrieden«. Er beschwor darin den »*neuen Geist der Gemeinschaft der Völker*«[2].

Am 3. Oktober 1918 wurde er in der Regierung des Prinzen Max von Baden, der letzten kaiserlichen Regierung, zum Staatssekretär ohne Geschäftsbereich ernannt. Am 6. November wurde Matthias Erzberger mit der Leitung der Waffenstillstandskommission betraut. Generalfeldmarschall Paul von Hindenburg, der seit 1916 zusammen mit dem Generalquartiermeister Erich Ludendorff die Oberste Heeresleitung übernommen hatte, gab dem Zivilisten Erzberger mit auf den Weg: »*Reisen Sie mit Gott und suchen Sie das Beste für unser Vaterland herauszuholen!*«[3] Die kaiserliche Armeeführung trat so nicht in Erscheinung und hielt sich dadurch den Makel des unpopulären Friedensschlusses vom Leibe. Fünf Tage später unterzeichnete Erzberger auf Wunsch der Obersten Heeresleitung und der neuen Reichsregierung, dem Rat der Volksbeauftragten, als Erster der vierköpfigen deutschen Delegation das Waffenstillstandsabkommen in Compiègne, das die Kampfhandlungen beendete, dem Deutschen Reich aber zahlreiche harte Lasten auferlegte. Dass Erzberger der deutschen Waffenstillstandskommission vorstand, die die schweren Bedingungen dieses Abkommens anstelle der Obersten Heeresleitung unterzeichnen musste, brandmarkte ihn in den Augen der deutschen Rechten zur negativen Symbolfigur und ließ ihn zu einem der meistgehassten Männer der unerwünschten Republik werden. Wahrscheinlich besiegelte bereits die Unterschrift unter das Waffenstillstandsabkommen sein Todesurteil und machte ihn zu einem willkommenen Opfer der Dolchstoßlegende, mit der die alten kaiserlichen Eliten ihre Niederlage beschönigten.

Zunächst konnte Matthias Erzberger seine politische Karriere erfolgreich fortsetzen. Im Januar 1919 wurde er in die Weimarer Nationalversammlung gewählt. Im Kabinett unter Philipp Scheidemann wurde er am 13. Februar 1919 Reichsminister ohne Geschäftsbereich mit besonderer Verantwortung für alle Waffenstillstandsfragen. Da er keine militärischen und politischen Alternativen sah, befürwortete er die Annahme des Versailler Vertrags, des von großen Teilen des deutschen Volkes abgelehnten Friedensvertrags. Er vertrat die Ansicht, dass nur so die Einheit und Souveränität Deutschlands bewahrt werden könne, und hoffte, auf dem Verhandlungsweg die notwendige Revision der harten Friedensbedingungen zu erreichen. Durch diese Haltung geriet Erzberger in scharfen Gegensatz zu Reichsaußenminister Ulrich Graf von Brockdorff-Rantzau. Nach der Zustimmung der Nationalversammlung zur Unterzeichnung des Versailler Vertrags wollten ihn wütende Reichswehrangehörige in der Nacht zum 24. Juni 1919 lynchen.

Von rechtsradikaler Seite verschärfte sich die Hetze gegen Erzberger als »Novemberverbrecher«, »Volksverräter« und »Reichsverderber«. Der ehemalige Staatssekretär des Reichsschatzamtes, Vizekanzler und spätere Abgeordnete der rechten Deutschnationalen Volkspartei (DNVP), Karl Helfferich, startete eine Rufmordkampagne gegen Erzberger mit Artikeln für die ultrakonservative »Kreuzzeitung«. Im August 1919 folgte die polemische Flugschrift von Helfferich mit dem suggestiven Titel »Fort mit Erzberger!«, in der Matthias Erzberger eine *»unsaubere Vermischung politischer Tätigkeit und eigener Geldinteressen«*[4] vorgeworfen wurde. Helfferich gab damit das Signal zu einer öffentlichen Treibjagd auf den inzwischen zum Reichsfinanzminister aufgestiegenen Erzberger. Letztendlich konnte die Flugschrift als regelrechte Aufforderung zum Mord verstanden werden: *»Überall im Lande muß mit unwiderstehlicher Gewalt der Ruf ertönen: Fort mit Erzberger!«*[5]. Helfferichs Feindschaft gegen den von ihm als Emporkömmling verachteten Erzberger ging auf die Jahre 1905/1906 zurück, als der Zentrumsabgeordnete Missstände in der deutschen Kolonialpolitik heftig kritisiert hatte und Helfferich daraufhin seinen führenden Posten in der Kolonialabteilung des Auswärtigen Amtes aufgeben musste. Zudem hatte ihn Erzberger später noch als einen der verantwortungslosesten deutschen Finanzpolitiker bezeichnet, da Helfferich für die Kriegsfinanzierung und damit für die Hyperinflation verantwortlich war. Um dem Kesseltreiben, das sich auch gegen das republikanische System richtete, ein Ende zu bereiten, stellte der so heftig attackierte Erzberger einen Strafantrag wegen Beleidigung.

Am 21. Juni 1919 war Matthias Erzberger Vizekanzler und Finanzminister im Kabinett von Reichskanzler Gustav Bauer geworden. Erzberger zögerte zunächst, dieses wichtige Amt anzutreten, da ihm nur zu klar war, »*welch grenzenlose Hetze namentlich aus besitzenden Kreisen sich gegen mich als neuen Finanzminister erheben würde*«[6]. In seiner innerhalb von neun Monaten durchgeführten Finanz- und Steuerreform, die in ihren Grundzügen noch heute gilt, setzte er die Finanzhoheit des Reichs gegenüber den Ländern durch und vereinheitlichte die Steuererhebung. Erstmals wurde Geld- und Grundbesitz in größerem Umfang zur Sanierung des Haushalts herangezogen. Er konnte dabei auf Vorarbeiten im Finanzministerium zurückgreifen. Auf diese Weise wurden geordnete Reichsfinanzen geschaffen und die Konsolidierung der vom Weltkrieg schwer geschädigten Wirtschaft eingeleitet. Zudem musste das Reich anwachsenden Reparationsforderungen nachkommen. Wegen der stärkeren Zentralisierung der Steuereinnahmen und der Belastung größerer Vermögen zur Sanierung der Reichsfinanzen wurde Erzberger immer mehr zur Hassfigur rechter Propaganda. Seine zentralistische Politik stieß aber auch im süddeutsch-föderalistischen Lager auf heftige Ablehnung.

Der von Erzberger angestrengte Beleidigungsprozess gegen Helfferich dauerte vom Januar bis zum März 1920. Im Verlauf des Prozesses entstand allerdings der Eindruck, dass eher Erzberger denn Helfferich auf der Anklagebank säße. Der Minister empfand die Atmosphäre als feindselig. Das bei den Verhandlungen anwesende Publikum stand offen auf Seiten Helfferichs, der sich in aller Ruhe auf den Prozess vorbereiten konnte, während Erzberger dazu kaum Zeit fand, weil er mit dem Abschluss seiner Reichsfinanzreform beschäftigt war. Das am 12. März 1920 verkündete Urteil entspricht ganz der in der Weimarer Republik typischen politischen Justiz der Richter, die meist einseitig zugunsten rechter Positionen entschieden. Zwar wurde Helfferich wegen Beleidigung zu einer geringen Geldbuße verurteilt, doch dessen Darstellung wurde als teilweise zutreffend bezeichnet. Wegen der im Prozessverlauf gemachten Aussagen und Vorwürfe, die Erzberger stark diskreditierten, beantragte der Zentrumspolitiker am 24. Februar 1920 seine Beurlaubung als Reichsfinanzminister. Er trat nicht nur als Minister zurück, sondern musste auf Druck der Zentrumspartei auch sein Reichstagsmandat ruhen lassen. Erzberger legte Revision gegen das Urteil ein und strengte ein Meineidsverfahren gegen sich selbst an, um seine verlorene Reputation zurückzugewinnen. Diese Rehabilitierung gelang ihm auch noch kurz vor seinem Tod. Zuvor bereits war es ihm, nicht zur ungeteilten Freude seiner Partei, gelungen dank des starken Rückhalts in seiner württembergischen Heimat, im Juni 1920 wieder in den Reichstag gewählt zu werden.

Nach dem Scheitern des Kapp-Lüttwitz-Putsches im März 1920, der die parlamentarisch-republikanische Staatsform beseitigen und eine nationale Diktatur errichten sollte, wechselten die rechtsradikalen Kreise ihre Strategie. Statt der direkten Konfrontation mit dem ihnen verhassten Staat, setzten sie nun auf gezielte Diffamierung ihrer Gegner und die Beseitigung herausragender Repräsentanten der Weimarer Republik. Die beispiellose rechte Hetzpropaganda sorgte dafür, dass Matthias Erzberger Opfer eines politischen Mordes wurde.

Noch während des Prozesses in Berlin war am 26. Januar 1920 bereits ein Attentat auf Erzberger verübt worden. Der zwanzig Jahre alte, ehemalige Fähnrich Oltwig von Hirschfeld schoss zwei Mal mit einem Revolver auf den Politiker, als dieser das Gerichtsgebäude in Berlin-Moabit verließ. Erzberger wurde dabei an der Schulter verletzt. In seinem Prozess berief sich Hirschfeld explizit auf Helfferichs Pamphlet »Fort mit Erzberger!«, das er als Aufruf zur Tat verstanden hatte. Das Gericht billigte ihm wohlwollend »ideale Motive« zu. Hirschfeld wurde deshalb nicht etwa wegen Mordversuchs verurteilt, sondern erhielt wegen Körperverletzung lediglich eine Gefängnisstrafe von achtzehn Monaten. Der geschockte Erzberger vertraute seiner Tochter Maria, die kurz vor ihrem Eintritt in ein Karmeliterkloster in Holland stand, an: »*Die Kugel, die mich treffen soll, ist schon gegossen*«[7]. Trotzdem betrieb er energisch seine Rehabilitierung, um auf die politische Bühne zurückkehren zu können.

Der nächste Anschlag auf den Zentrumspolitiker nur wenige Monate später sollte zum Erfolg führen. Auf die Warnung eines Freundes, des Rechtsanwalts Hugo Baur, vor einem möglichen Attentat hatte Erzberger erwidert: »*Ich bin bereit. Wir sind alle in Gottes Hand*«[8]. Auch den ihm unterbreiteten Ratschlag, einen Revolver zu seinem Schutz bei sich zu tragen und schießen zu lernen, hatte der Politiker mit den Worten abgelehnt: »*Ich will nicht schießen lernen, um zu töten*«[9]. Am 26. August 1921 unternahm Erzberger während seines Erholungsurlaubs in Bad Griesbach im Schwarzwald ohne polizeilichen Schutz seinen täglichen Vormittagsspaziergang. Seine einzige Begleitung war sein Parteifreund, der

Reichstagsabgeordnete Carl Diez. Zwei ehemalige Offiziere und Mitglieder der »Organisation Consul«, der siebenundzwanzigjährige Heinrich Tillessen und der achtundzwanzigjährige Heinrich Schulz, lauerten ihm auf der Kniebisstraße auf und schossen sechsmal auf den Politiker. Schwer verletzt stürzte Erzberger eine Böschung hinab. Die beiden Attentäter folgten ihrem Opfer und töteten ihn aus nächster Nähe mit zwei weiteren Schüssen in den Kopf. Auch Erzbergers Begleiter Diez wurde bei dem Anschlag schwer verletzt. »*Ich sah Erzberger leblos am Fuße einer Tanne liegen*«, erinnerte er sich. »*Wie friedlich schlummerte er da, das Gesicht jedoch stark mit Blut überlaufen*«[10].

Das Attentat war von dem Leiter der militärischen Abteilung der Organisation Consul, dem Kapitänleutnant a. D. Manfred von Killinger, vorbereitet worden und richtete sich gegen Matthias Erzberger als Vertreter der verhassten Weimarer Republik. Bei der weitverzweigten Organisation Consul (O.C.), der Nachfolgeformation der aufgelösten Marinebrigade Ehrhardt, handelte es sich um einen paramilitärischen Geheimbund mit eindeutig rechtsradikaler und nationalistischer Ausrichtung. Diese Terrororganisation ehemaliger Offiziere wollte die Demokratie zerschlagen und eine Diktatur errichten. Ihren Sitz hatte die Zentrale der O.C. unter dem Tarnnamen »Bayerische Holzverwertungsgesellschaft m.b.H.« in der Trautenwolfstraße 8 in München. Die beiden Attentäter waren ausgelost worden und hatten nach der Auftragserteilung ihrem Opfer gründlich nachgespürt. Was ihn persönlich zu seiner Mordtat antrieb, erläuterte der als Haupttäter geltende Heinrich Tillessen später folgendermaßen: »*Ich sah Erzberger als den größten Volksschädling an (...) er war (...) nicht der Mann, der nach seinem Werdegang und seinem Charakter überhaupt geeignet war, eine führende Rolle in (...) Deutschland zu spielen. (...) in weiten Kreisen der Deutschnationalen und der Rechtsradikalen, zu welchen auch ich gehörte, war man damals der Ansicht, daß Erzberger wieder in die deutsche Politik zurückkehren würde oder zumindest wieder indirekt Einfluß auf die politische Entwicklung Deutschlands nehmen könnte (...) Meine Ansicht war eben die, daß Erzberger im Kriege schon in ganz erheblichem Umfange zersetzend gewirkt habe, und daß die große Gefahr bestände, daß er auch weiterhin so wirken würde. Nach meinem Dafürhalten galt Erzberger damals im gesamten deutschen Volke und zwar bis in die Zentrumskreise hinein als der bestgehaßte und gefährlichste aller deutschen Politiker*«[11].

Die beiden Mörder konnten unbehelligt nach München zurückreisen. Dank der diskreten Unterstützung durch die bayerischen Polizeibehörden entzogen sie sich durch Flucht nach Ungarn dem polizeilichen Zugriff. In weiten Kreisen in Deutschland wurde die Ermordung Erzbergers mit offener Häme begrüßt. Die Trauerfeier für Matthias Erzberger am 31. August in Biberach gestaltete sich allerdings zu einer politischen Kundgebung für die angegriffene Republik. 30 000 Menschen begleiteten den Trauerzug. Paul Löbe, der Reichstagspräsident, hielt dies in seinen Erinnerungen fest: »*Ein Sturm der Empörung ging durch die linksgerichteten Kreise und das Zentrum, bei dem Erzberger, besonders im niederen Klerus, starken Anhang besaß. 200 dieser Kleriker begleiteten seinen Sarg auf den Friedhof in Biberach, und der Nachruf des Reichskanzlers Joseph Wirth am Grabe steigerte sich zu einer Anklage von erschütternder Wucht. Was auf einem katholischen Friedhof kaum jemals geschehen sein mag, tausendstimmige Pfuirufe hallten über die Gräber, als Wirth die wahren Urheber der Bluttat anprangerte*«[12]. Eine halbe Million meist sozialistisch und kommunistisch eingestellter Arbeiter ging mit roten und schwarz-rot-goldenen Fahnen für den christlichen Arbeitersekretär und Zentrumsabgeordneten am Tage seiner Beerdigung auf die Straße. In einem Nachruf auf Erzberger beklagte der Schriftsteller und Journalist Kurt Tucholsky den Ermordeten als Opfer der »*Herren vom Monokel*« und klagte: »*Du warst der Erste nicht – bist nicht der Letzte*«[13]. Tatsächlich folgte noch eine Reihe weiterer Mordanschläge auf prominente Repräsentanten der Weimarer Republik, unter anderem auf den Reichsaußenminister Walther Rathenau, bis im Sommer 1922 zwei Republikschutzverordnungen und ein darauf folgendes Republikschutzgesetz für ein Ende der Mordserie sorgten.

Mit der nationalsozialistischen Machtergreifung 1933 konnten die beiden Attentäter nach Deutschland zurückkehren. Ende März 1933 hatte Reichskanzler Adolf Hitler erklärt, er lege »*großen Wert darauf, daß Schulz und Tillessen nicht bestraft werden und, falls sie sich im Auslande befinden sollten, wieder ohne Besorgnis vor Strafe nach Deutschland zurückkehren können*«[14]. Die Einstellung des Ermittlungsverfahrens wurde reichsweit über die Medien verbreitet. Die Nationalsozialisten bezeichneten die beiden Erzberger-Mörder als »Patrioten«. Nachdem die 1946 erneut ausgesprochene Amnestierung von Heinrich Tillessen einen öffentlichen Skandal auslöst hatte, wurde die Amnestierung 1947 aufgehoben und ein neues Gerichtsverfahren eingeleitet. Im Februar 1947 wurde Tillessen wegen Mordes zu fünfzehn Jahren Freiheitsstrafe verurteilt. Heinrich Schulz erhielt im Juli 1950 eine Gefängnisstrafe von zwölf Jahren. Beide Männer mussten aber nur einen geringen Teil ihrer Strafe absitzen und wurden schon 1952 begnadigt und entlassen.

## Anmerkungen

1 Zit. nach Thomas Schnabel, Matthias Erzberger als Realpolitiker, in: Matthias Erzberger. 1875–1921. Patriot und Visionär. Hrsg von Christoph E. Palmer und Thomas Schnabel, Stuttgart und Leipzig 2007, S. 163–177, hier S. 170.
2 Zit. nach Günter Randecker, Der gute Geist von Buttenhausen oder: Die Alternative zum „Geist von Potsdam“, in: Wolfgang Michalka (Hrsg.), Matthias Erzberger: „Reichsminister in Deutschlands schwerster Zeit“. Essays zur Ausstellung, Potsdam 2002, S. 13–34, hier S. 24.
3 Zit. nach Ebd., S. 13.
4 Zit. nach Wolfgang Michalka (Hrsg.), Matthias Erzberger: „Reichsminister in Deutschlands schwerster Zeit“. Essays zur Ausstellung, Potsdam 2002, S. 107.
5 Zit. nach Ebd., S. 107.
6 Zit. nach Paul Kirchhof, Matthias Erzberger, seine Bedeutung als Finanzreformer für unsere Gegenwart, in: Matthias Erzberger. 1875–1921. Patriot und Visionär. Hrsg von Christoph E. Palmer und Thomas Schnabel, Stuttgart und Leipzig 2007, S. 79–118, hier S. 85.
7 Zit. nach Klaus Epstein, Matthias Erzberger und das Dilemma der deutschen Demokratie, Berlin 1962, S. 429.
8 Zit. nach Rudolf Morsey, Matthias Erzberger (1875–1921). Volksmann, Patriot und christlicher Demokrat, in: Wolfgang Michalka (Hrsg.), Matthias Erzberger: „Reichsminister in Deutschlands schwerster Zeit“. Essays zur Ausstellung, Potsdam 2002, S. 43–54, hier S. 52.
9 Zit. nach Epstein, Matthias Erzberger, S. 429.
10 Zit. nach Randecker, Der gute Geist, S. 17.
11 Zit. nach Cord Gebhardt, Der Fall des Erzberger-Mörders Heinrich Tillessen. Ein Beitrag zur Justizgeschichte nach 1945, Tübingen 1995, S. 26.
12 Zit. nach Randecker, Der gute Geist, S. 18f.
13 Zit. nach Ebd., S. 17.
14 Zit. nach Klaus Pflieger, Matthias Erzberger als Opfer politischer Gegner, in: Matthias Erzberger. 1875–1921. Patriot und Visionär. Hrsg von Christoph E. Palmer und Thomas Schnabel, Stuttgart und Leipzig 2007, S. 119–139, hier S. 120.

Beseitigt bei den »Grossen Säuberungen« Stalins

# Michail Nikolajewitsch Tuchatschewskij

*»Mir kommt das alles vor wie ein böser Traum«*[1], äußerte sich 1937 der sowjetische Marschall Michail Nikolajewitsch Tuchatschewskij zu den gegen ihn erhobenen schweren Vorwürfen in seinem Prozess vor dem Obersten Gerichtshof der Union der Sozialistischen Sowjetrepubliken in Moskau. Der Fall Tuchatschewskij ist geradezu ein Lehrstück dafür, wie man einen vermeintlich lästigen Gegner durch raffiniert ausgelegte Fallstricke »elegant« mithilfe ahnungsloser Mitspieler bzw. gelenkter Helfershelfer aus dem Weg räumt. Josef Wissarionowitsch Stalin, der Generalsekretär des Zentralkomitees der Kommunistischen Partei der Sowjetunion (KPdSU), erwies sich hierbei als wahrer Meister des ausgeklügelten Intrigenspiels.

Der oft als »roter Napoleon« bezeichnete Michail Nikolajewitsch Tuchatschewskij entstammte einem alten russischen Adelsgeschlecht. Er kam am 16. Februar 1893 als Sohn eines verarmten Landadeligen und einer Bäuerin auf dem Familiengut Alexandrowskoje im Gouvernement Smolensk zur Welt und wuchs im Kreis von drei Brüdern und fünf Schwestern auf. Trotz der finanziellen Probleme der Familie ermöglichten ihm seine Eltern eine gute Ausbildung. Er besuchte einige Jahre das Gymnasium in Pensa, bevor die Familie 1909 nach Moskau zog. Auf seinen Wunsch hin ließ ihn der Vater vom Gymnasium in das Erste Moskauer Katharinen-Kadettenkorps wechseln. Michail Nikolajewitsch, der nur ein mäßiger Schüler gewesen war, sich aber bereits seit Langem für die Kriegskunst interessierte, wollte unbedingt Offizier werden. Während seiner Zeit im Kadettenkorps erhielt der sehr sportliche Tuchatschewskij immer Bestnoten in den Fächern Fechten, Schießen und Gymnastik. Nach Abschluss des Kadettenkorps besuchte er das Alexander-Institut in Moskau, das als gute Militärschule galt. Am 12. Juli 1914 wurde er zum Garde-Unterleutnant befördert und zum Semjonow-Regiment abkommandiert. Nur wenige Wochen später brach der Erste Weltkrieg aus und Michail Nikolajewitsch Tuchatschewskij wurde mit seinem Regiment an die russische Westfront versetzt.

Der junge Offizier zeichnete sich durch besondere Tapferkeit aus, weshalb er schon bald zum Leutnant befördert und mit der Verleihung von mehreren Orden geehrt wurde. Im Februar 1915 geriet er in deutsche Kriegsgefangenschaft. Nachdem etliche Fluchtversuche von ihm fehlgeschlagen waren, wurde Michail Nikolajewitsch Tuchatschewskij im November 1916 in die Festung Ingolstadt verlegt, die den Ruf genoss, ein besonders sicheres Kriegsgefangenenlager zu sein. Rémy Roure, ein französischer Mitgefangener, erinnerte sich später an den Eindruck, den der Leutnant auf ihn machte: *»Tuchatschewskij hatte nichts Konformistisches in seinen Ansichten; obgleich aus adliger Familie, war er doch äußerst liberal und schimpfte bisweilen auf die religiöse Ader der meisten französischen Offiziere«*[2]. Roure vertrat außerdem die Ansicht, dass der junge Russe in der Gefangenschaft mit dem Zarismus brach. In Ingolstadt hörte Tuchatschewskij erste Gerüchte über die russische Februarrevolution mit der Abdankung des Zaren Nikolaus II. Sein Wunsch, in die Heimat zurückzukehren und unter den veränderten politischen Bedingungen seine militärische Karriere vorantreiben zu können, ließ ihn im August 1917 einen erneuten Fluchtversuch bei einem bewachten Freigang unternehmen, der ihm gelang. Im Spätherbst traf er wieder in Russland ein. Zu diesem Zeitpunkt hatten die Bolschewiki bereits die Macht übernommen. Der ehrgeizige Tuchatschewskij versprach sich hier gute Chancen für sein weiteres Fortkommen und schloss sich ihnen an. Im Frühjahr 1918 arbeitete er in der militärischen Abteilung des Zentralen Allrussischen Exekutivkomitees der Sowjets. Am 5. April wurde er als Mitglied in der Sozialdemokratischen Arbeiterpartei Russlands selbst Bolschewik.

Für die militärische Karriere von Michail Nikolajewitsch Tuchatschewskij erwies es sich als günstig, dass sich das russische Vielvölkerreich seit der Oktoberrevolution in Auflösung befand und die Gegenrevolution seit Beginn 1918 ihre Kräfte sammelte. Die Rote Armee benötigte dringend Führungskräfte mit einer militärischen Fachausbildung, wie sie der junge Offizier in der zaristischen Armee erhalten hatte. Im Alter von fünfundzwanzig Jahren wurde er im Mai 1918 Kriegskommissar des Moskauer Bezirks der Westfront und bekam das Kommando über die 5. Armee. Im russischen Bürgerkrieg konnte er mehrfach seine großen militärischen Fähigkeiten beweisen und wurde im Juli 1919 mit dem Rotbannerorden, der bis dahin höchsten militärischen Auszeichnung Sowjetrusslands, ausgezeichnet. Die beiden Führer der Bolschewiki, Wladimir Iljitsch Lenin und Lew Dawidowitsch Trotzkij, sahen in ihm einen der fähigsten Männer der Roten Armee. Eine herbe Niederlage musste

Tuchatschewskij hingegen im polnisch-russischen Krieg einstecken, als er im August 1920 der polnischen Armee unter Marschall Józef Piłsudski in der Schlacht bei Warschau unterlag. Durch das »Wunder an der Weichsel« wurde die Einnahme der polnischen Hauptstadt durch sowjetische Truppen verhindert. Der Krieg wendete sich zugunsten Polens. Aus dieser Zeit stammte die tiefgehende Animosität zwischen Tuchatschewskij, dem Oberkommandierenden der Westfront, und Josef Stalin, dem politischen Kommissar der Südwestfront. Der Kommandeur warf Stalin vor, ihm im entscheidenden Moment die notwendige Hilfe verweigert zu haben. Stalin vergaß nie, dass ihm sein Posten als Mitglied des Revolutionären Kriegsrates der Südwestfront als Konsequenz für sein damaliges Verhalten auf Beschluss des Politbüros der Bolschewiki im September 1920 entzogen wurde. Trotz seiner Niederlage in Polen wurde Tuchatschewskij 1921 von der sowjetischen Führung damit beauftragt, zuerst den Kronstädter Matrosenaufstand und im Anschluss daran den Aufstand der Bauern in der Provinz Tambow und den benachbarten Gebieten niederzuschlagen. Gegen die von ihm besiegten Aufständischen legte Tuchatschewskij dabei ein grausames Verhalten an den Tag. Der Feldzug gegen die aufständischen Bauern war die letzte militärische Operation Tuchatschewskijs.

Nach dem Ende des Bürgerkriegs hatte Tuchatschewskij maßgeblichen Anteil an der Militärreform von 1924 bis 1925 und am technischen Aufbau der Roten Armee. Er setzte sich für neuartige Waffen und Techniken ein, da er die Auffassung vertrat, dass ein moderner Krieg nur durch Panzer und Flugzeuge auf dem neuesten Stand gewonnen werden könnte. Rund einhundertzwanzig von ihm verfasste Artikel über

Strategie, Taktik, Erziehung und Ausbildung der Truppe legen Zeugnis davon ab, dass Michail Nikolajewitsch Tuchatschewskij einer der wichtigsten militärwissenschaftlichen Autoren der Roten Armee war.

In dem nach Lenins Tod ausgebrochenen Machtkampf zwischen Trotzkij und Stalin agierte Tuchatschewskij geschickt, so dass er seine kometenhafte Karriere fortsetzen konnte, nachdem Stalin zum unbestrittenen Führer von Partei und Staat aufgestiegen war. Mit nur achtunddreißig Jahren wurde er 1931 Erster Stellvertreter des Volkskommissars für Verteidigung und bekam die Leitung des Rüstungswesens übertragen. Zwei Jahre später verlieh ihm Stalin den Leninorden, den höchsten sowjetischen Orden, *»für außerordentliche persönliche Verdienste bei der Organisierung der Verteidigung der Sowjetunion an den äußeren und inneren Fronten während des Bürgerkrieges und für die späteren organisatorischen Maßnahmen bei der Festigung der Roten Armee der Arbeiter und Bauern«*[3]. Als die traditionelle Militärhierarchie mit dem Rang eines »Marschalls der Sowjetunion« als höchstem Dienstgrad in der Roten Armee eingeführt wurde, gehörte er 1935 zu den ersten fünf Marschällen der Sowjetunion und war gleichzeitig auch der jüngste.

Ihm wurde als einem der ersten hohen sowjetischen Militärs die Gefahr bewusst, die für sein Heimatland von dem nationalsozialistischen Deutschland unter Adolf Hitler ausging. 1935 veröffentlichte Tuchatschewskij in drei wichtigen sowjetischen Presseorganen einen Artikel über die »Kriegspläne des heutigen Deutschland«. 1936 gehörte er zur sowjetischen Delegation, die an den Begräbnisfeierlichkeiten König Georgs V. von Großbritannien teilnahm. Sowohl in

London als auch auf dem Rückweg in Frankreich versuchte er, allerdings vergeblich, die dortigen Politiker und Militärs für eine Anti-Hitler-Politik zu gewinnen.

Dass Stalin einen Schlag gegen die Spitze der Roten Armee plante, zeichnete sich schon seit längerem ab. Nach der Ausschaltung seiner wirklichen und vermuteten Gegner in der Partei konnte ihm nur noch die Führung der Roten Armee in seinem Anspruch auf Alleinherrschaft im Kreml Einhalt gebieten. Gezielt wurden Gerüchte über eine angebliche Verschwörung der Roten Armee gestreut. Walter G. Kriwitzkij, der Leiter des sowjetischen Geheimdienstes in Westeuropa, erinnerte sich später an dieses Gerede im Frühjahr 1937: *»Ende April war es schon ein offenes Geheimnis, daß der Marschall Tuchatschweskij, der Vize-Kriegskommissar Gamarnik und eine Anzahl anderer aktiver Generäle in dem sich immer mehr zusammenziehenden Netz gefangen waren. Diese Führer waren noch auf freiem Fuß und doch schon gebrandmarkte Leute«*[4]. In seinem inneren Kreis äußerte sich Stalin am Abend des 1. Mai 1937 nach der großen Parade ganz unverhüllt über die kommenden blutigen Ereignisse, denn es sei jetzt an der Zeit, *»unsere Feinde zu erledigen, denn sie sitzen in der Armee, im Generalstab, ja auch im Kreml selbst«*[5]. Dass Marschall Tuchatschewskij nicht mehr das Vertrauen Stalins genoss, wurde deutlich, als seine geplante Teilnahme an der Reise einer sowjetischen Delegation zu den Krönungsfeierlichkeiten von König Georg VI. nach London im Mai 1937 entfiel. Offiziell musste Tuchatschewskij aus gesundheitlichen Gründen absagen. Außerdem wurde er als stellvertretender Kommissar abgesetzt und zum Kommandierenden des Militärkreises des Wolgagebietes ernannt, was eine Degradierung für ihn beinhaltete. Der deutsche Botschafter in der Sowjetunion, Werner Graf von der Schulenburg, berichtete über diese Entwicklung ausführlich nach Berlin. Die Maßregelung des Marschalls habe in Moskau *»trotz der seit langem umlaufenden Gerüchte über die Erschütterung seiner Stellung oder gar über seine Verhaftung grosse Überraschung ausgelöst«*[6]. Schulenburg, der in Tuchatschewskij *»die bedeutendste Persönlichkeit unter den führenden Sowjetmilitärs«* sah, wies eigens daraufhin, dass die Leitung der Roten Armee durch dessen Ausscheiden *»ihren fähigsten Kopf«* verlöre.

Die einzelnen Bestandteile der Intrige, die Stalin in Szene setzte, um eine angebliche Verschwörung der Führer der Roten Armee zu konstruieren und Zweifel an deren Loyalität zu säen, bieten bis heute Stoff für Diskussionen. Manche Details müssen offenbleiben. Neueres Quellenmaterial beweist aber, dass Stalin von Anfang an die treibende Kraft hinter der Inszenierung einer fiktiven Verschwörung war. Da die geplante Beseitigung der hohen sowjetischen Offiziere nach außen hin einen Anstrich von »Legalität« bekommen sollte, wurde die Fama eines geplanten Staatsstreichs in die Welt gesetzt. Durch geschickt von Moskau aus gesteuerte Desinformationen wurden ausländische Mächte zu mehr oder weniger unfreiwilligen Mitwirkenden in dem Komplott. Berlin, Prag und Paris bekamen ihre jeweilige Rolle zugewiesen. Moskau bediente sich dabei vor allem eines in seinem Sold stehenden Doppelagenten, des früheren zaristischen Generals Nikolaj Wladimirowitsch Skoblin, der seit dem Ende des Bürgerkriegs in Paris lebte und auch für die Gestapo in Berlin arbeitete.

Skoblin unterrichtete den SS-Obergruppenführer Reinhard Heydrich in Berlin über den angeblich geplanten

Putsch führender sowjetischer Militärs gegen Stalin und deren vermeintlich enge Kontakte zur deutschen Wehrmacht. Dem nationalsozialistischen Deutschen Reich war im Hinblick auf seine expansionistischen Pläne im Osten an einer Destabilisierung der sowjetischen Militärführung gelegen, weshalb Heydrich nach Rückendeckung durch Adolf Hitler und den Reichsführer-SS Heinrich Himmler eine streng geheime Fälschungsaktion von Belastungsmaterial in Gang setzte. Diese Dokumente sollten den Eindruck erwecken, dass Michail Nikolajewitsch Tuchatschewskij ein Agent des deutschen Sicherheitsdienstes war und zusammen mit anderen hohen sowjetischen Offizieren gegen die Sowjetunion konspirierte. In einer sorgfältig ausgearbeiteten Geheimdienstoperation spielte man von Berlin aus die gefälschten Unterlagen gezielt dem tschechoslowakischen Präsidenten Edvard Beneš zu. Für Beneš stellte die Aussicht auf einen Militärputsch in Moskau, der Russland in einen Bundesgenossen des Dritten Reichs verwandeln könnte, ein Horrorszenario dar. In seinen Memoiren hielt Beneš fest, dass er den sowjetischen Gesandten in Prag, Sergej Alexandrowskij, über die Verschwörung unterrichtet hatte. Angeblich sollen die gefälschten Dokumente aus Berlin ebenfalls von Beneš im guten Glauben an den Botschafter weitergereicht worden sein.

Es gibt aber auch Hinweise, dass Frankreich das »Verdienst« zukommt, Stalin rechtzeitig vor der drohenden Verschwörung gewarnt zu haben. Offensichtlich gelang es Moskau, den französischen Kriegsminister Édouard Daladier geschickt im gewünschten Sinne zu instrumentalisieren. Wieder dürfte der Doppelagent Skoblin für entsprechende »Informationen« in Paris gesorgt haben. Im März

1937 wies Daladier den in Paris akkreditierten sowjetischen Botschafter Wladimir Potemkin darauf hin, dass *»bestimmte Deutsche, in Zusammenarbeit mit Elementen aus den Reihen der Befehlshaber der Roten Armee, die dem derzeitigen sowjetischen Regime feindlich gesinnt sind, einen Staatsstreich in der UdSSR vorbereiten. Nach der Errichtung des neuen Regimes in der UdSSR würden Deutschland und Rußland einen Militärpakt gegen Frankreich schließen«*. Potemkin meldete ferner, dass ihm Daladier erklärt habe, *»daß er noch über keine genaueren Informationen verfüge, daß er es aber für seine ›freundschaftliche Pflicht‹ halte, uns an Informationen teilhaben zu lassen, die ja nur von Nutzen sein können«*[7]. Für Stalin dürfte es letztendlich egal gewesen sein, ob sich die von ihm gewünschte Fehlmeldung via Paris oder Prag in Moskau einfand. Bis heute konnte der Verbleib der gefälschten Dokumente aus Berlin nicht geklärt werden.

Am 24. Mai reiste Michail Nikolajewitsch Tuchatschewskij gemeinsam mit seiner Ehefrau Nina nach Kuibyschew, dem Sitz des Kommandos des Wolga-Wehrkreises. Er nahm dort an einer Beratung der politischen Funktionäre des Militärkreises teil. Am 26. Mai 1937 wurde der Marschall in Kuibyschew verhaftet. Bei seiner ahnungslosen Frau erschien Pawel Jefimowitsch Dybenko, der Befehlshaber des Leningrader Wehrkreises, um ihr mitzuteilen: *»Michail Nikolajewitsch ist verhaftet worden«*[8]. Tuchatschewskij wurde von der sowjetischen Geheimpolizei NKWD während seiner nur wenige Tage dauernden Haft in der Lubjanka, dem Hauptquartier und Gefängnis des Geheimdienstes, gefoltert, um von ihm ein Geständnis zu erpressen.

Am 11. Juni 1937 fand in Moskau der Geheimprozess gegen Marschall Tuchatschewskij und sieben andere hohe sowjetische Militärs statt. Der Prozess im Saal des Obersten Gerichtshofes der Union der Sozialistischen Sowjetrepubliken begann um acht Uhr. Vorsitzender war der berüchtigte Schauprozessrichter Wassilij Wassiljewitsch Ulrich. Als Richter fungierten acht hohe Offiziere der Roten Armee. Den Angeklagten wurde vorgeworfen, mit den Generälen des Deutschen Reichs konspiriert zu haben. Sie hätten überdies »Schädlingsarbeit« in der Roten Armee geleistet und geplant, den Kommissar für Verteidigung, Marschall Kliment Jefremowitsch Woroschilow, zu ermorden. Tuchatschewskij bestritt heftig, ein Verräter und Agent zu sein. In seinem Schlusswort richtete er heftige Vorwürfe gegen Stalin: *»Sagt Josef Dschugaschwili Stalin, daß er ein Feind des Volkes sei, ein Feind der Roten Armee!«*[9] Er lehnte außerdem das Gericht als nicht rechtmäßig ab. Er werde sterben, verkündete Tuchatschewskij, ohne sich einer Schuld bewusst zu sein.

Vor der Urteilsverkündung ließ sich Stalin über den genauen Hergang der Verhandlung informieren. Ulrich legte ihm dabei auch den Entwurf der Urteilsverkündung vor, zu dem Stalin, ohne ihn zu lesen, seine Zustimmung gab. Gegen zwölf Uhr mittags wurde den Angeklagten das Urteil verkündet. Michail Nikolajewitsch Tuchatschewskij wurden seine sämtlichen militärischen Ränge und Titel aberkannt. Zusammen mit den anderen Angeklagten wurde er zum Tod durch Erschießen verurteilt. Eine Berufung gegen das Urteil war nicht möglich. In der Nacht zum 12. Juli 1937 fand die Exekution mittels Genickschuss im Innenhof der Lubjanka statt. Nach Tuchatschewskijs Hinrichtung wurde seine Leiche eingeäschert und anonym auf dem Donskoi-Friedhof in Moskau in einem Massengrab beigesetzt.

Nur wenige Stunden nach der Hinrichtung Tuchatschewskijs und seiner sieben Mitangeklagten wurde der Befehl Nummer 96 des Volkskommissars für Landesverteidigung veröffentlicht: »*Sie alle erwiesen sich als Abtrünnige, Spione, Verräter ihrer Heimat (...) Das Endziel dieser Bande war (...), das Sowjetsystem um jeden Preis und mit allen Mitteln in unserem Lande zu liquidieren, die Sowjetmacht in unserem Lande zu vernichten, die Arbeiter- und Bauernregierung zu stürzen*«[10]. Tuchatschewskij wurde zur absoluten Unperson, bis er 1956 durch Nikita Sergejewitsch Chruschtschow, den neuen Parteichef der KPdSU, im Zuge von dessen Entstalinisierungspolitik rehabilitiert wurde. Chruschtschow warf dem verstorbenen Stalin in einer seiner Reden vor, dass er bei seinen Säuberungsaktionen »*die Klinge gegen seine Klasse und gegen seine Partei erhoben*«[11] habe.

Weshalb Michail Nikolajewitsch Tuchatschewskij als erster wichtiger Befehlshaber der Roten Armee den stalinistischen Säuberungen zum Opfer fiel, kann nicht eindeutig geklärt werden. Bereits 1930 hatte Stalin mit dem Gedanken gespielt, ihn wegen Hochverrats auszuschalten. Eindeutiges Belastungsmaterial gegen den Marschall ist bis heute nicht aufgetaucht. Bereits seit den Ereignissen an der polnischen Front 1920 konnte der sowjetische Diktator Tuchatschewskij nicht leiden. Sicherlich dürfte er in dem begabten Militär einen eventuell gefährlichen Rivalen um die Führerschaft gesehen haben. Wesensmäßig waren sich die beiden machtbewussten Männer ziemlich fremd. Der frühere zaristische Offizier aus adeligem Hause war ein gebildeter, an Kunst und Kultur interessierter Mann. Tuchatschewskij gehörte beispielsweise zu den Förderern des bedeutenden Komponisten Dmitri Schostakowitsch. Auch auf dem gesellschaftlichen und diplomatischen Parkett wusste sich der Marschall sicher zu bewegen. Sein Erfolg bei Frauen störte den puritanisch lebenden Stalin ebenfalls.

Wie es für die stalinistische Regierungszeit und speziell für die Zeit des Großen Terrors typisch war, wurde die Verfolgung und Vernichtung auf die Angehörigen der Opfer ausgedehnt, daher geriet auch die Familie von Tuchatschewskij in das gnadenlose Räderwerk der Säuberungen. Außer seiner dritten Ehefrau Nina Jewgenjewa wurden auch die Mutter sowie die Schwestern Tuchatschewskijs und seine beiden Brüder Alexej und Nikolai verhaftet. Auf Stalins Befehl hin wurden die Ehefrau Nina und die beiden Brüder Tuchatschewskijs liquidiert. Die Schwestern und die Mutter des Marschalls kamen ebenso in ein Lager wie dessen zweite Exfrau Tanja. Die Mutter Tuchatschewskijs und seine Schwester Sofja überlebten den Gulag nicht. Seine zwölf Jahre alte Tochter Swetlana beging aus Verzweiflung Suizid.

Von den acht Richtern des Militärtribunals, die Marschall Tuchatschewskij und die sieben mit ihm angeklagten Generäle zum Tode verurteilt hatten, erlitten wenig später sechs das gleiche Schicksal wie die Angeklagten. Mit dem Prozess gegen Tuchatschewskij begann eine radikale und blutige Säuberungswelle innerhalb der Roten Armee, die viele Tausende Offiziere das Leben kostete. Fast die komplette Kommandospitze fiel der Säuberungskampagne zum Opfer. Auch die politischen Kommissare bei den Streitkräften entgingen nicht dem Terror. Am Vorabend des Kriegs mit Hitler-Deutschland befand sich die Rote Armee durch diese weitgehende Zerschlagung des Offizierskorps in einem geschwächten Zustand, da erfahrene und fähige Führungskräfte fehlten.

## Anmerkungen

1 Zit. nach Simon Sebag Montefiore, Stalin. Am Hof des roten Zaren, 2. Aufl., Frankfurt am Main 2005, S. 257.
2 Zit. nach Rudolf Ströbinger, Stalin enthauptet die Rote Armee. Der Fall Tuchatschewskij, Stuttgart 1990, S. 67.
3 Zit. nach Ebd., S. 214f.
4 Zit. nach Ebd., S. 243.
5 Zit. nach Montefiore, Stalin, S. 252.
6 Die Zitate aus dem Bericht des Botschafters sind entnommen aus: Ströbinger, Stalin enthauptet die Rote Armee, S. 250–252.
7 Zit. nach Igor Lukes, Stalin, Benesch und der Fall Tuchatschewskij, in: Vierteljahrshefte für Zeitgeschichte 44 (1996), S. 527–547, hier S. 544.
8 Zit. nach Lew Nikulin, Die Affäre Tuchatschewskij. Ein biographischer Bericht, in: Wanda Bronska-Pampuch (Hrsg.), Geköpfte Armee, Berlin 1965, S. 7–93, hier S. 87.
9 Zit. nach Ströbinger, Stalin enthauptet die Rote Armee, S. 277.
10 Zit. nach Ebd., S. 293.
11 Zit. nach Nikulin, Die Affäre Tuchatschewskij, S. 92.

Verratener »Verräter«

# Galeazzo Ciano

*»In wenigen Tagen wird ein Scheingericht von Strohmännern ein Urteil verkünden, das von Mussolini bereits beschlossen ist, unter dem Einfluß jenes Kreises von Huren und Zuhältern, die seit einigen Jahren das politische Leben Italiens verpesten und das Land in den Abgrund geführt haben. Ich füge mich gelassen in mein ungerechtes Schicksal und tröste mich bei dem Gedanken, daß man mich als einen Soldaten ansehen wird, der im Kampf für eine Sache gefallen ist, an die er glaubte. Die Behandlung, die mir in diesen Monaten der Haft zuteil wurde, war schändlich und unmenschlich. Man hat mir nicht erlaubt, mit irgend jemand zu sprechen«*[1]. Diese Sätze von Galeazzo Ciano, Graf von Cortellazzo und Buccari, die aus seiner am 23. Dezember 1943 im Gefängnis von Verona verfassten Vorbemerkung zu seinen Tagebüchern stammen, gehören zu seinen letzten Verlautbarungen vor seinem Tod. Der einstige italienische Außenminister und Schwiegersohn des Duce Benito Mussolini sah sich danach gänzlich als unglückliches Opfer der Zeitumstände. Die Verantwortung für die italienische Beteiligung am Zweiten Weltkrieg schob er vollständig auf Mussolini. Er stellte sich zu spät gegen seinen einstigen Förderer. Letztendlich trieben Mangel an politischer Moral und grenzenloser Ehrgeiz Ciano, der einen sehr widersprüchlichen Charakter hatte, in den Tod.

Gian Galeazzo Ciano kam am 18. März 1903 in der Hafenstadt Livorno zur Welt. Sein Vater Costanzo Ciano erwarb sich im Ersten Weltkrieg als Fregattenkapitän der italienischen Kriegsmarine den Ruf eines Kriegshelden. Wegen seiner militärischen Verdienste verlieh König Viktor Emanuel III. 1925 Costanzo Ciano den Adelstitel eines Grafen von Cortellazzo und Buccari. Der frühe Gefolgsmann der Faschisten und von Mussolini stieg 1923 zum Konteradmiral der Reserve auf. Später avancierte er zum Minister für das Post- und Fernmeldewesen, kurze Zeit danach zum Verkehrsminister.

Sein begabter Sohn Galeazzo studierte Rechtswissenschaften. Entgegen seiner späteren Selbststilisierung als früher Anhänger der faschistischen Partei interessierte sich der junge Galeazzo nicht sonderlich für den Faschismus. Nach seiner Promotion trat er 1925 auf Wunsch seines Vaters in den diplomatischen Dienst Italiens ein. Sein rascher politischer Aufstieg gründete aber wohl mehr auf der am 24. April 1930 geschlossenen Ehe mit der neunzehnjährigen Edda Mussolini, der Lieblingstochter des italienischen Regierungschefs Benito Mussolini. Bereits zwei Wochen nach der ersten Begegnung mit Edda machte ihr Ciano einen Heiratsantrag. Die Liebe des Paars verwandelte sich allerdings innerhalb weniger Jahre in ein freundschaftliches Verhältnis, und die Ehepartner begannen, eigene Wege zu gehen. Durch ihre zahlreichen außerehelichen Beziehungen boten die Cianos bald Stoff für die italienische Skandalpresse.

Unmittelbar nach den Flitterwochen wurde Ciano zum italienischen Generalkonsul in Shanghai und Geschäftsträger des italienischen Konsulats in Peking ernannt. Als »Sondergesandter mit Generalvollmacht« in Peking leitete er 1932 eine vom Völkerbund initiierte Kommission ausländischer

Gesandter, die im chinesisch-japanischen Konflikt zu vermitteln versuchte.

Nach seiner Rückkehr nach Italien wurde der ambitionierte, korrupte und in seinem Bedürfnis nach äußerem Prunk beinahe mit dem Nationalsozialisten und späteren Reichsmarschall Hermann Göring vergleichbare Galeazzo Ciano 1933 Leiter des Presseamtes von Mussolini, bevor er 1935 zum italienischen Propagandaminister aufstieg. Während des blutigen Abessinienkriegs von 1935 bis 1936 wurde Ciano als Bomberpilot ausgezeichnet. Nach der Eroberung Abessiniens, des heutigen Äthiopiens, wurde das afrikanische Kaiserreich ein Teil des italienischen »Imperiums«. Der Duce versprach sich davon ein Gegengewicht zu dem mächtiger werdenden Deutschen Reich unter seinem Führer Adolf Hitler. Ciano stellte fest: *»Jetzt richtet der Duce seine Blicke immer mehr nach außen; die Macht und das Ansehen Italiens werden mehr und mehr mit seiner persönlichen Macht, seinem persönlichen Ansehen identisch. Es ist das fatale Gesetz der Diktaturen: Immer muß der Glanz nach außen für den Verlust der Freiheit im Innern entschädigen«*[2]. Irgendwelche persönlichen Konsequenzen zog er aus dieser Erkenntnis aber nicht.

Cianos Kampfeinsatz in Abessinien wurde mit der Aufnahme in den Großen Faschistischen Rat, dem wichtigsten politischen Gremium des Landes, belohnt. Am 9. Juni 1936 erfolgte seine Ernennung zum Außenminister. Mit dreiunddreißig Jahren war er damit der jüngste Außenminister Europas. Auf diesen Posten hatte er zusammen mit seiner Ehefrau schon lange spekuliert. Kurz nachdem er das Amt übernommen hatte, begann Ciano mit seinen Tagebucheinträgen. Seinem Schwiegervater, dem Duce, treu ergeben, gehörte er zu dieser Zeit zu dessen engsten Mitarbeitern: *»Der*

*Duce lobte mich mehrere Male – das überwältigte mich so, daß ich ihm nicht einmal zu danken vermochte. Die Wahrheit ist, daß man nur arbeitet, um ihn zufriedenzustellen – diese Belohnung zählt mehr als alles andere«*[3]. Gemäß Mussolinis Anweisungen, der weiterhin die Außenpolitik Italiens bestimmte, bemühte sich Ciano um eine Verbesserung der Beziehungen zum nationalsozialistischen Deutschen Reich, dessen Stabilität und wachsende Macht beeindruckten. Nach seinem ersten Staatsbesuch im Oktober 1936 in Deutschland zeigte sich Ciano im Gegensatz zu seiner Ehefrau Edda wenig angetan von Hitler und den Nazigrößen. Erstmals begegnete er hier auch dem späteren deutschen Außenminister Joachim von Ribbentrop, der ihm vom ersten Moment an zutiefst unsympathisch war. Gegenüber zwei ihm gut bekannten italienischen Journalisten äußerte er: *»Hitler – nun, es ist mir nachgerade unbegreiflich, wie ein solcher Mann das ganze deutsche Volk hinter sich bringen konnte. Er hat fixe Ideen, in die er sich von Zeit zu Zeit richtig hineinsteigert, dann hält er endlose, langatmige Reden (...) Er ist wirklich verrückt, ein neuer Parsifal. Nicht einmal im entferntesten kann man den Duce und Hitler miteinander vergleichen (...) Deutschland ist in den Händen von Männern ohne Format, und diesen Umstand müssen wir uns zunutze machen«*[4]. Das Ergebnis dieser Deutschlandreise war ein Geheimabkommen zwischen den beiden Ländern, in dem sie einander den festen Willen zur Zusammenarbeit zusicherten.

Das Bündnis zwischen den beiden Diktaturen, das als »Achse Berlin-Rom« in die Geschichte eingehen sollte, wurde am 22. Mai 1939 im so genannten Stahlpakt besiegelt. Um die konkrete Ausarbeitung des Vertrags kümmerte sich der italienische Außenminister in geradezu fahrlässiger Weise nicht, sondern überließ dies Berlin. Mit dem Stahlpakt im Rücken konnte sich die politische Führung in Deutschland unter verbesserten Bedingungen ihren kriegerischen Plänen gegenüber Polen widmen.

Zu den politischen Aktivitäten Cianos in den Jahren vor dem Ausbruch des Zweiten Weltkriegs gehörten 1937 der Beitritt Italiens zum »Antikominternpakt«, jenem Vertrag zwischen dem Deutschen Reich und dem Kaiserreich Japan, der auf die Bekämpfung der Kommunistischen Internationalen ausgerichtet war. Als Italien im September 1938 während der Sudetenkrise zwischen Deutschland und den Westmächten den Abschluss des Münchner Abkommens vermittelte, nahm Ciano an den Verhandlungen teil. Außerdem war er für die italienische Intervention im Spanischen Bürgerkrieg und die Annexion Albaniens im Frühjahr 1938, das er als sein »persönliches Lehen« betrachtete, mitverantwortlich.

Ab 1938 fing Ciano an, sich gegen eine zu enge politische Anlehnung Italiens an Deutschland auszusprechen. Der Außenminister kritisierte die Besetzung der restlichen tschechischen Gebiete als Bruch des Münchner Abkommens durch das Deutsche Reich. Ciano ärgerte sich über ein Deutschland, *»das macht, was es will, und auf uns herzlich wenig Rücksicht nimmt«*[5]. Sein opportunistischer Optimismus brach zusammen. Er ließ es allerdings an Wachsamkeit und Sorgfalt fehlen, wie das Zustandekommen des Stahlpakts beweist, als sich abzuzeichnen begann, dass Deutschland gegenüber Polen zunehmend eine drohende Haltung einnahm und Kriegsvorbereitungen traf. Bei einer Unterredung mit seinem deutschen Amtskollegen Ribbentrop im August 1939, nur wenige Wochen vor Ausbruch des Zweiten Weltkriegs, erklärte ihm dieser offen, dass Deutschland den Krieg wolle. Es werde es sich dabei nur um einen begrenzten Konflikt handeln. Der deutsche Chefdolmetscher des Auswärtigen Amtes, Paul Schmidt, erinnerte sich später an Cianos Verhalten bei diesem Gespräch: *»Er redete mit Engelszungen, warnte, beschwichtigte und unterstrich die italienische Schwäche. Aber es half nichts. Ribbentrop befand sich bereits in einem Zustand fieberhafter Aufregung, wie ein Jagdhund, der ungeduldig darauf wartet, von seinem Herrn auf die Beute losgelassen zu werden«*[6]. Genauso unerfreulich verlief Cianos Besprechung mit Adolf Hitler, der fest davon ausging, dass die westlichen Demokratien vor einem europäischen Krieg zurückschrecken würden. Erneut plädierte Ciano dafür, mit Polen den Verhandlungsweg zu beschreiten. In seinem Tagebuch notierte er am 12. August: *»Im Grunde spüre ich, daß das Bündnis mit uns den Deutschen nur so viel wert ist, als wir Kräfte von ihren Grenzen abziehen können. Nichts mehr. Um unser Schicksal kümmern sie sich nicht. Sie wissen, daß der Krieg von ihnen beschlossen wird, und nicht von uns. Sie versprechen uns zum Schluß ein Almosen«*[7]. Total abgestoßen von dem Verhalten des deutschen Bündnispartners kehrte Ciano nach Rom zurück. Sein Verhältnis zu Mussolini, den er einst als eine Art Halbgott bewundert hatte, begann sich wegen vermehrter Differenzen über die gegenüber Deutschland einzuschlagende Politik einzutrüben. Zeitweise erwärmte er sich allerdings an dem Gedanken an die in Aussicht gestellte Kriegsbeute in Kroatien und Dalmatien.

Nach dem Ausbruch des Zweiten Weltkriegs mit dem Einmarsch deutscher Truppen in Polen am 1. September 1939 blieb Italien zunächst neutral, obwohl der Duce sich darum sorgte, als wortbrüchig zu gelten. Ciano nahm mehr und mehr den Standpunkt ein, dass das auf einen Krieg in keiner Weise vorbereitete Italien allenfalls auf der Seite der westlichen Demokratien in den Krieg eintreten sollte, denn er sah nur in diesen Ländern ehrliche Partner. Beeindruckt von den anfänglichen Siegen der deutschen Wehrmacht drängte der Duce auf einen Kriegseintritt Italiens. Am 10. Juni 1940 erklärte Italien Frankreich und England den Krieg. Mussolini erhoffte sich davon, dass Italien aus *»dem Gefängnis des Mittelmeers«*[8] befreit werden und an ein Weltmeer vorstoßen könnte.

Trotz seiner Vorbehalte entschied sich Galeazzo Ciano dafür, das Kommando einer in Pisa stationierten Bomberstaffel zu übernehmen. Nach dem Waffenstillstand mit Frankreich reiste Ciano Anfang Juli nach Berlin und präsentierte Hitler eine umfangreiche Liste mit italienischen Gebietsansprüchen. Paul Schmidt erinnerte sich an diesen Moment: *»Ciano tat so, als wäre der Krieg schon vollständig gewonnen. Er konnte sich nicht genug tun an direkt ausgesprochenen oder angedeuteten Forderungen für sein Land. Er wollte Nizza, Korsika und Malta annektieren, Tunis und den größten Teil von Algerien unter italienisches Protektorat nehmen und strategische Punkte in Syrien, Transjordanien, Palästina und Libanon besetzen. In Ägypten und im Sudan wollte Italien einfach an die Stelle Großbritanniens treten. Somaliland, Dschibuti und Französisch-Äquatorialafrika sollten ebenfalls italienische Gebiete werden. Ciano genierte sich nicht im geringsten mit seinen Wünschen. Hitler ging überhaupt nicht darauf ein«*[9]. Zu diesem Zeitpunkt sah Ciano plötzlich in Hitler ein Genie und glaubte, dass Großbritannien von Hitlerdeutschland vernichtet werden würde. Der italienische Außenminister richtete jetzt seine begehrlichen Blicke auf Griechenland, obwohl ihm eigentlich klar sein musste, dass Italien für ein solches Unternehmen nicht vorbereitet war. Trotz des deutschen Hinweises, dass Berlin an keinem Angriff auf Griechenland gelegen war, setzte Italien seine Kriegsvorbereitungen fort. Als nach der Unterzeichnung des Dreierpakts zwischen Deutschland, Italien und Japan am 27. September 1940 deutsche Truppen in Rumänien einmarschierten, wiederum ohne den italienischen Verbündeten darüber zu unterrichten, startete Italien wenig später seinen Angriff auf Griechenland. Da Griechenland besser als Italien gerüstet war, häuften sich auf der italienischen Seite die militärischen Fehlschläge. Cianos Unbeliebtheit in Italien erreichte wegen dieses Fiaskos einen neuen Höhepunkt.

Als Hauptmann der Luftwaffe übernahm Ciano im Januar 1941 in Bari das Kommando einer Bomberstaffel und beteiligte sich an Einsätzen über der griechisch-albanischen Grenze. Die italienische Frühjahrsoffensive gegen Griechenland kam nicht voran. Erst mit dem Einfall deutscher Verbände in Jugoslawien und Griechenland nahm der Krieg gegen die Griechen eine Wende.

Nach den italienischen Niederlagen in Abessinien im Frühjahr 1941 und angesichts des beginnenden Zusammenbruchs des faschistischen Italiens rückte Ciano von der Kriegspolitik Mussolinis ab. Er spielte zeitweise mit dem Gedanken eines Staatsstreichs. Als der Krieg 1942 an seinen Wendepunkt kam und für die Achsenmächte gegenüber den Alliierten immer schlechter verlief, distanzierte sich Ciano noch mehr: *»Ich werde nicht am Galgen enden. Ich habe keine direkte Verantwortung. Ich bin nicht der Chef, ich bin nur ein Minister«*[10]. Anfang 1943 plädierte der Außenminister dafür, den Alliierten einen Separatfrieden Italiens anzubieten, weil er den Krieg für verloren hielt. Dies führte zum endgültigen Bruch mit Mussolini, der weiterhin an einen Sieg glauben wollte. Am 5. Februar 1943 wurde er als Außenminister entlassen und erhielt stattdessen den Posten des Botschafters beim Vatikan. Nach Ciano spielte sich dieser Vorgang folgendermaßen ab: *»Nachmittags um 4 Uhr 30 ruft mich der Duce. Vom Augenblick meines Eintritts an merke ich, daß er sehr verlegen ist. Ich verstehe, was er mir sagen will. ›Was wünschest du jetzt zu tun?‹, so beginnt er und fügt dann mit leiser Stimme hinzu, daß er die ganze Regierung umgebildet hat. Ich verstehe seine Gründe, ich billige sie und will nicht die geringste Ausnahme machen. Unter den verschiedenen Lösungen für meine Person, die er mir vorlegt, lehne ich eindeutig den Gouverneursposten in Albanien ab. Wie soll ich jene füsilieren und hängen, denen ich Brüderlichkeit und gleiche Rechte versprochen habe? Ich wähle den Botschafterposten beim Heiligen Stuhl. Es ist ein Ruheposten, der jedoch für die Zukunft viele Möglichkeiten eröffnet. Und die Zukunft liegt in den Händen Gottes, heute wie niemals vorher. Es ist ein harter und schmerzlicher Schlag für mich, das Außenministerium zu verlassen, dem ich seit sieben Jahren, und was für Jahren! mein Bestes gegeben habe«*[11].

Ciano, der bisherige »Kronprinz« des faschistischen Regimes, wandte sich jetzt ein für alle Mal gegen seinen Schwiegervater. Im Frühjahr 1943 verschlechterte sich die militärische Lage für Italien dramatisch. Ciano drängte den König, Mussolini abzulösen und einen Waffenstillstand zu schließen. Nachdem der Duce vom König über dieses Gespräch informiert worden war, beschuldigte Mussolini zwar seinen Schwiegersohn, ein Komplott gegen ihn zu schmieden, doch unternahm er keine weiteren Schritte gegen ihn. Die Landung der Alliierten auf Sizilien am 10. Juli 1943 gab den verschiedenen Staatsstreichplänen in Italien neuen Auftrieb. Als Mussolini für den 24. Juli eine Sitzung des Großen Faschistischen Rates einberief, um sich der Kritik der Partei zu stellen, entwickelte Ciano zusammen mit Justizminister Dino Grandi und Erziehungsminister Giuseppe Bottai eine gemeinsame Strategie für das bevorstehende Treffen der höchsten Parteiführer. Auch König Viktor Emanuel III. zeigte sich zum Handeln entschlossen. Am 23. Juli nahmen die Verschwörer Kontakt zueinander auf. Trotz Warnungen von verschiedenen Seiten glaubte der Duce nicht, dass die Durchführung eines Staatsstreichs gelingen würde. Seiner Ansicht nach waren die Mitglieder des Rates *»von mäßiger, sehr mäßiger Intelligenz, unentschlossen und nicht die Tapfersten«*[12].

In der Sitzung des Faschistischen Großrats, die am Nachmittag des 24. Juli begann und bis in die frühen Morgenstunden des 25. Juli 1943 dauerte, sprach sich Ciano zusammen mit achtzehn weiteren Mitgliedern für die Absetzung Mussolinis aus, wodurch er sein späteres Todesurteil besiegelte. Mit diesem einfachen Mehrheitsbeschluss am 25. Juli endete die von Mussolini ausgeübte diktatorische Gewalt. Auf Befehl des italienischen Königs wurde der entmachtete Regierungschef noch am selben Tag in Rom verhaftet und an wechselnden Orten interniert, um einer möglichen Befreiungsaktion vorzubeugen. Als neuer italienischer Ministerpräsident wurde Marschall Pietro Badoglio eingesetzt, der die faschistische Partei und den Großen Faschistischen Rat auflöste, aber den Krieg gegen die Alliierten zunächst fortsetzte.

Für die Verschwörer aus der Generalität und für das Königshaus stellte der in der Bevölkerung verhasste Galeazzo Ciano, dem man unter anderem auch Bereicherung im Amt vorwarf, eine Belastung dar. Am 31. Juli trat Ciano von seinem Posten als Botschafter beim Vatikan zurück. Seine Ehefrau Edda erklärte später: *»Ich machte mir nichts vor (...) In diesem Augenblick wußte ich, daß das Unglück nun endlich über uns hereingebrochen war, daß wir verdammt waren: Ratten in einer Falle«*[13]. Aus Furcht vor Verfolgung und aus Sorge, wie Mussolini inhaftiert zu werden, floh Ciano am 27. August 1943 mit seiner Familie nach Deutschland, obwohl ihn Freunde eindringlich davor gewarnt hatten. Die Organisation der Flucht lag in den Händen von Dr. Wilhelm Höttl, einem Agenten des deutschen Sicherheitsdienstes.

Die Nationalsozialisten brachten Ciano und seine Angehörigen unter strengster Geheimhaltung für mehrere Wochen in einer Villa in dem Dorf Oberallmannshausen am Ostufer des Starnberger Sees unter. Mit ihren hohen Ansprüchen an Komfort und Sonderwünschen trotz kriegsbedingter Mangelwirtschaft machten sich die »Italiener« bei ihren Bewachern und der Dorfbevölkerung nicht eben beliebt. Laut Höttl verhehlte Ciano bei Gesprächen zwar keineswegs seine Abneigung gegen seinen Schwiegervater, *»versuchte aber seine eigene Rolle in dieser Sitzung des Faschistischen Großrates herunterzuspielen«*[14]. Durch taktlose Äußerungen erregte Edda Ciano bei ihrem Besuch im Führerhauptquartier »Wolfsschanze« im ostpreußischen Rastenburg das Missfallen Adolf Hitlers und der anwesenden Naziprominenz. Mittlerweile dämmerte es den Cianos, dass sie sich mehr oder weniger in deutscher Gefangenschaft befanden und die Deutschen keinerlei Anstalten trafen, sie, wie ursprünglich besprochen, nach Spanien zu bringen.

In der Zwischenzeit hatte die Badoglio-Regierung heimlich Waffenstillstandsverhandlungen mit den Alliierten aufgenommen. Der am 8. September 1943 verkündete Waffenstillstand führte zur Besetzung Italiens durch die deutsche Wehrmacht und am 12. September zur Befreiung Mussolinis durch deutsche Fallschirmjäger aus seiner Internierung auf dem Gran Sasso in den Abruzzen. Hitler wies den Duce bei ihrem ersten Zusammentreffen nach dessen Befreiung eindringlich daraufhin, dass die Verräter im Faschistischen Großrat und vor allem auch sein Schwiegersohn Ciano zum Tode verurteilt werden müssten: »*In meinen Augen ist Ciano ein vierfacher Verräter: ein Verräter an seinem Land, ein Verräter am Faschismus, ein Verräter am Bündnis mit Deutschland, ein Verräter an seiner Familie. Wenn ich an Ihrer Stelle wäre, hätte mich wohl nichts davon abgehalten, mit meinen eigenen Händen Gerechtigkeit zu üben. Aber ich rate Ihnen: das Todesurteil sollte lieber in Italien vollstreckt werden*«[15]. Dass Mussolini zunächst offensichtlich zu einer Versöhnung mit seinem Schwiegersohn bereit war, erboste den deutschen Propagandaminister Joseph Goebbels, der am 23. September in sein Tagebuch schrieb: »*Ciano ist vom Duce wieder in Gnaden aufgenommen worden. Damit sitzt der Giftpilz wieder mitten in der neu beginnenden faschistisch-republikanischen Partei. Es liegt auf der Hand, daß der Duce keine Strafverfolgung gegen die Verräter am Faschismus einleiten kann, wenn er nicht bereit ist, seinen eigenen Schwiegersohn zur Rechenschaft zu ziehen*«[16]. Die Deutschen gaben Mussolini unmissverständlich zu verstehen, dass sie es als unverzeihliche Schwäche ansehen würden, wenn es Ciano gelänge, sich der Rache zu entziehen. Dem Führerhauptquartier war zwar sehr an einem Schauprozess gegen die abtrünnigen Gefolgsleute Mussolinis gelegen, aber selbst wollte es mit dem Ganzen nicht direkt in Verbindung gebracht werden. Dieses unerfreuliche Geschäft sollten die Italiener selbst abwickeln und sich damit belasten.

In dem deutsch besetzten Teil Italiens organisierte Mussolini die »Repùbblica Sociale Italiana« (= Soziale Republik Italien) mit einer faschistischen Gegenregierung zu Badoglio, die ihn völlig von Hitler abhängig machte. Von dem am Gardasee gelegenen Salò aus versuchte der Duce, die Herrschaft in Nord- und Mittelitalien wiederzuerlangen, wodurch er aber nur sinnlos den Bürgerkrieg verlängerte.

Am 19. Oktober 1943 wurde Ciano von den Deutschen, die ursprünglich versprochen hatten, ihn zusammen mit seiner Familie nach Spanien auszufliegen, an die wiedererrichtete faschistische Republik ausgeliefert. Der frühere Außenminister wurde in das Veroneser Gefängnis »degli Scalzi«, ein ehemaliges Karmeliterkloster aus dem 16. Jahrhundert, gebracht. Die Vorbereitungen für seinen Prozess wegen Hochverrats waren bereits im Gange. Seiner über die Behandlung ihres Ehemannes wütenden Tochter Edda versprach Mussolini: *»Es wird zweifellos zum Prozeß kommen, aber mach dir keine Sorgen. Ich werde die nötigen Vorkehrungen für das Ergebnis treffen«*[17]. In Wirklichkeit besaß Mussolini keinerlei Autorität mehr bei den radikalen Faschisten und den Deutschen und zog es vor, Schwierigkeiten mit diesen aus dem Weg zu gehen. Um sicherzustellen, dass aus deutscher Sicht alles im gewünschten Sinne ablief, wurden bezeichnenderweise nicht nur die in Verona gefangenen ehemaligen Mitglieder des Faschistischen Großrates durch ein SS-Kommando im Hintergrund überwacht, sondern auch die italienischen Wachen und Hilfskräfte.

Außer Ciano wurde noch fünf weiteren früheren Mitgliedern des Großen Faschistischen Rates, die in jener denkwürdigen Sitzung für die Absetzung Mussolinis gestimmt hatten, der Prozess gemacht. Das Verfahren vor einem Außerordentlichen Sondergericht in Verona begann am 8. Januar 1944. Die Angeklagten mussten auf unbequemen Holzstühlen Platz nehmen. Dass der ganze Prozess nur eine Farce war, war Ciano nur zu klar. Dem Gericht erklärte er: *»Ich weise die gegen mich erhobenen Anschuldigungen kategorisch und empört zurück. Sie stellen eine Beleidigung meiner gesamten Vergangenheit als Bürger, Soldat und vor allem als Faschist dar«*[18]. Er bestand darauf, dass die Abstimmung am 25. Juli im Faschistischen Großrat kein Verrat gewesen sei. Konkrete Beweise für eine Verschwörung zur Absetzung Mussolinis konnten auch nicht vorgebracht werden. Im Vorfeld des Prozesses hatte Mussolini erklärt: *»Ich habe die Dinge aus der politischen Ecke zu betrachten. Die Staatsraison ist jeder ihr entgegenstehenden Betrachtungsweise überlegen«*[19]. Am 10. Januar wurde Galeazzo Ciano, Graf von Cortelazzo, nach einer viereinhalbstündigen Beratung des Gerichts zum Tode verurteilt. Im Alter von vierzig Jahren wurde er am 11. Januar 1944 durch Erschießen hingerichtet. Außer ihm wurden noch vier weitere Verurteilte auf der Schießstätte des Schießsportklubs von Verona exekutiert, nachdem ein Gnadengesuch kurz zuvor abgelehnt worden war. Ein deutscher Diplomat, der als Augenzeuge dabei war, bezeichnete die Hinrichtung später als *»eine einzige Schlächterei«*[20]. Auf die Meldung von der Hinrichtung reagierte Mussolini lediglich mit der lapidaren Feststellung: *»Der Gerechtigkeit ist Genüge getan«*[21].

Edda Ciano floh noch während des Prozesses mit Hilfe des mit ihr eng befreundeten Marchese Emilio Pucci, der später als Modedesigner bekannt wurde, in die Schweiz. Die drei Kinder der Cianos waren schon im Dezember 1943 heimlich dorthin in Sicherheit gebracht worden. Auf ihre Flucht nahm Edda Ciano die fünf Tagebuchbände ihres Mannes über die Kriegsjahre mit. Seit dem August 1937 hatte der Außenminister politische Tagebücher geführt, die viele aufschlussreiche Interna über das deutsch-italienische Verhältnis bieten. Ähnlich wie Goebbels wollte er dadurch sein Bild in der Geschichte prägen. Edda Ciano hoffte, mit Hilfe dieser Dokumente ihrem angeklagten Ehemann das Leben retten zu können, da weder ihr Vater noch die Nationalsozialisten ein Interesse daran haben konnten, dass die Tagebücher den Alliierten in die Hände fielen. Sie schickte deshalb Briefe an Mussolini, Hitler und General Wilhelm Harster, den Chef des deutschen Sicherheitsdienstes in Verona, in denen sie die Freilassung ihres Mannes forderte, sonst würde sie das belastende Material an die Alliierten weitergeben. In ihrem Brief an Adolf Hitler schrieb sie: *»Wenn mein Mann nicht (...) befreit wird, (...) wird mich keine Überlegung mehr zurückhalten. Schon seit einiger Zeit sind die Dokumente in der Hand von Personen, die ermächtigt sind, sie nicht nur dann zu benutzen, wenn meinem Mann etwas zustößt, sondern auch mir, meinen Kindern, meiner Familie«*[22].

Einen ähnlichen Versuch, Ciano das Leben mit Hilfe dieser Tagebücher zu retten, hatte auch die Dolmetscherin Hildegard Beetz unternommen, die zwar als Spitzel für den deutschen Sicherheitsdienst arbeitete, aber den gefangenen Italiener liebte. Auch sie ließ Berlin wissen, dass sonst umgehend diese wichtigen Unterlagen in Amerika und Großbritannien veröffentlicht würden. Der SS-Führer und Reichsinnenminister Heinrich Himmler und die Gestapo zeigten sich interessiert an diesen Aufzeichnungen und gingen auf den geplanten Tauschhandel ein. Es wurde deshalb ein entsprechender Vertrag mit Ciano geschlossen, den dieser am 2. Januar 1944 unterschrieb. Im letzten Augenblick allerdings platzte das unter dem Namen »Aktion Conte« laufende Komplott. Ein Anruf am 6. Januar aus Berlin übermittelte das Veto des Führers.

Im Januar 1945 wurden die Tagebücher Cianos für den Zeitraum vom 1. Januar 1939 bis zum 8. Februar 1943 von seiner Witwe dem Office of Strategic Services, dem Nachrichtendienst des amerikanischen Kriegsministeriums, übergeben. Bei den Nürnberger Kriegsverbrecherprozessen stützte sich die Anklage gegen Ribbentrop zum Teil auf die Tagebücher. Eine deutsche Ausgabe dieser historisch bedeutsamen Tagebücher für die Jahre 1939 bis 1943 erschien bereits 1946. Die Jahre von 1937 bis 1939 kamen 1949 in deutscher Sprache auf den Buchmarkt. Bis heute bilden die Tagebücher eine wichtige Quelle zum Faschismus.

## Anmerkungen

1 Galeazzo Ciano, Tagebücher. 1939–1943, 2. Aufl., Bern 1947, S. 16.
2 Zit. nach Erich Kuby, Verrat auf deutsch. Wie das Dritte Reich Italien ruinierte, Hamburg 1982, S. 62.
3 Zit. nach Ray Moseley, Zwischen Hitler und Mussolini. Das Doppelleben des Grafen Ciano, Berlin 1998, S. 44.
4 Zit. nach Ebd., S. 49.
5 Zit. nach Ebd., S. 71.
6 Zit. nach Ebd., S. 102.
7 Ciano, Tagebücher, S. 123.
8 Zit. nach Kuby, Verrat auf deutsch, S. 136.
9 Zit. nach Moseley, Zwischen Hitler und Mussolini, S. 136.
10 Zit. nach Ebd., S. 165.

11 Ciano, Tagebücher, S. 519.
12 Zit. nach Moseley, Zwischen Hitler und Mussolini, S. 195.
13 Zit. nach Ebd., S. 202.
14 Zit. nach Kuby, Verrat auf deutsch, S. 280.
15 Zit. nach Moseley, Zwischen Hitler und Mussolini, S. 215f.
16 Zit. nach Ebd., S. 216f.
17 Zit. nach Ebd., S. 222.
18 Zit. nach Ebd., S. 258.
19 Zit. nach Kuby, Verrat auf deutsch, S. 374.
20 Zit. nach Moseley, Zwischen Hitler und Mussolini, S. 270.
21 Zit. nach Kuby, Verrat auf deutsch, S. 394f.
22 Zit. nach Martha Schad, Sie liebten den Führer. Wie Frauen Hitler verehrten, München 2009, S. 107.

# Literaturverzeichnis

Adalbert Prinz von Bayern, Max I. Joseph von Bayern. Pfalzgraf, Kurfürst und König, München 1957

Aubert, Raymond (Hrsg.), In Pantoffeln durch den Terror. Das Revolutionstagebuch des Pariser Bürgers Célestin Guittard, Frankfurt am Main 2009

Bartl, Peter, Albanien. Vom Mittelalter bis zur Gegenwart, Regensburg 1995

Begley, Louis, Der Fall Dreyfus. Teufelsinsel, Guantánamo, Alptraum der Geschichte, Frankfurt am Main 2009

Benbassa, Esther, Risse im Franco-Judaismus. Die Dritte Republik und der Antisemitismus, in: J'Accuse ...! ... ich klage an! Zur Affäre Dreyfus. Eine Dokumentation. Hrsg. von Elke-Vera Kotowski und Julius H. Schoeps, Berlin 2005, S. 19–26

Berger, Michael, Der Fall Dreyfus. Frankreichs Armee und der neue Antisemitismus, in: J'Accuse ...! ... ich klage an! Zur Affäre Dreyfus. Eine Dokumentation. Hrsg. von Elke-Vera Kotowski und Julius H. Schoeps, Berlin 2005, S. 47–58

Bluche, Frédéric, Danton, Stuttgart 1988

Bronska-Pampuch, Wanda (Hrsg.), Geköpfte Armee, Berlin 1965

Brook-Shepherd, Gordon, Monarchien im Abendrot. Europas Herrscherhäuser bis 1914, Wien 1988

Brüser, Joachim, Die Rolle Joseph Süß Oppenheimers in der Politik Herzog Karl Alexanders, in: Die Quellen sprechen lassen. Der Kriminalprozess gegen Joseph Süß Oppenheimer 1737/38. Hrsg. von Gudrun Emberger und Robert Kretzschmar, Stuttgart 2009, S. 27–38

Ciano, Galeazzo, Tagebücher. 1939–1943, 2. Aufl., Bern 1947

Cleugh, James, Die Medici. Macht und Glanz einer europäischen Familie, Augsburg 1996

Collado Seidel, Carlos, Philipp IV. (1621–1665), in: Die spanischen Könige. 18 historische Porträts vom Mittelalter bis zur Gegenwart. Hrsg. von Walther L. Bernecker, Carlos Collado Seidel und Paul Hoser, München 1997, S. 97–114

Coughlan, Robert, Frauen auf dem Zarenthron. Elisabeth und Katharina, Düsseldorf 1976

Deiters, Heinz-Günter, Die Kunst der Intrige, Hamburg 1966

Emberger, Gudrun, Joseph Süß Oppenheimer genannt »Jud Süß«. Stationen seines Lebens und Sterbens. Ludwigsburg – Hohenasperg – Stuttgart, in: Die Quellen sprechen lassen. Der Kriminalprozess gegen Joseph Süß Oppenheimer 1737/38. Hrsg. von Gudrun Emberger und Robert Kretzschmar, Stuttgart 2009, S. 39–97

Emberger, Gudrun und Kretzschmar, Robert (Hrsg.), Die Quellen sprechen lassen. Der Kriminalprozess gegen Joseph Süß Oppenheimer 1737/38, Stuttgart 2009

Emberger, Gudrun und Ries, Rotraud, Der Fall Joseph Süß Oppenheimer: Zum historischen Kern und den Wurzeln seiner Medialisierung, in: »Jud Süß«. Hofjude, literarische Figur, antisemitisches Zerrbild. Hrsg. von Alexandra Przyrembel und Jörg Schönert, Frankfurt am Main und New York 2006, S. 29–55

Epstein, Klaus, Matthias Erzberger und das Dilemma der deutschen Demokratie, Berlin 1962

Findeisen, Jörg-Peter, Die schwedische Monarchie. Von den Vikingerherrschern zu den modernen Monarchen. Band 2: 1612 bis heute, Kiel 2010

Fouché, Joseph, Memoiren, Gernsbach (1969)

Gajić, Helmut (Red.), Die großen Dynastien, München 1978

Gallé, Volker (Hrsg.), Joseph Süß Oppenheimer – ein Justizmord. Historische Studien zur Situation der Juden im Südwesten und der Hofjuden im 18. Jahrhundert, Worms 2010

Gebhardt, Cord, Der Fall des Erzberger-Mörders Heinrich Tillessen. Ein Beitrag zur Justizgeschichte nach 1945, Tübingen 1995

Gehm, Britta, Die Hexenverfolgung im Hochstift Bamberg und das Eingreifen des Reichshofrates zu ihrer Beendigung, Diss. Jena 1999

Gehm, Britta, Hexenverfolgungen im Hochstift Bamberg, in: Göller, Luitgar (Hrsg.), 1000 Jahre Bistum Bamberg 1007–2007. Unterm Sternenmantel. Katalog, Petersberg 2007, S. 228–235

Gerste, Ronald D., Der Zauberkönig. Gustav III. und Schwedens Goldene Zeit, Göttingen 1996

Gladt, Karl, Kaisertraum und Königskrone. Aufstieg und Untergang einer serbischen Dynastie, Graz, Wien, Köln 1972

Götze, Robby Joachim, Sophie Fürstin von Albanien, Prinzessin zu Wied, Prinzessin von Schönburg-Waldenburg. Eine Bildbiographie, Waldenburg 2009

Gollwitzer, Heinz, Ludwig I. von Bayern. Königtum im Vormärz. Eine politische Biographie, München 1986

Haasis, Hellmut G., Joseph Süß Oppenheimer, genannt Jud Süß. Finanzier, Freidenker, Justizopfer, Reinbek bei Hamburg 1998

Häfner, Heinz, Ein König wird beseitigt. Ludwig II. von Bayern, München 2008

Haffner, Sebastian, Philipp zu Eulenburg, in: Preußische Profile. Hrsg. von Sebastian Haffner und Wolfgang Venohr, Frankfurt am Main und Berlin 1986

Hamann, Brigitte (Hrsg.), Die Habsburger. Ein biographisches Lexikon, 3. Aufl., München 1988

Haupt, Herbert, Kaiser Rudolf II. in Prag: Persönlichkeit und imperialer Anspruch, in: Prag um 1600. Kunst und Kultur am Hofe Rudolfs II. Hrsg. von der Kulturstiftung Ruhr, Freren 1988, S. 45–55

Heine, Hartmut, Geschichte Spaniens in der frühen Neuzeit. 1400–1800, München 1984

Henker, Michael, Hamm, Margot und Brockhoff, Evamaria (Hrsg.), Bayern entsteht. Montgelas und sein Ansbacher Mémoire von 1796, Augsburg 1996

Hentig, Hans von, Terror. Zur Psychologie der Machtergreifung, Frankfurt am Main und Berlin 1970

Herre, Franz, Bismarck. Der preußische Deutsche, Köln 1991

Herre, Franz, Ludwig II. von Bayern. Sein Leben – Sein Land – Seine Zeit, Augsburg 1995

Hüttl, Ludwig, Ludwig II. König von Bayern, München 1990

Jungblut, Peter, Famose Kerle. Eulenburg – Eine wilhelminische Affäre, Hamburg 2003

Kirchhof, Paul, Matthias Erzberger, seine Bedeutung als Finanzreformer für unsere Gegenwart, in: Matthias Erzberger. 1875–1921. Patriot und Visionär. Hrsg. von Christoph E. Palmer und Thomas Schnabel, Stuttgart und Leipzig 2007, S. 79–118

Kober, August Heinrich, Europäische Fürstenhöfe – damals. Zwischen Donau und Bosporus, Frankfurt am Main 1938

Köhler, Jochen, Der Ankläger als Angeklagter. Der Volkstribun Georges Danton auf dem Weg zur Guillotine, in: Schultz, Uwe (Hrsg.), Große Prozesse. Recht und Gerechtigkeit in der Geschichte, München 1996, S. 224–233

Kommer, Björn R., Im Blickpunkt der Zeit: Gustaf III. von Schweden, Augsburg 1995

Kotowski, Elke-Vera, Das corpus delicti. Das Bordereau und sein Weg in die deutsche Botschaft Paris, in: J'Accuse …! … ich klage an! Zur Affäre Dreyfus. Eine Dokumentation. Hrsg. von Elke-Vera Kotowski und Julius H. Schoeps, Berlin 2005, S. 29–32

Kotowski, Elke-Vera und Schoeps, Julius H. (Hrsg.), J'Accuse …! … ich klage an! Zur Affäre Dreyfus. Eine Dokumentation, Berlin 2005

Kratzsch, Gerhard, Harry von Arnim. Bismarck-Rivale und Frondeur. Die Arnim-Prozesse 1874–1876, Göttingen, Frankfurt am Main, Zürich (1974)

Kuby, Erich, Verrat auf deutsch. Wie das Dritte Reich Italien ruinierte, Hamburg 1982

Lange, Karin, Mehr als 30 Jahre in Russland verbannt – das tragische Schicksal des Prinzen Anton Ulrich von Braunschweig-Lüneburg, in: Heimatbuch für den Landkreis Wolfenbüttel 56 (2010), S. 153–157

Lewin, Leonid, Das Schicksal Anton Ulrichs des Jüngeren von Braunschweig in Russland, in: Braunschweig-Bevern. Ein Fürstenhaus als europäische Dynastie. 1667–1884. Hrsg. von Christof Römer, Braunschweig 1997, S. 249–264

Lewin, Leonid, Macht, Intrigen und Verbannung. Welfen und Romanows am russischen Zarenhof des 18. Jahrhunderts, 2. Aufl., Göttingen 2003

Löhr, Hanns Christian, Die Gründung Albaniens. Wilhelm zu Wied und die Balkan-Diplomatie der Großmächte. 1912–1914, Frankfurt am Main 2010
Lukes, Igor, Stalin, Benesch und der Fall Tuchatschewski, in: Vierteljahrshefte für Zeitgeschichte 44 (1996), S. 527–547
Madelin, Louis, Fouché. 1759–1820, Frankfurt am Main 1975
Malettke, Klaus, Die Bourbonen, Band 3: Von Ludwig XVIII. bis zu Louis Philippe. 1814–1848, Stuttgart 2009
Mann, Golo, Wallenstein. Sein Leben, 3. Aufl., Frankfurt am Main 1971
Marañón, Gregorio, Olivares. Der Niedergang Spaniens als Weltmacht, München 1939
Martines, Lauro, Die Verschwörung. Aufstieg und Fall der Medici im Florenz der Renaissance, Darmstadt 2004
Maurois, André, Napoleon in Selbstzeugnissen und Bilddokumenten, Reinbek bei Hamburg 1966
Meysenburg, Malwida von, Der Lebensabend einer Idealistin, Berlin und Leipzig 1910
Michalka, Wolfgang (Hrsg.), Matthias Erzberger: »Reichsminister in Deutschlands schwerster Zeit«. Essays zur Ausstellung, Potsdam 2002
Møller Knudsen, Bodil, Schiørring, Ole und Lerche Trolle, Annette, Der russische Hof in Horsens, in: Braunschweig-Bevern. Ein Fürstenhaus als europäische Dynastie. 1667–1884. Hrsg. von Christof Römer, Braunschweig 1997, S. 265–278
Montefiore, Simon Sebag, Stalin. Am Hof des roten Zaren, 2. Aufl., Frankfurt am Main 2005
Morsey, Rudolf, Matthias Erzberger (1875–1921). Volksmann, Patriot und christlicher Demokrat, in: Michalka, Wolfgang (Hrsg.), Matthias Erzberger: »Reichsminister in Deutschlands schwerster Zeit«. Essays zur Ausstellung, Potsdam 2002, S. 43–54
Moseley, Ray, Zwischen Hitler und Mussolini. Das Doppelleben des Grafen Ciano, Berlin 1998
Münch, Fritz, Bismarcks Affäre Arnim. Die Politik des Diplomaten und die Verantwortlichkeit des Staatsmannes, Berlin 1990
Nationalmuseum Stockholm und State Hermitage Museum (Hrsg.), Catherine the Great & Gustav III, Helsingborg 1999

Nikulin, Lew, Die Affäre Tuchatschewskij. Ein biographischer Bericht, in: Bronska-Pampuch, Wanda (Hrsg.), Geköpfte Armee, Berlin 1965, S. 7–93

Olivier, Daria, Die Romanow, in: Gajić, Helmut (Red.), Die großen Dynastien, München 1978, S. 189–207

Pflieger, Klaus, Matthias Erzberger als Opfer politischer Gegner, in: Matthias Erzberger. 1875–1921. Patriot und Visionär. Hrsg. von Christoph E. Palmer und Thomas Schnabel, Stuttgart und Leipzig 2007, S. 119–139

Polišenský, Josef und Kollmann, Josef, Wallenstein. Feldherr des Dreißigjährigen Krieges, Köln, Weimar, Wien 1997

Pourroy, Gustav Adolf, Das Prinzip Intrige. Über die gesellschaftliche Funktion eines Übels, 2. Aufl., Zürich 1988

Randecker, Günter, Der gute Geist von Buttenhausen oder: Die Alternative zum »Geist von Potsdam«, in: Michalka, Wolfgang (Hrsg.), Matthias Erzberger: »Reichsminister in Deutschlands schwerster Zeit«. Essays zur Ausstellung, Potsdam 2002, S. 13–34

Rebitsch, Robert, Wallenstein. Biografie eines Machtmenschen, Wien, Köln, Weimar 2010

Reinhardt, Volker, Die Medici. Florenz im Zeitalter der Renaissance, München 1998

Renczes, Andrea, Wie löscht man eine Familie aus? Eine Analyse Bamberger Hexenprozesse, Pfaffenweiler 1990

Rill, Bernd, Kaiser Matthias. Bruderzwist und Glaubenskampf, Graz, Wien, Köln 1999

Rinklef, Judith, Katharina Haan. Als »Hexen« im Hochstift Bamberg verfolgt wurden, in: Unterm Sternenmantel. 1000 Jahre Bistum Bamberg. Die Geschichte in Lebensbildern. Hrsg. von Michael Kleiner und Ludwig Unger, 2. Aufl., Bamberg 2007, S. 164–183

Röhl, John C. G., Kaiser, Hof und Staat. Wilhelm II. und die deutsche Politik, München 2002

Sagenschneider, Marie, 50 Klassiker Prozesse. Berühmte Rechtsfälle von der Antike bis heute, Hildesheim 2002

Schad, Martha, Ludwig II., München 2000

Schad, Martha, Sie liebten den Führer. Wie Frauen Hitler verehrten, München 2009

Schmidt-Neke, Michael, Entstehung und Ausbau der Königsdiktatur in Albanien (1912–1939). Regierungsbildungen, Herrschaftsweise und Machteliten in einem jungen Balkanstaat, München 1987

Schnabel, Thomas, Matthias Erzberger als Realpolitiker, in: Matthias Erzberger. 1875–1921. Patriot und Visionär. Hrsg. von Christoph E. Palmer und Thomas Schnabel, Stuttgart und Leipzig 2007, S. 163–177

Schwarzenfeld, Gertrude von, Rudolf II. Ein deutscher Kaiser am Vorabend des Dreißigjährigen Krieges, 2. Aufl., München 1979

Stadelmann, Matthias, Die Romanovs, Stuttgart 2008

Ströbinger, Rudolf, Stalin enthauptet die Rote Armee. Der Fall Tuchatschewskij, Stuttgart 1990

Sundhaussen, Holm, Geschichte Serbiens. 19.–21. Jahrhundert, Wien, Köln, Weimar 2007

Torke, Hans-Joachim (Hrsg.), Die russischen Zaren. 1547–1917, München 1995

Vacha, Brigitte, Die Habsburger. Eine europäische Familiengeschichte, 2. Aufl., Graz, Wien, Köln 1993

Viktoria Luise, Herzogin zu Braunschweig und Lüneburg, Im Glanz der Krone, 3. Aufl., Göttingen 1968

Vocelka, Karl, Rudolf II. und seine Zeit, Wien, Köln, Graz 1985

Vocelka, Karl und Heller, Lynne: Die private Welt der Habsburger. Leben und Alltag einer Familie, Graz, Wien, Köln 1998

Walter, Ingeborg, Der Prächtige. Lorenzo de' Medici und seine Zeit, München 2003

Weis, Eberhard, Maximilian von Montgelas – ein Lebensbild, in: Bayern entsteht. Montgelas und sein Ansbacher Mémoire von 1796. Hrsg. von Michael Henker, Margot Hamm und Evamaria Brockhoff, Augsburg 1996, S. 37–44

Weis, Eberhard, Montgelas. Band II: Der Architekt des modernen bayerischen Staates. 1799–1838, München 2005

Wendel, Hermann, Danton. Revolutionär und Staatsmann, München 1988

Wilhelm II., Ereignisse und Gestalten aus den Jahren 1878–1918, Leipzig und Berlin 1922

Wilhelm, Fürst von Albanien, Prinz zu Wied, Denkschrift über Albanien, (Berlin 1917)

Winzen, Peter, Das Ende der Kaiserherrlichkeit. Die Skandalprozesse um die homosexuellen Berater Wilhelms II. 1907–1909, Köln, Weimar, Wien 2010

Wolter, Heinz, Harry von Arnim. Rivalisierender Diplomat und konservativer Frondeur, in: Seeber, Gustav (Hrsg.), Gestalten der Bismarckzeit, Berlin 1978, S. 286–305

Zimmermann, Detlev, Eine Bewährungsprobe für die Republik. Frankreich und die Dreyfus-Affäre, in: J'Accuse …! … ich klage an! Zur Affäre Dreyfus. Eine Dokumentation. Hrsg. von Elke-Vera Kotowski und Julius H. Schoeps, Berlin 2005, S. 33–46